权威·前沿·原创

皮书系列为
"十二五""十三五""十四五"时期国家重点出版物出版专项规划项目

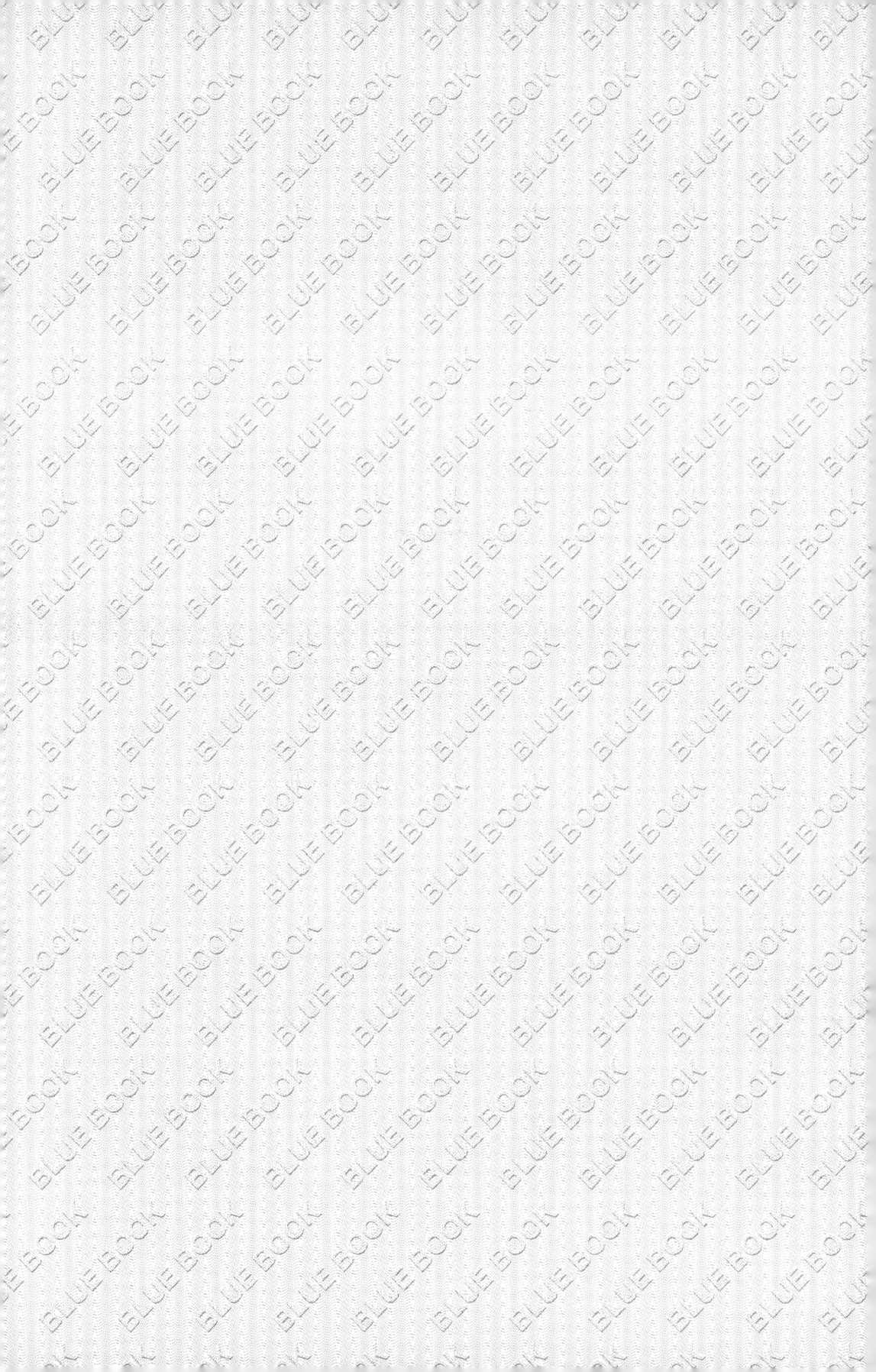

B

BLUE BOOK

智 库 成 果 出 版 与 传 播 平 台

社会建设蓝皮书

BLUE BOOK OF SOCIETY-BUILDING

2023 年北京社会建设分析报告

ANNUAL REPORT ON ANALYSIS OF BEIJING SOCIETY-BUILDING（2023）

主　　编／徐志军　李四平

执行主编／唐　军　邱维伟

副主编／陈　锋　李君甫　胡建国

社会科学文献出版社
SOCIAL SCIENCES ACADEMIC PRESS（CHINA）

图书在版编目（CIP）数据

2023 年北京社会建设分析报告 / 徐志军，李四平主
编；陈锋，李君甫，胡建国副主编. --北京：社会科
学文献出版社，2023.10
　（社会建设蓝皮书）
　ISBN 978-7-5228-2417-8

　Ⅰ.①2… Ⅱ.①徐… ②李… ③陈… ④李… ⑤胡…
Ⅲ.①社会发展-研究报告-北京-2023 Ⅳ.①D671

中国国家版本馆 CIP 数据核字（2023）第 165141 号

社会建设蓝皮书
2023 年北京社会建设分析报告

主　　编 / 徐志军　李四平
执行主编 / 唐　军　邱维伟
副 主 编 / 陈　锋　李君甫　胡建国

出 版 人 / 冀祥德
组稿编辑 / 邓泳红
责任编辑 / 张　媛
责任印制 / 王京美

出　　版 / 社会科学文献出版社·皮书出版分社（010）59367127
　　　　　地址：北京市北三环中路甲 29 号院华龙大厦　邮编：100029
　　　　　网址：www.ssap.com.cn
发　　行 / 社会科学文献出版社（010）59367028
印　　装 / 天津千鹤文化传播有限公司

规　　格 / 开　本：787mm×1092mm　1/16
　　　　　印　张：22.75　字　数：339 千字
版　　次 / 2023 年 10 月第 1 版　2023 年 10 月第 1 次印刷
书　　号 / ISBN 978-7-5228-2417-8
定　　价 / 158.00 元

读者服务电话：4008918866

主要编撰者简介

徐志军 中共北京市委社会工委书记，北京市民政局局长。

李四平 博士，研究员，北京工业大学北京社会管理研究基地理事长，《北京工业大学学报》（社会科学版）主编。

唐 军 博士、教授，博士生导师；北京工业大学文法学部主任，北京社会管理研究基地首席专家；教育部高等学校社会学类专业教学指导委员会委员，中国社会学会常务理事、社会建设研究专业委员会会长，北京社会建设研究会会长，北京市社会学学会副会长；入选北京市新世纪社科理论人才百人工程、北京市宣传文化系统"四个一批"人才、首批北京市高层次创新创业人才支持计划"哲学社会科学和文化艺术领军人才"，获"北京市优秀教师"称号与"北京市高等学校教学名师奖"。

邱维伟 中共北京市委社会工委、北京市民政局研究室主任。

陈 锋 博士，教授，博士生导师，北京工业大学文法学部副主任，北京社会管理研究基地秘书长；中国社会学会理事、社会建设研究专业委员会秘书长。主要研究领域为城乡基层治理、三农问题与乡村振兴。主持国家社科基金重大项目子课题、一般项目、青年项目等10余项，出版专著《乡村治理的术与道——北镇的田野叙事与阐释》，在 CSSCI、SSCI 等期刊发表论文近 40 篇，咨政报告多次获党和国家领导人肯定性批示。曾获教育部博士研究生学术新人奖、北京市第十四届优秀调查研究成果优秀奖、北京市高等教育优秀成果奖二等奖、民政部全国民政政策理论研究二等奖、教育部第八届高等学校科学研究优秀成果奖青年奖等重要奖项。先后入选北京工业大学优秀人才、北京市青年拔尖人才、北京市国家治理青年人才。

李君甫 博士，北京工业大学文法学部教授、北京社会建设研究院执行院长、北京社会管理研究基地研究员；中国社会学会社会建设研究专业委员会委员，社会福利专业委员会委员，劳动社会学专业委员会委员，社会地理专业委员会委员；中国城市科学研究会城市治理专业委员会委员；中国教育发展战略学会乡村振兴专业委员会委员。主持国家社会科学基金项目及北京市社会科学基金项目等 10 余项，主要研究领域为城乡社会学、社会政策（住房政策、教育政策、养老政策、人口政策等）、社会建设与社会治理、人口迁移与劳工研究等。研究成果有《北京的住房变迁与住房政策》《北京的人口、社会阶层与空间结构》等著作和论文 70 余篇（部）。

胡建国 博士，北京工业大学文法学部教授，北京社会管理研究基地研究员；中国社会学会理事，中国社会学会劳动社会学专业委员会副会长兼秘书长、网络社会学专业委员会副会长、青年社会学专业委员会副会长，北京市社会学学会常务理事；承担国家社科基金、北京市社科基金、北京市自然科学基金、北京教育科学规划项目等科研项目；入选北京市宣传文化系统"四个一批"人才（理论界），北京市社科理论中青年优秀人才"百人工程"，北京市属高校人才强教青年教师"拔尖人才"。

摘　要

　　本书是北京工业大学"北京社会建设分析报告"课题组2022~2023年度的研究成果，分为六个部分，包括总报告、特稿、民生福祉篇、社会治理篇、社会结构篇和城市更新篇。报告依据北京市委、市政府及相关部门发布的统计数据资料和课题组成员的调研和观察，分析了2022年北京社会建设的主要成就和面临的问题，并对下一步北京社会建设提出了政策建议。

　　2022年，北京市坚持稳中求进工作总基调，以新时代首都发展为统领，统筹经济社会发展，切实推动社会民生改善，持续推进"七有""五性"，公共服务不断提质增量。坚持党建引领社会治理创新，数字平台赋能智慧城市建设，志愿服务彰显城市发展活力。北京社会建设也仍存在一些挑战，公共服务供给能力有待进一步提升，社会治理改革有待进一步深化。未来需要坚持以人民为中心，聚焦市民公共诉求，持续推进公共服务体系建设，积极推进首都治理体系与治理能力现代化。

　　关键词：社会建设　民生福祉　社会治理　社会服务　城市更新

目 录 ↘

I 总报告

B.1 中国式现代化进程中的北京社会建设

.... 陈 锋 桂启明 徐悦鑫 / 001

II 特 稿

B.2 深入学习贯彻党的二十大精神，以首善标准推动北京社会

建设和民政事业高质量发展.................................. 徐志军 / 021

B.3 北京市与境外发达城市社会建设比较研究

.... 杨宝山 邱维伟 梁 艳 刘 军 张泽华 / 030

III 民生福祉篇

B.4 北京市"双减"政策实践与家长应对的困境分析

.... 李 升 南函彤 张阳阳 / 054

B.5 北京市保障性租赁住房政策进展与优化研究

.... 李君甫　李　静 / 067

B.6 北京居民慢行出行状况研究报告...... 李晨宇　李嘉俊　石　超 / 087

B.7 北京市老年人社区志愿服务调查

　　——基于积极老龄化的视角分析

.... 杨桂宏　梁英蓉 / 104

B.8 北京市职工基本医疗保险门诊共济改革对居民获得感影响研究

.... 王　敏　方　晨 / 117

B.9 北京市残联助残社会组织扶持培育研究

.... 汤明瑛　程耀武　吴　婷　李　君 / 136

Ⅳ　社会治理篇

B.10 接诉即办中的"下交群评"与乡村"三治融合"的实践与启示

　　——以北京市平谷区为例 .... 陈　锋 / 149

B.11 业主委员会参与北京老旧社区治理研究 ...... 曹飞廉　张晨怡 / 164

B.12 北京市共有产权住房社区治理效能研究 .... 李　蹊 / 177

B.13 北京市生活垃圾分类政策工具的居民偏好与优化建议

.... 郭施宏　杨娜娜　李　阳 / 190

B.14 北京市社会工作站建设进展报告 .... 鞠春彦　暴志辉 / 209

B.15 北京市社区慈善助力基层治理的经验研究

.... 杨　荣　王　悦 / 220

B.16 北京社会组织参与社区垃圾分类经验与对策探讨

.... 邢宇宙　李　涛　杨玳瑁 / 234

Ⅴ　社会结构篇

B.17 北京市居民消费状况分析报告 .... 赵卫华　王子豪 / 245

B.18 城市化进程中转居农民职业变化调查报告
·················· 宋国恺　陈奕霖 / 261

Ⅵ　城市更新篇

B.19 城市更新背景下北京市老旧小区改造研究报告
··························· 葛　灵　马婉婷 / 275
B.20 深化疏解整治促提升背景下街区综合服务功能路径完善研究
·················· 朱兴龙　王云云　苏立强 / 293
B.21 从"工程思维"到"治理思维"：街道大片区更新的三里屯模式
··············· 北京工业大学北京城市更新研究课题组 / 314

Abstract ·· / 327
Contents ·· / 328

皮书数据库阅读 **使用指南**

总 报 告

Acnoral Noport

B.1
中国式现代化进程中的北京社会建设

陈 锋 桂启明 徐悦鑫*

摘 要： 在中国式现代化进程中，北京市坚持稳中求进的工作总基调，以
新时代首都发展为统领，持续高效统筹疫情防控和经济社会发
展，坚持"五子"联动服务和融入新发展格局，着力稳住宏观
经济大盘。2022年北京市经济稳中有升，切实推动社会民生改
善，教育、就业、医疗、养老、城市更新、弱势群体保障、文化
建设等领域公共服务不断提质增量，党建引领社会治理创新，数
字平台赋能智慧城市建设，志愿服务彰显城市发展活力。当前，
北京社会建设仍存在一些难题和挑战，在教育、养老、城市更新
等重点领域要进一步提升公共服务供给能力，超大城市社会治理
改革有待进一步深化。新时期北京社会建设需聚焦市民公共诉
求，不断推进公共服务体系现代化，坚持以人民为中心积极推进

---

* 陈锋，北京工业大学文法学部副主任、教授、博士生导师，北京社会管理研究基地秘书长；
桂启明，北京工业大学北京社会管理研究基地研究人员；徐悦鑫，北京工业大学北京社会管
理研究基地研究人员。

首都治理体系与治理能力现代化。

关键词： 社会建设　公共服务　社会治理　中国式现代化

党的二十大报告指出，"以中国式现代化全面推进中华民族伟大复兴"，为新时代新征程党和国家事业发展、实现第二个百年奋斗目标指明了前进方向、确立了行动指南。2022 年，是党和国家历史上极不平凡的一年，面对风高浪急的国际环境，国内经济发展需求收缩、供给冲击、预期转弱的"三重压力"以及疫情频发等超预期因素影响，北京市坚持以习近平新时代中国特色社会主义思想为指导，认真学习宣传贯彻党的二十大精神，坚持稳中求进工作总基调，以新时代首都发展为统领，持续高效统筹疫情防控和经济社会发展，坚持"五子"联动服务和融入新发展格局，着力稳住宏观经济大盘，切实推动社会民生改善，首都高质量发展取得新成效。

2022 年，全市经济发展稳中有升，全市地区生产总值达到41610.9 亿元，比上年增长 0.7%。按常住人口计算，全市人均生产总值为 19.0 万元，较上年的 18.4 万元增长 3.3%。经济实现持续高质量发展。全年完成一般公共预算收入 5932.3 亿元，比上年增长 8.1%。全市一般公共预算支出 7205.1 亿元，增长 1.2%。各项数据稳中有升，北京市经济社会发展整体表现出良好的韧性。从 2022 年整体经济结构来看，第一产业增加值 111.5 亿元，下降 1.6%；第二产业增加值 6605.1 亿元，下降 11.4%；第三产业增加值 34894.3 亿元，增长 3.4%，三大产业的构成从 2018 年的 0.4∶16.5∶83.1 转变为 2022 年的 0.3∶15.9∶83.8。① 北京市产业结构已连续五年保持稳定，第三产业持续发挥推动国民经济和社会发展的主导作用。在统筹供给侧和需求侧改革不断深入的背景下，北京市各产业持续健康发展。2022 年，

---

① 《北京市 2022 年国民经济和社会发展统计公报》，北京市统计局网站，http：//tjj. beijing. gov. cn/tjsj_ 31433/sjjd_ 31444/202303/t20230320_ 2940009. html，2023 年 3 月 21 日。

全市居民人均可支配收入为 77415 元，比上年增长 3.2%，扣除价格因素影响，实际增长 1.4%。总体而言，北京市高效统筹疫情防控和经济社会发展，始终贯彻以人民为中心的发展思想，努力以最小的代价实现了最大的防疫效果，为经济社会持续健康发展奠定了坚实基础。

一　北京社会建设取得的主要成就

（一）公共服务不断提质增量

1. 深化教育改革，提升教育服务能力

2022 年，北京市高度重视教育事业，通过深化教育改革，着力优化公共教育服务，提高教育保障能力，确保教育优先发展。

在幼有所育、学有所教方面，北京市改革教育经费体制，持续增加财政投入，引导民办幼儿园转成普惠性幼儿园。调整资源配置结构，提升基础教育学段保障能力，优化学前教育资源布局，提升办园质量，防止和纠正幼儿园"小学化"倾向。积极发展普惠托育服务，推进普惠托育服务体系建设试点，出台政策支持幼儿园招收 2~3 岁幼儿，创建示范性托育机构 50 家。北京市通过不断提高托育公共服务供给能力，切实解决家庭抚育负担。根据北京市教育委员会 2023 年发布数据，通过对比 2021 年数据，2022 年本市基础教育各学段的毕业年级人数均大幅上升。其中，小学毕业升初中人数比上年增长了近 1.3 万人。与往年相比，小学、初中各学段人数均有所上涨。[①] 近些年，伴随生育开放以及大城市的虹吸效应所带来的入学潮，北京市教育保障能力实现了新的提升，2022 年通过新建、改扩建等方式，新增 2 万个中小学学位。与此同时，北京市健全教师绩效工资激励机制，落实解决乡村教师岗位生活补助问题，每年向 3 万余名乡村教师发放岗位生活补助，

---

① 《2022~2023 学年度北京教育事业发展统计概况》，北京市教育委员会网站，http://jw. beijing. gov. cn/xxgk/shujufab/tongjigaikuang/202303/t20230317_ 2938666. html，2023 年 3 月 20 日。

教师收入水平不断提升。

2. 全力助企纾困,多措并举保障就业

2022 年,北京市多措施并举,不断扩大岗位需求,提升劳动力职业技能,减少企业用人成本,使就业难问题在一定程度上得到缓解,有力保障了北京市整体社会稳定,为经济持续健康发展和百姓安居乐业做出了重要贡献。面对疫情等超预期因素的冲击,北京市组织实施稳就业专项行动,制定实施 30 条专项政策,多措并举稳保就业。城镇新增就业 26.1 万人,城镇调查失业率基本控制在 5% 以内,牢牢守住了就业基本盘。①

首先,着力助企纾困稳保就业。实施社保费缓缴扩围政策,截至 2022 年 11 月底,累计缓缴 135 亿元,惠及 3.5 万家企业。强化岗补社补等政策支持,失业保险促进就业支出 79.57 亿元,发放创业担保贷款 30 余亿元,新增参保创业单位 5 万户,带动就业岗位 25.3 万个。挖掘重大项目及"专精特新"等重点企业岗位,开发疫情防控和社区生活服务类岗位,支持多渠道灵活就业。

其次,强化重点群体就业帮扶。推出一次性扩岗补助等 16 条帮扶举措"政策包",挖掘本市机关事业单位、国有企业、社区工作者、科研助理等岗位招用高校毕业生 3 万余人,开展进校园送服务和离校未就业高校毕业生服务攻坚行动,组织各类毕业生招聘活动 528 场,深化实名服务和"点对点"推荐岗位、继续实施"一生一策"帮扶,确保了北京生源高校毕业生就业局势稳定。落实农村就业服务、培训和帮扶,促进农村劳动力就业参保 6.5 万人。开展就业援助活动,综合运用鼓励用人单位招用、支持灵活就业、公岗安置等措施,帮扶城乡就业困难人员就业 18.5 万人,确保"零就业家庭"动态清零。②

---

① 《市人力资源社会保障局 2022 年全年工作进展及工作总结》,北京市人力资源和社会保障局网站,http://rsj.beijing.gov.cn/xxgk/zfxxgk/ghjh_1/202301/t20230105_2892475.html,2023 年 1 月 5 日。
② 《市人力资源社会保障局 2022 年全年工作进展及工作总结》,北京市人力资源和社会保障局网站,http://rsj.beijing.gov.cn/xxgk/zfxxgk/ghjh_1/202301/t20230105_2892475.html,2023 年 1 月 5 日。

最后，持续开展大规模技能培训。通过制定并实施首都技能人才"金蓝领"培育行动计划，采取定岗培训、订单式培训等方式，面向城乡各类人员开展大规模培训，完成补贴性技能培训142.8万人次。全方位优化就业创业服务。实施提升就业服务质量工程，创新公共就业服务模式，实行走访企业和"服务包"制度，推行直播带岗、专场招聘等形式多样的服务，年内累计发布招聘岗位信息60.4万条。

3.加大政策力度，提高医疗服务水平

2022年，北京市医疗保障水平稳中有升，统筹做好疫情防控和医疗服务工作的同时，持续提高医疗服务质量。2022年6月北京市卫生健康委员会印发《2022年北京市改善医疗服务行动计划》，要求各医疗机构全面对照其中的各项任务，结合实际建立本机构改进服务措施清单，并主动加强"接诉即办"群众反映问题的汇总分析，将重点问题及时纳入清单管理，切实解决问题，提升服务，改善体验。

医疗保障服务持续优化，家庭抗风险能力增强。北京市医疗保障局2022年8月发布《关于调整本市城镇职工基本医疗保险有关政策的通知》，明确自2022年9月1日起，本市医疗保险个人账户资金实现定向使用，参保人员不可自由支取。不再设置职工医保门诊最高支付限额，2万元以下报销比例不变；2万元以上在职职工报销60%，退休人员报销80%，上不封顶。预计每年将惠及参保人员17万人，为参保人员减负约10亿元。此外，自2022年12月1日起，允许参加本市基本医疗保险的配偶、父母、子女共济使用家庭成员个人账户资金，支付本人和共济对象发生的符合个人账户使用范围规定的相关费用，并可使用个人账户为本人和共济对象参加本市城乡居民基本医疗保险和长期护理保险缴费、购买本市补充医疗保险。通过家庭成员共济使用个人账户，减轻家庭现金支付负担，构建"我为家人、家人为我"的新型保障机制。2022年起，职工大病保障起付标准由原来的39525元降至30404元。参保人员在享受城镇职工基本医疗保险待遇后，一个年度内门诊和住院累计的个人自付医疗费用，超过起付标准的部分，由城镇职工大病医疗保障进行"二次报销"。起付标准以上5万元以内部分报销60%，

5万元以上部分报销70%，上不封顶。预计每年将惠及参保人员3.5万人，为参保人员减负1.2亿元。① 通过此次医保政策调整，医保资金真正意义上实现了专款专用，提升了医疗保险基金的使用效率，减轻了参保人员医药费用负担。此项举措将通过逐步积累个人账户资金，形成家庭医疗储备金，增强家庭的抗风险能力，切实解决了个人和家庭成员的医疗费用负担。

居民健康状况稳步改善，医疗服务水平不断提高。北京市居民健康素养水平达到40.5%，居全国首位。北京市国家卫生区覆盖率达87.5%，市级卫生街道（乡镇）覆盖率达82.6%。② 北京市婴儿死亡率较十年前下降了56.10%，儿童主要健康指标达国际先进水平。2022年，北京市婴儿死亡率为1.26‰、5岁以下儿童贫血患病率为2.24%，较2012年分别下降56.10%和37.25%；5岁以下儿童生长迟缓率保持在0.14%~0.28%的较低水平。北京市还将新生儿遗传代谢病免费筛查病种由3种扩增至12种，2022年新生儿遗传代谢病筛查率达98%以上。目前，北京市建成儿童健康友好社区37家，推动儿童早期发展服务向社区延伸。③ 北京市医疗服务水平与从业人员质量不断提升，护士执业制度日益完善。北京下放护士注册管理层级，精简申请材料、简化办理流程，开展护士多机构执业，全面实施护士电子化注册，推进电子证照，促进人才合理流动和优质护理资源下沉基层。截至2022年底，北京市医疗卫生机构在册护士总数14.3万人，每千常住人口注册护士数达6.53人，具有大专以上学历的护士占75%。2022年，在老年、伤口造口、失禁等16个专业领域，北京新增培养专科护士1360人，累计培养14293人。④

---

① 《北京市医疗保障局关于调整本市城镇职工基本医疗保险有关政策的通知》，北京市人民政府网站，https://www.beijing.gov.cn/zhengce/zhengcefagui/202208/t20220820_2796348.html，2022年8月19日。

② 《40.5%! 北京市居民健康素养水平全国第一》，北京市卫生健康委员会网站，http://wjw.beijing.gov.cn/xwzx_20031/mtjj/202304/t20230412_3025600.html，2023年4月11日。

③ 《北京婴儿死亡率较10年前下降超56%》，北京市卫生健康委员会网站，http://wjw.beijing.gov.cn/xwzx_20031/mtjj/202306/t20230605_3122275.html，2023年6月3日。

④ 《北京在册护士总数达14.3万人，75%为大专以上学历》，《新京报》2023年5月12日。

4. 创新服务模式，增加养老服务供给

北京市积极创新和完善养老服务模式，增加高质量养老服务供给，加强基本养老服务体系建设，修订养老机构运营补贴管理办法，对街道乡镇养老服务联合体进行等级评价，制定居家老年人家庭适老化改造政策。[①] 对老年人进行能力评估是更高效利用公共服务资源的手段，同时也能更好地保障老年人获得更精细化的服务，为了更加明确养老服务对象及其需要的服务内容，2022 年出台《北京市老年人能力评估实施办法（试行）》。将评估主体由社会组织调整为执业医师、专业护士，明确了评估流程，包括申请、受理、初步调查、派单、现场评估、公示与确认、评估结论告知等步骤，并且建立了防范评估过程中造假的机制，避免服务资源的浪费。

北京市积极推进养老服务综合体建设，2022 年，市委及市政府办公厅发布《关于推进街道乡镇养老服务联合体建设的指导意见》，目标是通过整合利用各类可用于养老服务的政策、设施和资源，统筹规划建设街道乡镇养老照料中心、社区养老服务驿站、养老家庭照护床位及医疗机构等涉及老年人的服务设施，实现机构集中养老床位、驿站临时托养床位、养老家庭照护床位等的均衡布局、配比合理，辖区内医养康养资源有效结合。强化街道乡镇养老照料中心、社区养老服务驿站对居家养老服务的辐射功能，促进各类老年服务设施功能定位清晰、差异化运营、有效衔接，建立公平可及、整合连续的照护服务模式，有效保障老年人长期照护服务需求。[②]

5. 注重规划引领，加快城市更新改造

北京城市化率已达到 87.5%，进入以"减量双控""存量更新"为主的城市发展阶段，城市更新成为提升公共服务质量的重要抓手。2022 年 5 月北京市发布了《北京市城市更新专项规划（北京市"十四五"时期城市更

---

① 《2023 年市政府工作报告重点任务清单》，北京市人民政府网站，https://www.beijing. gov.cn/zhengce/gfxwj/202301/t20230131_2909785.html，2023 年 1 月 31 日。

② 《均衡布局统筹资源 明确属地责任 到 2025 年底全市各街乡镇基本建成养老联合体》，北京市人民政府网站，https://www.beijing.gov.cn/zhengce/zcjd/202204/t20220415_2677627.html，2022 年 4 月 15 日。

新规划）》，明确北京市城市更新的目标方向、确定更新空间体系、建立更新方法体系、强化更新组织体系、构建更新动力体系。此外，北京市住房和城乡建设委员会印发了《北京市城市更新条例（征求意见稿）》，逐步健全北京市"1+N+X"城市更新制度体系。

"十四五"时期，北京加强规划引领，借鉴上海、广州、深圳的城市更新规划体系，在全市1371个街区（3562.5平方公里）管控范围内，聚焦街区实施率≥80%及更新资源任务分布比较集中的地区，结合城市更新行动计划拟600余个近期实施项目，划定178个规划实施率较高、存量资源相对集中且近期有更新实施任务的城市更新重点街区。[①] 北京市住建委发布《关于确认2022年第一批老旧小区综合整治项目的通知》，将366个老旧小区纳入2022年首批改造名单，是近年来纳入改造小区数最多的批次。第一批老旧小区综合整治项目名单涉及东城、西城等13个区，涉及改造楼栋数2021栋，改造建筑面积约1068万平方米。2022年新确认、新开工、新完工小区数量均高于上年。同时稳步推进老楼加装电梯工作，全年开工400部以上，竣工200部以上，有效解决群众生活不便问题。[②] 北京深入破解历史街区更新难题，推动共生院模式，探索退租换租新思路，先后启动菜西地区、砖塔地区、钟鼓楼周边等14个项目，推动申请式退租签约4061户，修缮5100户。加快推进老旧小区改造，2022年以来已纳入改造计划小区924户，正在全面推进，总规模已达到3100万平方米。[③] 在产业类城市更新项目方面，2022年11月，北京市商务局发布《北京市商圈改造提升行动计划（2022—2025年）》，宣布启动新一轮商圈改造提升行动。到2025年，本市在巩固

---

① 《北京市城市更新专项规划（北京市"十四五"时期城市更新规划）》，北京市人民政府网站，https：//www. beijing. gov. cn/zhengce/zhengcefagui/202205/W020220927460583541034. pdf。

② 《2022年本市新确认改造老旧小区411个 366个老旧小区纳入2022年首批改造名单》，北京市人民政府网站，https：//www. beijing. gov. cn/zhengce/zcjd/202204/t20220425 _ 2688829. html，2022年4月25日。

③ 《北京城市更新联盟成立，34项城市更新项目获评"最佳实践"和"优秀案例"》，中国青年网，https：//baijiahao. baidu. com/s? id = 1738145982173635406&wfr = spider&for = pc，2022年7月12日。

上一轮 22 个商圈改造提升效能基础上，将完成新一轮 54 个商圈改造提升工作，同时加快推进王府井、CBD 打造千亿规模国际级商圈，助力国际消费中心城市建设。同时，在政策支持层面，北京市商务局发布《传统商场和商圈（特色商业街）品质提升项目申报指南》，支持传统商场和商圈区域内的商业主体进行配套设施改造升级，并给予对应奖励。

6. 加大保障力度，推动弱势群体保护

北京市委、市政府始终坚持以人民为中心的发展思想，深入贯彻落实党中央、国务院决策部署，全力保障基本民生、不断增进群众福祉。2022 年度在落实"弱有所扶"工作上，进一步提升了本市农村和城市居民最低生活保障水平，由原来的每月 1245 元提升至 1320 元。①

根据北京市 2023 年政府工作报告，北京市将继续加大对弱势群体的扶持力度，在原有基础上加强对困难群众的帮扶，实施"一户一策"精准扶贫，加大对低保、特困人员等的保障力度。北京市政府将采取一系列措施，支持和帮助弱势群体，加强对低收入家庭、残疾人、失业人员、老年人、儿童和其他弱势群体的帮扶。

7. 着力公共文化建设，丰富群众文化生活

北京市作为全国文化中心，在公共文化产品的供给上应当成为全国的模范。北京市为更好地向广大市民提供丰富的文化服务，2022 年出台了《北京市公共文化服务保障条例》，对文化设施建设、运营和管理都做出了细致的规定。支持和鼓励北京市各级公共文化设施向市民免费开放。免费向市民提供的服务内容包括参与文艺辅导培训、演出排练、文艺创作、文化活动、体育健身，欣赏文艺演出、文艺作品、展览展示，接受党员教育、校外教育、老年大学教育、科学技术和卫生保健等 20 大类，人民群众的基本文化权益得到更为有力的保障。

北京作为世界上首个双奥之城，借助冬奥会的影响力和冬奥场馆自身优

---

① 《北京市民政局 北京市财政局关于调整本市最低生活保障标准的通知》，北京市人民政府网站，https://www.beijing.gov.cn/zhengce/zhengcefagui/202208/t20220831_2804729.html，2022 年 7 月 22 日。

势，持续打造北京市群众体育品牌活动，通过支持冬奥场馆从传统单一对外开放形式向多元化经营转变，并利用媒体平台广泛宣传，推动场馆的可持续利用。继续实施"冰雪惠民计划"，与全社会共享优质场馆资源。打造多功能冰雪运动空间，丰富冰雪运动项目，使民众体育运动的选择更加多样，运动的品质不断提升。①

（二）社会治理取得长足进步

1. 以党建引领社会治理创新

坚持党建引领，把党的领导贯穿于基层治理的全过程。党建引领是一切工作的基石，党建引领已经成为新时代北京社会建设创新的重要机制。通过强化基层党组织在各类组织中的领导作用，不断完善党建引领的社会参与机制。将党的建设这一基础性工作在社区、社会组织、非公企业中深入开展，以基层党组织为中心，凝聚各方力量形成社会治理的合力。

2022年5月，中共北京市委、北京市人民政府印发的《关于加强基层治理体系和治理能力现代化建设的实施意见》指出，要以习近平新时代中国特色社会主义思想为指导，深入贯彻习近平总书记对北京一系列重要讲话精神，紧紧围绕首都城市战略定位，以加强党对基层治理的全面领导为统领，以加强基层政权建设和健全基层群众自治制度为重点，以深化吹哨报到和接诉即办改革为牵引，以赋权增能、减负增效和体制机制创新为抓手，全面推进街道（乡镇）和城乡社区治理，推动党建引领、政府治理同社会调节、居民自治良性互动，提高基层治理社会化、法治化、智能化、专业化水平。

坚持党建引领，推动接诉即办改革向主动治理转变。2022年5月，中共北京市委、北京市人民政府发布的《关于加强基层治理体系和治理能力现代化建设的实施意见》进一步提出"总结固化主动治理实践经验，实现

---

① 《2023年政府工作报告》，北京市人民政府网站，https://www.beijing.gov.cn/zhengce/zhengcefagui/202302/W020230223610211645494.pdf。

接诉即办与主动治理有机衔接并向未诉先办深化"。^① 本年度北京市政府将
"每月一题"作为主动治理、未诉先办的重要抓手，以诉求为驱动，以问题
为导向，通过大数据分析选取需要市级层面出台改革创新举措或存在跨层
级、跨部门职责交叉的高频共性难点问题，纳入"每月一题"，开展专项治
理。截至 2022 年 11 月 20 日，当年梳理出 17 个重点问题，均实现有效推进
解决。其中主要包括：老楼加装电梯 2022 年新开工实施 1322 部；新建电动
自行车集中充电设施接口数约 36.7 万个，电动自行车全链条管控体系初步
建立，室内充电引发火灾数量显著下降；出台《北京市义务教育学校教学
基本要求》等文件，持续提高学校教育教学质量，推动"双减"政策落地；
汇编下凹桥区、积水点等重点点位应急排水预案，发布本市城市积水内涝风
险地图；437 个村庄污水处理设施开工建设，295 个村庄完工；100 处篮球、
足球等体育健身活动场所全部完工，室外健身器材"一键报修二维码"标
牌安装完成 12.6 万件等。^②

　　突出党建引领，推动基层业务与党建业务协同联动，实现党群关系更紧
密、服务管理更精细化。近些年北京市不断完善精细化管理标准规范。对标
国际一流，梳理完善相关标准规范，推动建立精细化管理标准规范体系。重
点完善城市街巷、道路交通、河道管理、园林绿化、市容环卫、城管执法等
领域的标准规范，制定管理清单、责任清单和网格清单，逐步实现城市管理
领域标准规范全覆盖，使精细化管理有章可循。依照城乡一体化发展思路推
动建立城市管理分级分类体系，明确管理标准，加强标准规范的更新和维
护，注重不同行业标准规范的有机衔接。

　　坚持党建引领，吸纳"两新"组织、新就业群体成为社会治理新力量。
北京"两新"组织高度聚集，是推动首都经济社会发展的重要力量。当前

---

① 《中共北京市委 北京市人民政府关于加强基层治理体系和治理能力现代化建设的实施意
　见》，北京市人民政府网站，https://www.beijing.gov.cn/zhengce/zhengcefagui/202205/W0
　20220808524321737261.pdf。
② 《2022 年"每月一题"完成 450 项任务 今年聚焦 17 个高频共性问题进行专项治理》，北青
　网，https://t.ynet.cn/baijia/33785835.html，2023 年 1 月 10 日。

北京市以 405 个党群服务中心为主阵地，9000 余家户外劳动者驿站等社会化资源为补充，建立综合性服务平台，形成"三有一化"工作体系，开展各类暖心活动覆盖 13.3 万人次。聚焦解决新就业群体急难愁盼问题，构建党员问需、党组织集需、行业属地解需的工作闭环，仅 2022 年一年的时间就有 6400 余条近八成诉求得到解决。① 在"三城一区"、中央商务区等园区楼宇商圈，在律师、会计师、税务师等重点行业，在互联网、物流快递等新兴业态，"两新"组织党组织的政治引领功能不断凸显，党员的先锋模范作用持续彰显，党建引领行业治理的品牌示范效应初步显现。②

2. 以数字平台赋能智慧城市建设

根据北京"十四五"时期智慧城市发展行动纲要，北京市统筹推进人工智能、区块链、大数据等新技术基础设施建设，优化升级数字基础设施，加快建设信息网络基础设施，推动建设感知物联网，提高物联网在生产生活、公共服务、应急管理等方面的覆盖水平。推进云网协同和算网融合发展，建设城市智能计算集群，强化算力统筹、智能调度和多样化供给，加快数据、算力、算法和开发平台"多位一体"深度融合，促进智慧城市发展。推动智慧城市规划体系建设，遵循"四梁八柱深地基"的总体框架布局，推进智慧城市建设。

依托完善的数字基础设施，城市科学化决策水平不断提升。基于市大数据平台，建设城市大脑中枢，提升数字治理能力，全面支撑领导驾驶舱迭代升级，构建以城市人口精准管理、经济活动监测、城市运行感知、城市管理综合执法等为核心的城市运行管理与决策支撑体系，为全局统揽、精准服务、高效决策提供基础保障。以智慧化建设推进基层治理模式转变，推动市级数据下沉赋能，加速推进基层应用与业务部门垂直系统融合集成，推动接诉即办、吹哨报到等业务应用的协同办理。构建市、区、街乡、村居互联网协同平台。推动智慧平安小区与过去的北京健康宝等防疫成果融合应用。疫

---

① 《基层党组织坚强有力就没有干不成的事儿》，《北京日报》2022 年 6 月 16 日。
② 《基层党组织坚强有力就没有干不成的事儿》，《北京日报》2022 年 6 月 16 日。

情期间，12345 热线启用语音应答系统、机器人智能问答、智能派单等方式，取得了明显成效，通过智能平台的受理量占比从 2021 年 1 月的 13.88%持续提升至 10 月的 86.02%，使 12345 热线单月受理量提升了近 8 倍，全年智能平台受理量占比达到 64.48%。智能化场景在社会治理机制中的应用得到进一步加强和提升，体现了科技不断转化为生产力的良好态势。在智慧城市、数字政务整体布局中，结合民生大数据的智能受理、智能派单、智能办理、智能考核、智能分析等广泛运用，加强了"七有""五性"监测评价，发挥了接诉即办的"探针"作用。用数据驱动基层治理，推动了"热线+网格"的融合，提升了基层治理的智能化水平。

3. 以志愿服务彰显城市发展活力

2022 年北京市出台《北京市青年志愿者服务社区行动工作指引》，动员青年志愿者深入基层一线，走进城乡社区，为基层治理贡献青春力量。在"走进社区、扎根社区"的风向标指引下，首都青年志愿者迅速行动起来。

在北京市委、团委的共同推动下，北京市依托社区青年汇阵地，结合团员回社区报到机制，积极探索"团干部+社工+志愿者"的工作模式，让青年人走出家门就能参与社区活动，用青年人的方式更好地汇聚社区青年力量，让青年成为社区治理的中坚力量。截至目前，全市注册青年志愿者服务队已达 7200 余个。其中，社区（村）青年志愿者服务队 6920 个，开展志愿服务项目 13.1 万个，累计志愿服务时长 210 多万小时。在新一批五星级志愿者中，超过 80% 的志愿者具有社区志愿服务的相关经历。[1] 冬奥会期间，在体育竞赛、场馆管理、语言服务、新闻运行等 41 个业务领域，有 8 万余名赛会志愿者参与其中，成为"双奥之城的最好名片"。[2]

---

[1] 《北京晚报：近 7000 支青年志愿者服务队活跃在社区》，志愿北京，https：//www.bv2008.cn/show/1078886.html，2023 年 5 月 4 日。
[2] 《"双奥之城最好的名片"——8 万余名赛会志愿者像一朵朵热情洋溢的小雪花，在各自的岗位上展示着开放、阳光、向上的青春风采》，《工人日报》2022 年 2 月 23 日。

二　北京社会建设面临的难题与挑战

（一）公共服务供给能力有待提升

1. 教育改革面临"课后服务需求激增"的现实挑战

2022 年，"双减"工作步入第二个年头。过去一年，北京市推进教学方法改革，多种方式提升课后服务质量，实现了课后服务在义务教育阶段的全覆盖。北京市教育系统推动学科类校外培训监管常态化、治理精准化，打击各类隐形变异等违规培训，统筹推动优质义务教育资源的区域均衡发展，不断提升课堂质量、教学规范、课业辅导能力与课后服务水平，推动家庭教育和学校教育的有机协同。根据北京教育科学研究院发布的《"双减"后北京市中小学作业情况调研报告》与《义务教育阶段教师优化作业的十条建议》，96.04%的学校制定了全校作业管理方案，92.77%的学校已建立作业校内公示制度，98.6%的学校对作业布置进行了统筹规划，还有超过95%的学生表示能独立完成绝大部分作业。"双减"政策实施后，国家中小学智慧教育平台日均浏览量大幅增加。[①]

"双减"后课业压力减小，但对学校提供的课后服务、师资教学质量水平与家庭教育指导等方面提出了新的挑战。一方面，老师需要让作业更有质量、让课堂更加高效，课后服务更有针对性，这对原有的教育模式提出了新的要求。另一方面，家庭需要更多地开展教育指导，但由于家长在时间、素质和教育能力上存在较大的分化，甚至一些家庭不具备家庭教育指导的能力和条件，导致学生的家庭教育也形成一定的分化，家校协同育人难以有效衔接。

2. 养老服务面临区域的不平衡和资源的错配

目前，北京市平均每年新增 18 万老年人，每天大约有 500 人步入老年

---

①　《"双减"提质增效 汇成北京经验》，《现代教育报》2022 年 11 月 14 日。

人行列，老龄化呈现加速趋势。① 截至目前，北京市60周岁以上常住老年人有465万，占常住人口的21.3%；户籍老年人414万，占户籍人口的29%，已经进入中度老龄化社会。以往的"9064"养老服务模式，难以适应新的老年人口结构，北京市入住养老机构的老年人占户籍老年人口的比重不足1%，99%的老年人居家养老，居家养老问题已成为养老工作面临的主要矛盾。同时，90%以上的重度失能失智老年人选择居家养老，失能失智老年人的居家养老问题成为养老工作的主要方面。② 因此，面对老年人口结构的变化，要实现老年人老有所养，还需要加强养老服务的供给侧改革，发展养老服务产业，重构养老服务业态，发展社区居家养老服务网络。

此外，养老服务供给还存在着一定的区域差异和资源错配问题。北京市2/3以上的机构床位在郊区，但是3/4以上的老年人居住在城区，城区养老床位"一床难求"，老年人在住所周边找不到普惠性、专业化的养老服务供给，而郊区床位则大量闲置。养老机构区位布局、服务质量、供给价格与老年人入住机构的心理预期有较大差距，"买不起""买不到""不愿买"现象并存。居家养老服务供需对接不顺畅、产业发育不充分、综合监管不到位等也是北京市养老服务体系建设面临的痛点、难点问题。

3. 城市更新存在刚性管控与多维度统筹问题

北京的城市更新既要落实北京城市总体规划的刚性管控措施，又要符合国家对城市更新的相关要求。这就要求北京市不但要克服在城市更新中所遇到的各种困难，还要走出一条城市更新的北京道路，因此北京市城市更新面临多重挑战。

一是城市更新的多维度统筹问题。2022年北京市住房建设委员会发布《北京市城市更新条例》，明确了北京城市更新包括居住类、产业类、设施类、公共空间类和区域综合性五大更新类型，更新一般涉及实施范围内多种更新类型，需同时协调各类别项目综合推进，对实施主体综合统筹协调能力

---

① 《探索破解大城市养老难题的"北京方案"》，《民主与法制时报》2023年6月16日。
② 《近九成老年人倾向于居家养老》，《北京青年报》2023年5月25日。

提出考验，同时片区更新项目需综合考虑城市规划设计、文化街区保护、历史文物修缮、社区新型治理、产业资源导入等多个维度，使得统筹变得难上加难。

二是多产权和央产老旧小区改造统筹沟通机制与资金筹措问题。一方面，城市更新一般为已经建成多年形成的既有片区，实施范围内产权主体多样、权属关系不清，项目结构复杂、私搭乱建问题严重及其他历史遗留问题难以解决，使得统筹式更新难以推进。[①] 另一方面，央产房和老旧小区往往存在供暖、违法建设、施工管理、老楼改造、加装电梯等多种问题，在改造中往往会存在资金不足以及资金审批流程较长等问题。

（二）超大城市社会治理改革有待深化

1. 基层社会治理共同体尚未形成

习近平总书记强调，要推进以党建引领基层治理。以党建引领基层治理，关键在党，重心在街乡社区，根本在于创新基层党建和基层治理紧密结合的方法路径。作为首都，北京市一直面临着巨大繁杂的治理压力，仍需要充分发挥党组织在基层治理中统筹协调方面的优势，建设"人人有责、人人尽责、人人享有"的社会治理共同体。

在城乡社区治理领域，吹哨报到、接诉即办、在职党员回社区报到等机制以"倒逼式治理"推动基层组织增强服务群众的意识与服务群众的能力，但分类发挥在职党员在社区治理中的作用仍然较为有限，基层自治和矛盾化解能力仍较为薄弱，在引导群众、教育群众、组织群众方面缺乏有效抓手，群众参与社会治理的主体性激发不足。当前，北京市社区物业管理问题较为突出，党组织在引领物业企业参与社会治理方面缺乏有效抓手，基层治理合力仍未形成。提升基层社区自主的常规治理能力，才能快速切换应急治理模式，提升应对风险社会的能力。同时，对于应急治理所积累的社会资本也可

---

① 《〈2022 北京城市更新白皮书〉发布 首都更新工作迈向新台阶》，腾讯网，https：//new.qq.com/rain/a/20230415A05ZQ400，2023 年 4 月 15 日。

以有效转化以增强基层的常规自主治理能力。

2.智慧社会治理存在多重壁垒

现代信息技术的引入为社会治理提供了重要支撑，大大增强了基层治理的便捷性和高效性，进而增强了社会服务的可达性。但智慧社会治理仍然存在多重壁垒。一是条块分割的体制壁垒，信息化建设指标方面各自为政，形成了一个个相互独立的"信息孤岛"或者"平台孤岛"。二是技术壁垒，由于不同职能部门承担的工作相差较多，故收集信息与数据的技术标准并不一致，难以汇总形成更大规模的统一数据，最终影响到数据用于社会整体的处理和分析。三是法律壁垒，由于政务大数据的收集是政府行为，而政府可以收集民众的哪些数据在法律上仍属空白，社会治理过程中必要的数据收集行为处于无法可依的状态。有关政府数据的立法滞后状态也是影响技术治理持续推进的一个重要问题。[①]

具体表现方面，北京市不同层级行政部门的办事平台仍存在功能重叠，如在全市范围内有统一的政务服务平台北京通，而区级政府又存在各自的政务平台，如丰政通、掌上海淀等，同时不同领域的办事平台又过于分散，如医保凭证、子女入学登记等服务需要登录不同的平台，未能实现一站式办理。此外，城市整体的应急、规划、交通、公安、水务、城管、气象等各部门业务信息和实时数据仍未实现整合，数据利用率还处在较低水平。

3.社会组织可持续发展能力不足

北京市公益服务需求日益增长，涉及教育、医疗、环保、社区建设、扶贫、灾害救助等多个领域，社会组织在这些领域发挥着重要作用。然而，当前社会组织的可持续发展仍面临较大的困境。

一是社会组织的资金来源较为不稳定。北京市社会组织的资金来源主要依靠政府补贴、社会捐赠和自筹经费，其中政府补贴和社会捐赠受到政策和市场的影响，难以保持持续和稳定。自筹经费又受到法律和税收的限制，难以扩大收入渠道。二是北京市公益服务体系还不完善，缺乏有效的统筹规

---

① 徐志军：《首都超大城市社会领域应急动员体系建设的思考》，《中国民政》2023年第4期。

划、协调、监督和评估机制，导致公益服务的质量和效果难以保证，影响公益服务的可持续发展。三是社会组织人才队伍建设存在不足，主要表现在人才结构不合理、人才流动性大、人才培养机制不完善等方面。四是社会组织的监管机制有待进一步健全和调整，目前社会组织的政府监管有所优化，但行业自律仍缺乏有效机制对其进行规制，社会监督存在缺乏透明度和公信力的问题，部分社会组织还存在一些负面的舆论和评价。

三　加强新时期北京社会建设的建议

（一）聚焦市民主要公共诉求不断推进公共服务体系现代化

党的二十大报告指出："我们要实现好、维护好、发展好最广大人民根本利益，紧紧抓住人民最关心最直接最现实的利益问题，坚持尽力而为、量力而行，深入群众、深入基层，采取更多惠民生、暖民心举措，着力解决好人民群众急难愁盼问题，健全基本公共服务体系，提高公共服务水平，增强均衡性和可及性，扎实推进共同富裕。"要增强广大群众的幸福感与获得感，需要在公共服务建设中聚焦"七有""五性"的要求，针对痛点难点问题，不断推进现代化的公共服务体系建设。

在教育方面要巩固"双减"成果，不断提升教育质量。要深入推进首都教育现代化，加快建设高质量教育体系，提升学校治理能力，利用技术手段赋能教学，加强家庭教育指导，建立和完善家校协同育人模式。在养老服务方面，要针对人口结构的变化与养老需求的现状，提供老年人满意的养老服务。一是要统筹优质资源配置方式，加大居家养老服务投入力度，鼓励社会资本进入养老服务市场，提供医疗养老、康复养老、居家养老等多元化的养老产品，构建多样化的养老服务体系。二是要搭建养老志愿服务信息平台，鼓励低龄老年人帮扶高龄老年人，让低龄健康老人老有所为，助力高龄失能老人老有所养，实现积极老龄化。在城市更新方面，要坚持以人民为中心，走出一条城市更新建设宜居型城市的北京道路，注重片区统筹、多元主体参与文化塑造。在工作机制方面，建立老旧小区改造大数据平台、理顺计划管理等项目管理机制，健全社会资本、责任规划师、建筑师、产权单位等多方参与机制，推进组建业委会（物管会）、引入规范化物业等长效管理机制。在政策措施方面，针对加强适老化改造、楼内上下水管线改造、加装电梯等制定多项针对性措施，统筹各类市政专业管线改造，协调各类改造时序。

（二）坚持以人民为中心积极推进首都治理体系与治理能力现代化

坚持以人民为中心，既是贯穿首都治理体系和治理能力现代化的基本原则，也是根本目的。在工作思路上，坚持全周期管理理念，强化系统治理、依法治理、综合治理、源头治理、综合施策，提高基层治理社会化、法治化、智能化、专业化水平，以实现共建共治共享，建设人人有责、人人尽责、人人享有的基层治理共同体。加强全国政治中心、文化中心、国际交往中心、科技创新中心的功能建设，提高为中央党、政、军领导机关的工作服务，为国家的国际交往服务，为科技和教育发展服务，为改善人民群众生活服务的水平，为建设国际一流的和谐宜居之都奠定坚实基础。

在党建引领基层治理方面，积极探索党建引领基层高效治理的有效路径。要进一步发挥党建引领基层治理的作用，深化接诉即办改革从"倒逼型治理"向"自主型治理"转变，进一步激发基层治理活力，有效发挥基层治理的自治功能，重点加强基层组织对群众的组织能力，让群众成为基层治理的主体，激发群众参与社会治理的主体性和能动性。在服务群众的同时，将服务群众与引导群众相结合，让群众做群众的工作，让群众解决群众的问题，确立群众的权利与义务平衡观，形成人人有责、人人尽责、人人共享的社会治理共同体。在智慧治理方面，认真落实北京市发布的智慧城市建设规划，全面推进政府、社会、经济等各个领域的数字化转型，实现"一网通办""一网统管""一网慧治"的目标。扩大技术应用方面的制度供给，始终秉持"以人为本"的技术应用理念，避免技术对治理造成制约。针对政府信息化建设方面重复建设、部门间存在数据壁垒的状况，仍需坚持以党建引领为破局的抓手，以上级党组织统筹政府各职能部门，促进部门间最大限度的横向协同，构建横跨纵联、条块结合的数据共享机制，协商制定数据收集技术标准，统一数据使用规范。建设大数据平台，提升数据分析和应用水平，加强数据支撑决策、数字管理和数字服务的能力。深化数字化社区建设试点，积极探索社区治理和服务的新模式。持续推进数字服务适老化改造，满足老年人的特殊需求，让老年市民享受更多便利。在社会组织可持续能力建设方面，加强党对社会组织队伍建设的领导，强化社会组织的行业自律，注重对自身工作效果进行评估和监督，及时发现问题和不足，并采取措施加以改进和完善。同时，应当接受社会监督和评价，积极听取各方的建议和意见，提升社会组织的透明度和公信力。加强对社会组织参与社会治理的支持，拓展社会组织发展的资金筹措渠道。完善社会公益服务体系建设和社区慈善机构建设，更好发挥社会组织参与社会治理的优势。加强社会工作人才队伍建设，加强社会组织专业教育和本土知识的融合培训。推进社会组织专业人才评价和激励工作，建立社会组织人才薪酬保障和人才表彰奖励制度。

特　稿

Special Reports

B.2

深入学习贯彻党的二十大精神，
以首善标准推动北京社会建设
和民政事业高质量发展

徐志军*

摘　要： 2022 年是党和国家历史上极为重要的一年。这一年来，北京社
会建设和民政系统始终坚持以习近平新时代中国特色社会主义思
想为指导，以迎接服务党的二十大胜利召开和学习宣传贯彻党的
二十大精神为工作主线，深入贯彻落实市第十三次党代会精神，
按照市委、市政府工作部署，坚持围绕中心、服务大局，坚持
"民政为民、民政爱民"的理念，全力保民生、兜底线、救急
难、促稳定，加快健全社会救助体系，加强养老服务体系建设，
创新基层治理，各项工作任务圆满完成。下一步，北京社会建设
和民政系统要深入学习贯彻落实党的二十大精神，重点围绕加强

---

* 徐志军，中共北京市委社会工委书记、北京市民政局局长。

党的全面领导、积极应对人口老龄化国家战略、扎实推进共同富裕、发展全过程人民民主等重大战略，统筹推进、狠抓落实，全面推动习近平新时代中国特色社会主义思想在首都社会建设和民政领域形成生动实践。

关键词： 社会建设　高质量发展　北京

2022年，全市社会建设和民政系统在习近平新时代中国特色社会主义思想指引下，深入学习贯彻党的二十大精神和市第十三次党代会精神，坚持围绕中心、服务大局，坚持"民政为民、民政爱民"理念，砥砺前行、攻坚克难，有力推动首都社会建设和民政事业高质量发展再上新台阶。

一　2022年全市社会建设和民政工作稳步推进，成效明显

（一）深入学习贯彻党的二十大精神和市第十三次党代会精神

工委班子带头深入学习研讨，各级党组织层层开展宣讲，持续掀起学习宣传贯彻热潮。对标对表大会关于社会建设和民政工作的新部署新要求，系统谋划思路举措，确保落地落实。

（二）社会领域党的领导全面加强

高站位推动社会建设统筹，协调推进82项重点任务。持续推进"七有""五性"监测评价工作。完善党建引领社区治理组织体系，规范提升100个社区书记工作室，加强社区党建工作协调委员会建设。创新社会组织党建体制机制，试点组建行业党委，探索推进党员和党组织属地化管理。

（三）养老服务体系日益完善

制定印发"养老服务联合体建设""物业服务+养老服务"等系列文件。取消不合理的失能老年人护理补贴限制，调整优化老年人能力评估办法，全面强化养老服务综合监管，加快推进养老服务标准化建设。累计建成运营养老机构 571 家、社区养老服务驿站 1424 家、养老家庭照护床位近 1 万张，发展养老助餐点 1168 个。

（四）基本民生保障不断加强

彻底开展困难群众救助补助资金审计整改。优化困难群体审核认定办法，低保、特困标准分别上调至月人均 1320 元、1980 元。建立残疾人"两项补贴"主动服务机制。扎实推进"精康融合行动"。出台未成年人保护三年行动计划，印发儿童福利和保护机构高质量发展实施方案。建立困境儿童生活费自然增长机制。开展全市流浪乞讨人员集中救助 7 次。建立征地超转人员生活补助增长机制，优化医疗保障待遇。

（五）基层治理水平不断提高

出台《中共北京市委 北京市人民政府关于加强基层治理体系和治理能力现代化建设的实施意见》。建成 530 个基层民主协商示范点。大力扩充社区工作力量，修订出台社区工作者管理办法和工资待遇实施办法，社区工作者职业体系进一步完善。稳妥完成 285 个社区优化调整。抓好"京民通"和数字化社区建设试点。有序推进行政区划调整和行政区域界线管理工作。

（六）基本社会服务供给持续优化

推进婚姻登记机关规范化建设。出台婚俗改革实施意见。全年共办理婚姻登记业务 20.62 万件。加强殡葬领域突出问题整治，优化太平间和殡仪馆服务对接机制。印发《北京市"十四五"城乡社区服务体系建设规划》。有序推进社区之家、开放式空间建设等工作。加强社会心理研究，新建一批基层社会心理服务站点。

（七）多元治理主体健康发展

加强社会组织监管，开展市级社会服务机构非营利监管等九大专项治理。举办"北京社会组织促就业稳经济"系列活动，引导社会组织发挥作用。大力发展基层慈善、互联网慈善。新增备案慈善信托54单，资产规模超6亿元，均居全国前列。全年销售福利彩票35.82亿元。推进基层社会工作服务体系建设。修订出台《北京市志愿者服务管理办法》。印发城市协管员队伍规范管理办法。出台《关于促进社会企业发展的意见》，新认证社会企业42家。开展第四届见义勇为宣传月活动，全年确认见义勇为人员35人。

（八）工作基础进一步夯实

完善北京市社会建设和民政标准体系框架，发布《社会福利机构安全管理规范》等4项地方标准。加快推进"三京"平台应用。"网办事项"覆盖率提升至87%，所有事项实现"一号通办"。加强法治政府建设，健全完善委局法规文件信息库，开展相关政府规章立法后评估工作。梳理"十四五"时期民政兜底设施建设需求，推进市级设施重点项目建设。巩固提升市委社会工委市民政局安全生产和消防安全专项整治三年行动成效。

二 深入学习贯彻落实党的二十大精神，推动习近平新时代中国特色社会主义思想在首都社会建设和民政领域形成生动实践

党的二十大科学谋划了未来5年乃至更长时期党和国家事业发展的目标任务，对社会建设和民政工作提出明确的部署要求，是我们做好当前及今后一个时期工作的根本遵循。当前和今后一个时期社会建设和民政工作的首要任务就是全面深入学习领会党的二十大精神，结合实际抓好贯彻落实。

（一）要围绕加强党的全面领导，在持续深化社会领域党建引领上见到新成效

党的二十大报告对加强城市社区党建和新社会组织党建工作、用好各类议事协调机构作出部署。我们必须坚持"看社会建设和民政首先从政治上看"，不断加强政治机关建设。进一步加强全市社会建设统筹协调，加大社会体制改革创新力度。健全完善党建引领社区治理体制机制，建强社区党组织"头雁"队伍。推动社会组织党建体制机制创新，实现社会组织健康有序发展。

（二）要围绕积极应对人口老龄化国家战略，在加快推进养老服务体系转型升级上实现新突破

党的二十大报告对发展养老事业和养老产业，抓好基本养老服务作出系统部署。我们必须坚定不移将养老服务作为"一号工程"来抓，将养老事业和产业协同发展作为重要原则，抓住健全基本养老服务体系和大力发展居家社区养老服务这个主攻方向，不断扩大创新居家养老服务模式试点，努力探索研究破解超大城市养老难题的"北京方案"。

（三）要围绕扎实推进共同富裕，在满足人民美好生活向往上展现新作为

党的二十大报告旗帜鲜明地提出实现全体人民共同富裕是中国式现代化的本质要求。我们必须持续开展"七有""五性"的监测评价工作，积极推进全市促进共同富裕行动计划和扩大中等收入群体实施方案，不断织密织牢困难群众基本生活保障网，着力完善临时救助、服务救助机制，充分用好对各类困难群体的福利政策，积极发挥慈善事业对共同富裕的重要助力作用，让广大群众在国民收入再分配、第三次分配中有更多的获得感、幸福感、安全感。

（四）要围绕发展全过程的人民民主，在提升基层治理体系和治理能力现代化水平上取得新进步

党的二十大报告把民主政治建设和基层治理的重要性提到了前所未有的新高度。我们必须健全完善党组织领导的基层群众自治制度，大力发展基层民主协商，建设人人有责、人人尽责、人人享有的基层治理共同体。不断完善网格化管理、精细化服务、信息化支撑的基层治理平台，健全城乡社区治理体系。坚持和发展新时代"枫桥经验"，以接诉即办为牵引，强化主动治理、未诉先办。

三　突出重点、狠抓落实，深入推动首都社会建设和民政工作高质量发展

2023 年，全市社会建设和民政工作要以习近平新时代中国特色社会主义思想为指导，以深入学习贯彻落实党的二十大精神和市第十三次党代会精神为主线，以去风险点、补薄弱点、全面推进工作规范化建设为保障，推动各领域工作清单化管理、项目化推进，不断提高工作效率，推动首都社会建设和民政事业再上新台阶。

（一）不断加强社会领域党的领导

加大社会建设统筹协调力度，在更高层面推动解决社会建设领域的重大问题。深入实施"十四五"时期社会治理和民政事业发展"两个规划"，持续完善"七有""五性"监测评价机制，有力提升社会建设水平。完善社区党建工作体制机制，做实社区党建工作协调委员会，持续推动社区党的组织体系向小区、楼门、院等基层治理单元延伸。强化社会组织党建引领，推动社会组织党建行业化、党员属地化、党组织规范化管理，压实社会组织负责人党建主体责任，为管好用好社会组织提供坚强组织保障。

（二）全力推动养老服务体系创新发展

加快推进创新居家养老服务模式试点，完善和固化创新模式，建立普惠性标准化居家养老服务供给体系，引导更多市场主体参与试点，力争实现核心区和中心城区全覆盖。推动"三边四级"养老服务体系提质升级，着力打造街道（乡镇）养老服务平台和资源载体，实现机构集中养老床位、驿站临时托养床位、养老家庭照护床位"三张床"合理布局。改革完善基本养老服务对象保障政策、居家养老照护支持政策、养老机构和社区养老服务驿站运营补贴政策、养老消费促进政策，推动养老事业和养老产业协同发展。加强养老服务综合监管，建立流程化、场景化的监管清单和监管标准，建立"风险+信用"综合评价指标体系，持续开展养老机构服务质量专项整治行动，实现全方位综合监管。制定加快推进养老服务人才队伍建设行动计划，完善培训、考核、激励等机制，提升规范化、专业化服务水平。

（三）织密织牢基本民生保障网

巩固深化困难群众救助补助资金审计整改成效，深刻汲取问题教训，全面开展各重点领域审计整改。健全分层分类的社会救助体系，适时调整低保、特困等相关标准，开展低收入人口动态监测和常态化帮扶，开展"物质+服务"联动救助，提高救助的精准性和实效性。推动残疾人"两项补贴"政策精准落实，加大康复辅具应用场景探索实践力度，扎实推进"精康融合行动"，做优做精残疾人福利工作。加快儿童福利和保护体系建设，修订出台《北京市未成年人保护条例》，落实困境儿童福利保障政策，加强儿童福利机构监管。建立接济救助"平战结合"机制，做好重要时间节点服务保障，推动长期滞留人员落户安置工作。加强征地超转人员保障工作。

（四）着力提升基层治理现代化水平

激发基层民主活力，深化居（村）务监督委员会建设，提升社区自治水平。完成全市 100 个社区议事厅和 100 个楼门院治理示范点建设。提升基层治理能力，制定《关于规范社区和村级组织工作事务、机制牌子和证明事项的实施方案》，持续为基层减负增效。完善社区工作者职业体系建设，研究修订培训、考核等配套文件。落实数字化社区试点建设任务，做好"京民通"社区治理试点应用场景开发，提升基层治理信息化水平。全面加强行政区划管理工作，完善行政区划调整历史文化专项评估机制。稳妥推进优化基层行政区划设置。

（五）持续优化基本社会服务供给

全面提升殡葬服务保障能力。加强遗体接运等基础能力储备，探索推出丰富多样的殡仪服务惠民套餐。加大经营性公墓和公益性公墓墓位供给，加大生态殡葬宣传力度。优化婚姻家庭服务。积极推进婚姻登记"跨省通办"试点，抓好婚姻登记机关等级提升工作，加大婚俗改革力度。提升社区服务品质。制定《关于健全完善村级综合服务功能的实施意见》。开展"社区邻里节""社区大课堂"等活动。开展社会心理研究。积极做好社会心态监测和心理科普宣传，推动形成自尊自信、理性平和、积极向上的社会心态。

（六）培育发展多元社会治理主体

强化社会组织综合监管，持续规范社会组织内部管理，引导社会组织更好地服务乡村振兴和基层治理。大力发展慈善事业，不断扩大慈善捐赠规模。深入挖掘慈善信托潜力。推动互联网慈善、基层慈善发展。开展"首都慈善奖"评选、"首善有我"献爱心等系列活动。加快完善社会工作服务体系，统筹抓好基层民政服务站点优化整合，出台《首都社会工作专业人才队伍建设行动计划（2023 年—2025 年）》。研究制定志愿服务信用激励相关政策，开展志愿服务记录与证明抽查工作。积极营造见义勇为社会氛围，完善见义勇为权益保护政策机制。

（七）筑牢社会建设和民政事业发展根基

大力加强法治建设，健全和完善未成年人保护法、殡葬等重点领域法规政策，加强行政规范性文件合法性审查，强化行政执法监督。加快推进信息化标准化建设，推动"金民工程"数据对接、"三京"平台应用对接、"京民通"社区试点、"一件事"场景创建等项目。加快推进党建引领社区治理标准体系、信息化标准体系建设。

B.3
北京市与境外发达城市社会建设比较研究

杨宝山　邱维伟　梁艳　刘军　张泽华*

摘　要： 社会建设是统筹推进经济建设、政治建设、文化建设、社会建设、生态文明建设"五位一体"总体布局的重要组成部分。党的十八大以来，习近平总书记高度重视社会建设工作，围绕社会建设发表了一系列重要论述，为我们做好新时代社会建设工作提供了根本遵循。为加快推动新时代北京市社会建设高质量发展，本文从分析社会建设的概念和内涵入手，深入比较研究北京市与欧美等国家的发达城市社会建设各项指标数据，聚焦差距和不足，总结经验启示，提出创新发展理念、健全体制机制、强化抓手工具、加强发生保障、培育社会主体以及加强基础保障等加强北京市社会建设的思路及对策建议。

关键词： 社会建设　民生福祉　北京　欧美发达城市

一　社会建设的概念和内涵

社会有广义和狭义之分，广义的"社会"是指整个人类社会，涵盖政治、经济等范畴；狭义的"社会"即社会生活及其子系统，与政治、经济、文化等相对应，社会建设中的"社会"就是这个概念。

---

* 杨宝山，中共北京市委社会工委北京市民政局二级巡视员；邱维伟，中共北京市委社会工委北京市民政局研究室主任；梁艳，北京市社会组织管理中心一级调研员；刘军，北京市民政局基层政权与社区建设处干部；张泽华，北京市民政局研究室干部。

社会建设（society-building）是具有中国特色的概念，在西方学术和政治话语体系中没有与之相对应的表述，但有一些内涵相关的观点和理论，如"社会发展"（social development）、"福利国家建设"（welfare state building）和"社会保护"（social protection）等。这些概念、理论及实践可为研究和推进社会建设提供参考。

（一）国际上社会建设的概念和内涵

1. 社会发展和发展型社会政策

社会发展是 20 世纪下半叶在反思片面追求经济增长基础上提出的新发展观。社会发展将人类尊严、平等和社会正义视为核心价值，强调经济体系和社会体系之间的协调性，将经济和社会视为动态发展过程的有机整体。社会发展在演化过程中形成了各种理论和实践。早期社会发展强调社区干预的作用和地方经济发展计划中人的参与性，如 20 世纪 60 年代的国家主义，强调政府在促进社会发展中的作用；20 世纪 70 年代的行动主义，注重社区行动路径，强调动员和增强当地人民的力量以满足社会需要；20 世纪 90 年代倾向于市场的发展路径，强调个人和家庭在市场驱动的发展战略中保障自身生计作用。总之，社会发展迄今尚未形成统一的理论体系。

发展型社会政策是社会发展理论中颇具影响力和较为成熟的分支。在理念上，既强调国家在社会福利体系中扮演统筹者和监管者的角色，又充分肯定个人在社会生活中的根本作用和中心地位，还通过保障每位公民参与市场经济的平等机会和培养公民的独立自主能力来发挥参与社会发展的主动性，注重社区在政策形成、实施等整个过程中的作用。在政策工具上，强调对人力资本的投资和推动劳动力顺利进入市场，尤其重视教育、卫生和人员培训以及婴幼儿教育等兼顾儿童发展和就业支持的社会系统，倡导政府、市场、社会及个人的多元投入，推动以社区为本的综合福利政策，以实现对社会问题的"上游干预"，改变了公平和效率不可兼得、社会政策是支出和成本的传统看法。

2. 福利国家相关理论

福利国家是指国家通过立法来承担维护和增进全体国民基本福利职能的政府行为模式。1601 年，英国实施《伊丽莎白济贫法》，欧美国家开始制度性地介入社会保障领域；19 世纪 80 年代，德国在俾斯麦政府的推动下建立了覆盖工人的社会保险体系，开创了雇主、雇员和政府共同筹资的社会保障模式；二战以后，欧美等发达国家进一步强化了国家的社会职能，推动全面的福利国家建设，以弥补市场失灵或市场缺陷带来的社会问题，建立更加平等和有凝聚力的社会。福利国家建设的主要举措有：以社会平等为基本价值目标，建立公私并存的混合经济，促进充分就业；以再分配为主要手段，建立完善的社会保险、社会救助、社会服务等福利制度；在教育、医疗、住房等社会相关领域发挥国家的作用。

3. 社会保护理论

社会保护是 20 世纪 90 年代在社会保障（social security）基础上发展起来的。在理念上，强调由保障的托底功能转向保护人的全面发展；在政策工具上，强调所有的社会政策作用。社会保护既要满足个体最基本的生存安全、衣食住行需要，还要保障人的成长发展。其强调政府和社会成员之间的双向互动。

4. 对理想社会形态的相关研究

与社会建设相关的另一条路径，是对理想社会形态的探寻。2000 多年前，柏拉图在《理想国》中勾勒了正义国家和正义人格所构成的理想社会形态；19 世纪 40 年代，马克思、恩格斯提出并系统阐释了共产主义社会这一人类社会的理想形态。在《共产党宣言》中，他们对共产主义社会作出了总括式的描述："代替那存在着阶级和阶级对立的资产阶级旧社会的，将是这样一个联合体，在那里，每个人的自由发展是一切人的自由发展的条件。"[1] 在《资本论》中，马克思进一步把共产主义概括为比资本主义"更

---

[1] 《马克思恩格斯选集》（第 1 卷），人民出版社，1995，第 294 页。

高级的、以每个人的全面而自由的发展为基本原则的社会形式"。① 20 世纪中期，曾任美国经济学会主席的加尔布雷思提出了美好社会理论。美好社会的轮廓是：人人有工作并有改善自己生活的机会，有可靠的经济增长以维持就业水平，青年人在走向社会之前能享受到教育和家庭的温暖，为弱者建立安全网，人人都有以自己的能力和抱负取得成功的机会……换言之，美好社会是"每一个成员不论性别、种族或族裔来源，都能过上一种有价值的生活"。

（二）国内社会建设理论的探索发展

1. 社会建设理论的世纪演进

20 世纪初期，孙中山先生即阐释了社会建设的思想，强调提高民生水平、国民素质和民治（社会自组织）的重要意义。20 世纪 30 年代，社会学家孙本文对"社会建设"作出如下界定："依社会环境的需要与人民的愿望而从事的各种社会事业，谓之社会建设。"他认为，社会建设的目的在于充实增进社会生活的内容，使全社会及各个人均得到健全而圆满的生活，并向上发展；在资源和路径上，需要人才、资源、组织和机构四大要素，要从法令、教育和宣导三个方面具体展开。

进入 21 世纪，为应对快速转型中层出不穷的社会问题，沉寂多年的社会建设话题重回政策和学术视野。中国社会学会原会长陆学艺认为，社会建设是"从社会所处的发展阶段出发，遵循社会发展的客观规律，有目的、有组织、有计划地动员各种力量，在社会领域从事的重在改善民生，促进社会和谐的社会活动和过程"。中国社会学会原会长郑杭生认为，社会建设就是不断建立和完善合理配置社会资源和社会机会的社会结构和社会机制，并相应地形成各种良性调节社会关系的社会组织和社会力量，其核心是"社会资源和社会机会合理配置"。与社会发展相比，社会建设更强调政府和社会力量推动社会发展的目的性和主动性。

---

① 《马克思恩格斯全集》（第 23 卷），人民出版社，1972，第 649 页。

2. 社会建设政策的创新发展

新中国成立初期，我们党基本按照政治建设、经济建设和文化建设的格局来谋划发展。但受国内外环境影响，工作一度主要落在政治建设上，民生因国家发展的历史局限性而改善缓慢。1978年以后，全党工作重心转移到经济建设上来。随着经济体制改革引发的利益分化和社会矛盾凸显，社会发展问题开始进入决策层视野。1982年发布的《中华人民共和国国民经济和社会发展第六个五年计划》专门增加了"社会发展"的内容，并自此开始采用"国民经济和社会发展计划（规划）"的提法，这表明党和国家开始关注社会领域的改革和发展。2004年党的十六届四中全会首次提出"社会主义和谐社会"，2007年党的十七大报告将"加快推进以改善民生为重点的社会建设"作为重要任务之一。

2012年党的十八大报告提出"在改善民生和创新管理中加强社会建设"，明确了"改善民生"和"创新管理"是社会建设的两大支柱。党的十八届三中全会以"社会治理"取代"社会管理"，开辟了社会建设工作的新境界。2017年党的十九大报告明确要求"提高保障和改善民生水平，加强和创新社会治理"，提出民生福祉更具体的"七有"目标，明确了新时代推进社会建设的主要内容，涵盖衣食住行等群众生活的基本方面，包括教育、就业、医疗、社保等公共服务的主体内容，融合了治理格局、国家安全等宏观社会治理的关键领域，构建了以人民为中心推进社会建设的框架体系。2019年党的十九届四中全会提出推进国家治理体系和治理能力现代化，进一步丰富了社会建设的内涵。2021年党的十九届六中全会提出"补齐民生保障短板、解决好人民群众急难愁盼问题是社会建设的紧迫任务"，进一步为社会建设的发展明确了目标和方向。2022年党的二十大报告将"人民生活更加幸福美好"纳入2035年总体发展目标，并对社会治理作出了系统论述。

（三）本文对社会建设的界定

借鉴欧美等发达国家在社会建设领域的经验，当前社会建设包含以下相互关联的几个主要方面。

第一，构建完善的社会保障体系和民生事业。其中，社会保障体系的核心是分担社会风险的社会保险体系和作为基本安全网的社会救助体系；民生事业主要是面向全体民众的教育培训、医疗卫生以及养老抚幼等基本公共服务，"七有"是对现阶段社会保障体系和民生事业发展重点内容和阶段目标的形象概括。

第二，注重社区建设和社会组织建设。社区是居民生活的基本单元，是后单位制时代国家和社会交互的基本界面，是诸多公共服务递送的"最后一公里"，直接影响民众的幸福感和获得感。社会组织既是个体社会参与的重要载体，也是与政府合作提供各种民生服务的重要主体，涉及社会需要和社会关系等多个维度，在社会建设中具有多重价值。

第三，促进社会关系和谐的体制机制建设。这里的体制机制，既包括宏观层面的社会治理体制以及国民收入分配机制等，也包括微观层面的不同主体针对公共事务的协商机制、矛盾纠纷化解机制等。

本文对于社会建设的论述，在围绕提高改善民生水平和创新社会治理的基础上，又特别强调了"人的发展"在社会建设中的特殊意义，即人的发展既是社会建设的重要力量，又是社会建设的终极目标；前者与发展型社会政策、投资型国家等国际前沿理论和实践遥相呼应，后者则凸显了共产主义的价值目标（见图1）。

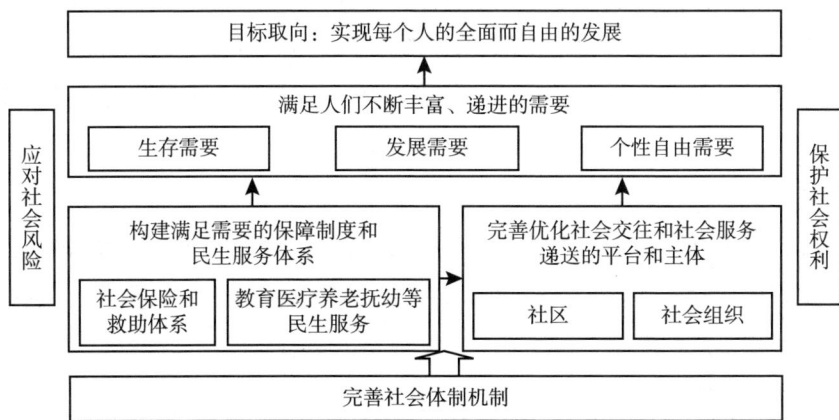

图1 社会建设的根本目标和主要内容

二 社会建设指标体系及不同城市的比较研究

（一）指标体系构建的依据和原则

国际社会中较有代表性和影响力的社会建设相关指标主要来自联合国（UN）和经济合作与发展组织（OECD）等。其中，由联合国开发计划署在《1990年人类发展报告》中最早提出的"人类发展指数"（Human Development Index，HDI）是最常用的综合性指标。HDI由人口出生时的平均预期寿命、成人受教育程度、按购买力平价计算的人均国内生产总值三个指标通过指数计算综合而成，在一定程度上反映了一个国家或地区人口的生活质量状况。

福祉评价框架（OECD Well-being Framework）由经济合作与发展组织建立，每两年发布一期监测报告。重点关注当前福祉和提升未来福祉的资源两方面。在当前福祉评价中，包含收入与财富、住房、就业与工作质量、健康、知识技能、环境质量、主观幸福感、安全、工作—生活平衡、社会联结、公民参与等11个维度的评价指标；在提升未来福祉的资源方面则主要关注自然资本、人力资本、经济资本和社会资本等4个维度。[1] OECD还构建了一套类似的美好生活指数（Better Life Index，BLI），包含与福祉评价框架类似的11个维度，即反映物质条件的3个维度（住房、收入和工作）和反映生活质量的8个维度（社区、教育、环境、参与、健康、生活满意度、安全度和工作—生活平衡），每个维度选取1~4个具体指标，目前共有24项具体指标[2]。

综合考虑社会建设的内涵、国际社会有影响力的评价指标体系和经验做法，本报告构建了包含11个维度、14个具体指标的社会建设国际比较指标体系（见表1）。

---

[1] 具体框架参见 OECD, How's Life? 2020: Measuring Well-being, OECD Publishing, Paris, 2020, https://doi.org/10.1787/9870c393-en.
[2] 截至目前，这两套指标体系的数据统计都是在国家层面。

表 1 社会建设国际比较指标体系

序号	指标维度	具体指标
1	教育水平（education）	人均受教育年限
2	健康水平（health）	出生时人均预期寿命
3	就业与收入（employment and income）	失业率
		人均可支配收入占人均 GDP 比重
4	居住水平（housing）	住房可负担性（中心区房价收入比）
5	交通水平（transportation）	日均通勤时间
6	公共安全（public security）	重点案件万人发生率
7	社会活力（social vitality）	人口结构（0~14 岁人口所占比重）
		人口结构（65 岁及以上人口所占比重）
8	社会参与（civil engagement）	万人社会组织数量
9	社会文明（social culture/ civilization）	捐赠率（捐赠总额占 GDP 比重）
		志愿服务参与率（志愿者登记数量占常住人口比重）
10	社会公平（equity）	中等收入群体占比
11	社会支出（social expenditure）	社会领域财政支出占一般预算支出比重

上述 11 个维度紧密围绕本报告对社会建设的界定及当前的重点工作来展开。其中，教育水平、健康水平、就业与收入、居住水平、交通水平和公共安全这 6 个维度集中体现了居民生存和发展需要的满足程度，反映了民生福祉的不同侧面；社会公平维度则体现对居民生存和发展需要的满足是面向全体居民；社会文明和社会参与这两个维度一方面印证了在满足生存和发展需要基础上居民对个性自由的追求，另一方面也印证了社会交往和社会关系的丰富程度；社会支出指标则体现了政府对构建满足居民需要的保障体系和民生服务体系的投入力度；社会活力指标以人口结构为主，反映未来的发展潜力。

（二）北京与境外发达城市社会建设指标比较

本文选取了纽约、伦敦、巴黎、东京、新加坡、香港等 6 个对北京社会建设具有借鉴意义的发达城市开展比较研究（见表 2）。采用的数据以 2020~2021 年官方统计数据为主，部分指标若无 2020~2021 年最新统计数据，则以 2015～2019 年最邻近年份的数据替代；部分指标若缺乏城市层面的统计数据，则以其所在国家的数据为替代，并在表格或附注中予以说明。

表 2　各城市社会建设指标

维度	指标	北京	纽约	伦敦	巴黎	东京	新加坡	香港
教育水平	人均受教育年限（年）	12.6	13.4	13.4	11.5	12.9	11.3	13.5
健康水平	出生时人均预期寿命（岁）	82.47	81.3	82.9	82.8	83.9	83.5	85.66
就业与收入	失业率（%）	4.7	9.9	5.6	7.9	2.8	2.7	5.2
	人均可支配收入占人均 GDP 比重（%）	40.76	47.24	56.85	58.24	53.38	49.26	31.57
居住水平	中心区房价收入比	38	7	14	—	9	(6.35)	(23.2)
交通水平	日均通勤时间（分）	48	32.6	47	52	43.8	46	45
公共安全	重点案件万人发生率（起）	—	46.01	—	—	0.899	0.29	12.96
社会活力	0～14 岁人口所占比重（%）	11.9	17.3	18.0	17.7	11.2	13.9	10.9
	65 岁及以上人口所占比重（%）	13.3	16.6	11.8	20.7	22.1	14.5	19.6
社会参与	万人社会组织数量（个）	5.8	55.0	30.5	31.7	29.9	15.6	50.6
社会文明	捐赠总额占 GDP 比重（%）	0.74	2.3	0.85	0.73	0.89	0.58	0.59
	志愿服务参与率（%）	20.5	23.19	24.31	31.79	15.39	29.0	17.5
社会公平	中等收入群体占比（%）	68.5	64.2	—	—	—	60.0	55.0
社会支出	社会领域财政支出占一般预算支出比重（%）	39.3					48.09	35.4

注：具体数据来源及说明参见具体指标比较部分。

1. 教育水平

人均受教育年限测算一般是将各种受教育程度折算成受相应教育年限后

再求平均值。截至 2020 年底，北京市 15 岁及以上常住人口的平均受教育年限为 12.6 年，接近发达国家水平（见表 3）。

表 3　各城市教育水平比较

单位：年

城市/地区	北京	纽约（美国）	伦敦（英国）	巴黎（法国）	东京（日本）	新加坡	香港
人均受教育年限	12.6	13.4	13.4	11.5	12.9	11.3	13.5

注：北京市数据，国家统计局《第七次全国人口普查公报（第六号）——人口受教育情况》。国际数据，联合国《人类发展报告 2021/2022》，纽约、伦敦、巴黎和东京分别为美国、英国、法国和日本数据。

2. 健康水平

出生时人均预期寿命是衡量一个地区居民健康水平的重要指标，是该地区人民生活质量的总体反映。2021 年，北京市户籍居民的人均预期寿命为 82.47 岁，在 7 个城市中高于纽约，接近巴黎和伦敦，但仍低于东京、新加坡和香港 3 个经济发达的亚洲城市（见表 4）。

表 4　各城市健康水平比较

单位：岁

城市/地区	北京	纽约	伦敦	巴黎	东京	新加坡	香港
出生时人均预期寿命	82.47	81.3	82.9	82.8	83.9	83.5	85.66

注：北京（2021）、纽约（2019）、新加坡（2021）和香港（2021）来自各城市官方统计数据，巴黎（2020）和伦敦（2018）数据来自欧盟统计网站。

3. 就业与收入

失业率是反映整体经济状况的重要指标。我国通常以"城镇登记失业率"和"城镇调查失业率"来表明就业状况。2020 年，北京全市城镇登记失业率为 2.56%，2021 年城镇登记失业率上升至 3.23%；2021 年末，全国城镇登记失业率为 3.96%，调查失业率为 5.1%，北京市低于全国水平。2022 年前三季度，北京全市城镇调查失业率均值为4.7%，与6个发达城市相比处于中等水平。需要说明的是，受新冠疫情影响，近三年来各城市失业率波动很大。以纽约市为例，2020年其失业率高达12.4%，但随着经济复苏，失业率逐渐下降，2021年降至9.9%（见表5），2022年10月进一步降至5.3%。

表5 各城市失业率比较

单位：%

城市/地区	北京	纽约	伦敦	巴黎	东京	新加坡	香港
失业率	4.7	9.9	5.6	7.9	2.8	2.7	5.2

注：北京（2022）、纽约（2021）、伦敦（2021）、新加坡（2021）、香港（2021）来自各城市官方统计数据；巴黎（2021）来自欧洲统计局。

人均可支配收入是影响居民消费支出的重要因素，也是衡量一国或地区居民生活水平的重要指标。其占人均GDP比重高，意味着居民获得了更多可支配的经济资源用于改善生活。2021年北京市人均GDP为18.4万元，人均可支配收入75002元，占人均GDP比重为40.76%，这在国际比较意义上是相对偏低的（见表6）。经合组织（OECD）成员国2017年可支配收入中位数与人均GDP之比为50.76%。

表6 各城市人均可支配收入相关比较

单位：美元，%

城市/地区	北京	纽约	伦敦	巴黎（法国）	东京（日本）	新加坡	香港
人均可支配收入	11626	60359	38532	27200	21700	35862	15723
人均GDP	28522	127764	67782	46700	40652	72807	49800
人均可支配收入占人均GDP比重	40.76	47.24	56.85	58.24	53.38	49.26	31.57

注：北京（2021）基于官方数据按1元＝0.15501美元折算，新加坡（2021）基于官方统计数据按1新元＝0.74446美元折算；纽约（2019）、伦敦（2019）数据来自OECD统计。东京为日本2018年GDP美元数据（1美元＝109.03日元），数据来源为OECD Economic Surveys：Japan 2021；巴黎为法国2018年GDP美元数据（1美元＝0.73欧元），数据来源为OECD Economic Surveys：France 2021；两者均为可支配收入中位数。香港（2021）为个人年收入中位数占人均GDP比重，年收入为月收入×12，数据来源为香港政府统计处。

4. 居住水平

居住水平常用的衡量指标有住房可负担性等。OECD 的测度方法是"家庭可支配收入中去除房屋相关费用（租金、维护费用等）之后的剩余部分所占的比例"和"人均收入与房价或房租之比"。这两种方法在实践中都存在一定的数据可及性和可比性的问题。表 7 中的数据主要来自研究机构对地产经济的测算。根据生活信息数据库 Numbeo，2022 年 5 月，北京市中心区和外围区的房价收入比分别为 38 和 22，而纽约、伦敦和东京的中心区和外围区房价收入比分别为 7、14、9 和 4、6、6。另据美国公共政策研究机构 Demographia 发布的《2022 年全球住房可负担性调查报告》，香港房价收入比为 23.2，居所有 92 个受调查城市第一位，同期新加坡的房价收入比是 6.35。据上海易居房地产研究院发布的《2022 年上半年全国 50 城房价收入比报告》，北京的房价收入比为 31。任泽平团队测算认为，在考虑持有成本后，以使用面积计，北京、上海、广州、深圳中心区房价收入比分别为 55、46、35、32，纽约、伦敦、东京市中心房价收入比分别为 12、18、12。进而得出结论，土地供给严重不足、优质公共资源富集和货币超发使北上广深等城市房价并非由当地中位数收入人群决定而是由全国高收入人群决定，从而使得房价收入比不具备国际可比性。尽管存在数据口径和可比性等问题，但基本的共识是，北京等中国内地核心城市的房价负担居世界前列。

表 7　各城市住房可负担性比较

城市/地区	北京	纽约	伦敦	巴黎	东京	新加坡	香港
房价收入比	31	—	—	—	—	6.35	23.2
中心区	38	7	14	—	9	—	—
外围区	22	4	6	—	6	—	—

注：北京、纽约、伦敦、巴黎、东京数据来自 Numbeo，https：//m. thepaper. cn/baijiahao_19328242；香港数据摘自 Demographia 发布的《2022 年全球住房可负担性调查报告》；北京数据来自上海易居房地产研究院发布的《2022 年上半年全国 50 城房价收入比报告》。

5. 交通水平

日均通勤时间既直接影响居民的自由时间和生活质量，也从宏观上反映了一个城市的交通便利程度，与"七有""五性"中"便利性"和"宜居性"的内涵相契合。2021年北京市单程平均通勤时间和距离分别为48分钟、11.3千米；北京日均通勤时间在7个城市中仅低于巴黎，与伦敦和新加坡相近，交通便利性还需进一步提升（见表8）。

表8 各城市日均通勤时间比较

单位：分钟

城市/地区	北京	纽约	伦敦	巴黎	东京	新加坡	香港
日均通勤时间	48	32.6	47	52	43.8	46	45

注：北京（2021）数据来自住房和城乡建设部城市交通基础设施监测与治理实验室、中国城市规划设计研究院、百度地图；纽约（2021）数据来自美国普查局，https：//data.census.gov/table？g=0400000US36&tid=ACSST1Y2021.S0804；伦敦（2020）、巴黎（2020）数据来自https：//moovitapp.com/insights/en/Moovit_ Insights_ Public_ Transit_ Index-countries；东京数据来自https：//www.chintai-assist.jp/blog/entry-196752/；新加坡（2020）数据来自https：//www.statista.com/statistics/1232808/singapore-average-commute-time/；香港（2020）数据来自https：//moovitapp.com/insights/en/Moovit_ Insights_ Public_ Transit_ Index-countries。

6. 公共安全

国际城市比较中多采用刑事案件发生率、谋杀案发生率等来刻画城市安全状况。不同国家和地区对于"重点案件"的界定有所不同，例如，以纽约市划分的7类"重大犯罪"计，2021年共发生102741起，折算得到万人发生率为122.31起；若考虑与中国刑法8类"重点案件"类似的谋杀、强奸、抢劫等案件，则共发生38645起，折算为重点案件万人发生率46.01起。按照日本对于"刑事案件"和"重点案件"的界定，东京都2019年刑事案件万人发生率为59.45起，重点案件万人发生率为0.899起；根据新加坡警察局2021年的犯罪情况年度简报，刑事案件万人发生率为84.8起，但占据主体的是网络诈骗类，暴力案件中主要是抢劫案160起，折算重点案件万人发生率为0.29起；另据香港2021年统计年报，暴力犯罪共9587起，折算万人发生率为12.96起（见表9）。各国对于"重点案件"的界定和统计口径的差异，影响了这一指标的可比性。

表9　各城市重点案件万人发生率比较

单位：起

城市/地区	北京	纽约	伦敦	巴黎	东京	新加坡	香港
重点案件万人发生率	—	46.01	—	—	0.899	0.29	12.96

注：根据各城市官方统计数据计算。

7. 社会活力

人口的年龄结构是反映一个地区社会活力简单易行的指标。一般认为，一个地区生育率越高、老年人口比重越低，社会活力就越强。截至2020年底，北京市常住人口约2189万人，其中0~14岁人口约259万人，占11.9%；60岁及以上人口约430万人，占19.6%，其中65岁及以上人口占比为13.3%。北京具有较高的青壮年人口比重（15~64岁），老龄化程度仅高于伦敦，但0~14岁人口比重偏低，仅略高于香港和东京，明显低于欧美发达城市（见表10）。这是一个值得关注的问题。

表10　2020年各城市人口结构比较

单位：%

城市/地区	北京	纽约	伦敦	巴黎（法国）	东京	新加坡	香港
0~14岁人口所占比重	11.9	17.3	18.0	17.7	11.2	13.9	10.9
65岁及以上人口所占比重	13.3	16.6	11.8	20.7	22.1	14.5	19.6

注：均来自城市或所在国家官方统计数据。

8. 社会参与

社会组织在提供公共服务、化解社会矛盾、推动社会治理等方面具有不可替代的作用，也是公众参与的重要渠道，社会组织的数量在很大程度上反映了公民的社会参与程度。截至2022年8月，北京市登记社会组织12754个，万人社会组织数量为5.8个，相比6个发达城市存在较大差距（见表11）。

表 11　各城市万人社会组织数量比较

单位：个

城市/地区	北京	纽约	伦敦	巴黎	东京	新加坡	香港
万人社会组织数量	5.8	55.0	30.5	31.7	29.9	15.6	50.6

注：香港统计数据仅包含在香港警务处社团事务处登记的社会组织，不含在公司注册处登记的本地担保公司形式的非营利机构，若考虑在内为71.6。新加坡、纽约、伦敦和巴黎数据根据北京市社会科学院整理数据计算所得。

9. 社会文明

慈善捐赠和志愿服务行为在促进社会信任与和谐、推动社会服务多元化方面发挥着重要作用，是衡量社会文明程度的重要指标。慈善捐赠和志愿服务也体现了个体在满足基本生存和发展需要基础上对"自由个性"这一更高追求的需要。2021年，北京全市社会捐赠总额为50亿美元，占GDP比重为0.74%，在7个发达城市中居于中游水平（见表12）；截至2021年12月，北京市注册志愿者449.3万人，占常住人口的20.5%，高于全国平均水平，但与欧美等发达国家相比仍存在一定差距（见表13）。

表 12　各城市捐赠总额占 GDP 比重比较

单位：%

城市/地区	北京	纽约	伦敦	巴黎	东京	新加坡	香港
捐赠总额占 GDP 比重	0.74	2.3	0.85	0.73	0.89	0.58	0.59

注：数据来自北京市社会科学院内部报告。

表 13　各城市志愿服务参与率比较

单位：%

城市/地区	北京	纽约	伦敦	巴黎	东京	新加坡	香港
志愿服务参与率	20.5	23.19	24.31	31.79	15.39	29.0	17.5

注：伦敦（2019/2020）数据来自 https：//www.gov.uk/government/statistics/taking-part-201920-volunteering，为抽样调查数据；各国人口数来自联合国，志愿者数来自各国统计及新闻报道。

10. 社会公平

收入分配是衡量社会公平的重要指标。常用具体测量指标是中等收入群体在总人口中所占的比重。不同国家和地区对"中等收入群体"的界定不同，影响了数据可比性。

以国家统计局"居民家庭人均可支配收入10.2万元至51.2万元"为依据，截至2021年底，北京市中等收入群体占比为68.5%（见表14），比较符合"两头小、中间大"的收入分配格局。

表14　各城市中等收入群体占比比较

单位：%

城市/地区	北京	纽约	伦敦	巴黎	东京	新加坡	香港
中等收入群体占比	68.5	64.2	—	—	—	60.0	55.0

注：北京数据来自《北京社会发展报告（2021~2022）》。

11. 社会支出

社会支出是衡量社会建设的重要投入性指标。社会领域财政支出所包含的支出项目会因不同分类以及统计口径而有所差异，通常包含教育、卫生健康、社会保障等。城市层面的财政支出常因不同国家中央与地方政府的事权分配和市情差异巨大而影响可比性。考虑到社会建设领域我国基本上是地方政府负总责，在此引入了国别数据作为参照。2021年北京市一般公共预算支出中，用于教育、社会保障和就业、卫生健康的支出比重分别为15.9%、14.6%和8.8%，三者合计占39.3%，高于全国平均水平。从OECD总体政府支出口径下的比较来看，北京市社会领域支出数据高于全国平均水平，但与OECD成员国平均水平相比还有一定差距（见表15）。

（三）主要差距表现

通过比较分析，北京市在教育、健康、捐赠等部分重要宏观指标上已接

表 15　各城市社会领域财政支出的比较

单位：%

一般公共预算支出口径							
城市/地区	北京	纽约	伦敦	巴黎	东京	新加坡	香港	中国
社会领域财政支出占一般预算支出比重	39.3	—	—	—	—	48.09	35.4	36.8
OECD 总体政府支出口径							
与主要国家的比较	北京	美国	英国	法国	日本	OECD均值	OECD欧洲均值	中国
社会领域财政支出占GDP比重	19.18	22.8	27.31	37.18	27.09	26.24	30.96	16.43

注：北京和全国社会领域支出占一般预算支出比重数据为2021年数据，社会领域支出含教育、卫生健康、社会保障和就业三项。OECD 总体政府支出口径下的社会领域支出含社会保护、教育、卫生三项，其中北京和全国社会保护支出包括一般预算中的"就业和社会保障"以及"社会保险基金支出"。总体政府支出口径下北京市和全国数据为2020年数据，分别来自《北京统计年鉴2021》和财政部网站。OECD 成员国数据为2019年数据。新加坡（2021）数据为官方统计中社会发展支出，香港数据为2020~2021年社会福利、教育、卫生三项支出占财政支出比重，数据来源为香港政府统计处。

近甚至超过部分欧美等发达城市。这些成就是在相对较低的人均 GDP 和人均可支配收入水平下取得的，凸显了北京市在推进社会建设方面的能力和优势。在充分肯定成绩的同时，必须清醒看到，北京市在社会建设方面还存在一些不足，面临不少困难和问题。

1. 社会建设的顶层设计有待加强

社会建设是一项相对复杂的系统工程。北京市对于社会建设中长期的战略目标、重点工作及实现路径还缺乏整体擘画和部署，顶层设计的系统性和融合性还显不足。一是社会建设的战略目标不够清晰。首先，缺乏统一的规划和设计思路，在发展规划方面，2011年出台社会建设"十二五"规划后，未再继续编制实施新的融合民生保障和社会治理的社会建设总体规划。其次，发展目标研究不深入，社会建设的宏观定位和推进战略谋划不准不全，导致出现"社会建设到底要建什么"的困惑。二是对社会建设的重视程度不够。存在一定程度的重经济发展、轻社会建设的现象，社会建设还没有纳入与经济建设同等重要地位进行系统谋划，"大社会建设"尚未成为推进工作的基本共识和理念。三是社会建设重管理的思维惯性依然存在。对如何管理社会关注多，对如何建设社会思考少；对如何维护社会秩序关注多，对如何提升社会活力思考少；对如何发挥政府的作用关注多，对如何赋能和发展社会力量思考少。

2. 社会建设资源投入有待提升

北京市在社会建设领域的资源投入力度高于国内平均水平，但仍低于欧美等发达城市。一是财政投入还不足。2021 年北京市人均 GDP 超过 2.8 万美元，已率先达到中等发达国家水平（2 万~4 万美元），但在社会建设领域政府支出占 GDP 的比重还明显低于经合组织成员国。如，经合组织成员国用于社会保护、教育和卫生这三项社会建设主要领域的政府总支出占 GDP 的比重为 26.24%，其中欧洲成员国在上述社会建设主要领域的政府总支出占 GDP 比重的均值更高，达 30.96%；从这方面来看，北京市在可比口径下社会建设相关的政府总支出占 GDP 的比重仅为 19.18%。二是资源分配不均匀。与境外发达城市相比，北京市在教育、医疗、养老等公共服务方面，城乡差距、地区差异十分明显，需要按照公共服务均等化要求，加大资金、资源统筹力度，破解城乡之间、区域之间不平衡问题。

3. 社会建设统筹推进有待完善

一是社会建设工作合力不足。虽然我们在文件中将各项相关工作用社会建设这个"筐"装了起来，但相关工作都有对应的机构和部门承担，具有独立性，彼此关联度不够，统筹难度大。以社会救助领域为例，与救助相关的资源和力量分布在民政、教育、卫健、农业农村等多个政府部门，未形成对弱势群体帮扶和发展的合力。二是社会建设工作抓手不多。统筹推进社会建设工作，除了完善领导机制和顶层设计外，还须借助有效的政策工具抓手。北京市做了一些有益的探索，构建"七有""五性"监测评价指标体系等，取得了一定成效。但与欧美等发达城市相比，在社会指标监测评价范围、信息公开化以及统筹推进和责任落实等方面还需提升。

4. 民生优质均衡发展有待加强

一是房价收入比过高。这不仅影响居民生活质量，还会影响城市对青年人的吸引力。近年来，欧美等发达城市都关注住房问题，持续加大财政保障力度；而北京用于住房保障的财政支出占政府一般预算公共支出的比重还不高。二是通勤时间较长。北京还需通过优化城市空间布局和发展交通基础设施等来降低通勤时间，提升宜居性。三是民生福祉水平还需提高。北京市在民生保障方面还存在投入不高和发展不平衡等问题。例如，全市 2021 年最低生活保障标准为 1245 元/月（合 14940 元/年），约为同期城镇居民可支配收入（81518 元）的 18.3%，约为同期居民人均可支配收入（75002 元）的 19.9%；美国 2020 年家庭平均收入为 97026 美元，家庭收入中位数为 67521 美元，三人家庭贫困线为 21720 美元，为同期家庭平均收入的 22.4%、家庭收入中位数的 32.2%。其他如教育、医疗、养老等方面供需不平衡、不充分等结构性问题依然比较突出。

5. 推动社会力量参与有待加强

一是政府主导氛围浓厚。社区治理往往依靠政府主导。如，北京市居民委员会目前主要由财政供养的专职社区工作者组成，社工本社区化率不高，导致居民委员会习惯向上负责的行政思维长期存在，而服务本社区居民的意识不强。二是社会力量参与不足。截至 2022 年底，北京市社会组织总量增至 12700 余个，但万人社会组织数量仍明显低于境外发达城市。另外，北京市登记注册志愿者数量占常住人口比重低于欧美等发达国家水平；还面临登记注册志愿者活跃度低、志愿者年龄偏大、专业能力不足以及志愿服务供需对接不畅等问题。

（四）比较研究的启示

1. 从追求经济增长到追求经济和社会协调发展，是国际社会和发达城市的共同选择

20 世纪下半叶，国际社会开始反思 GDP 至上的传统发展观，越发关注社会发展和转型问题。联合国开发计划署自 20 世纪 80 年代以来一直倡导提

升人类发展指数，促进社会全面进步。经合组织近年来启动了旨在全面提升民众福祉的"美好生活倡议"。尽管概念和指标有所不同，但基本共识是超越对单纯经济增长的追求，致力于经济和社会协同发展，更加关注民生福祉和社会公平。

2. 丰富社会建设内容，提升居民福祉和城市吸引力是社会建设发展趋势

经过二战后半个多世纪的福利国家建设，欧美等发达国家的养老、医疗和失业等社会保障体系已相对完善，在此基础上还根据现实需要不断拓展社会建设的内容。如为应对住房问题挑战，新加坡大力推行"居者有其屋"计划，香港采取住房"双轨制"措施。纽约和伦敦则把缓解交通、安全、环境等问题作为提升居民福祉的重点，在伦敦市长负责的 170 亿英镑的年度预算中，交通以 107 亿英镑高居首位，占总预算的 62.9%，公共安全支出以 36 亿英镑居第二位，占总预算的 21.2%。为解决影响安全和环境的"贫民窟"问题，纽约市开展"邻里复兴运动"，加强改造、治理及对贫困人口的直接救助和能力培育，促进了当地社群的可持续发展。

3. 社会力量参与和社区自治是推动社会建设的强大动力

尽管比较研究的 6 个城市政治和文化环境各异，但其社会建设的共同特点是重视协调国家和社会的关系，将社会力量参与和社区自治作为推动社会发展、解决社会问题的基础性力量。如，纽约市定位为"由多样化邻里社区组成的国际化大都市"，以凸显社区的基础性地位，2019 年发布的新城市规划提出了诸多社区发展的新倡议，成为融合社会力量推动纽约发展的纲领性文件。新加坡 5 个大区都成立了社区发展理事会，负责协调选区和社区发展事务。香港在 1970 年成立了非营利机构义务工作发展局，并于本世纪初成立社团联合组织香港义务工作议会，通过支持志愿者能力发展、弘扬志愿精神、促进志愿者和慈善机构供需对接等推动志愿服务快速发展。

4. 以社会指标监测等为抓手促进跨部门协同和社会参与

从国际社会和发达城市的实践来看，构建社会监测指标和发布相关数据是促进跨部门协同和社会参与的重要抓手。经合组织近年来推动的"美

好生活倡议"重要举措之一就是构建国民福祉评价和美好生活指标体系，这些指标超越单纯 GDP 及其增长值，引入教育、医疗等更多与居民生活质量密切相关的内容，并在构建指标体系和评估基础上提出有针对性的改进策略。在国家层面，英国国家统计办公室构建了包含个体福祉、健康、教育、经济、环境等 10 个维度 44 个主客观指标的国民福祉监测体系，以动态监测国民的生活质量变化，优化相应政策制定。日本则建立了更为复杂的国民福祉监测体系。从发达城市的实践来看，伦敦市于 2002 年成立了可持续发展委员会，编写《伦敦生活质量报告》以追踪评价其成为"可持续的世界级城市"的进展，并就如何提升市民生活质量提出建议。欧美等发达城市加强社会建设的另一个重要抓手，是建立政府和社会力量共同参与的委员会。如香港，围绕社会建设重点议题，由主责的政策局（部）牵头成立跨部门、跨领域的委员会，并选聘有影响的社会人士担任非官方委员，以此加强统筹协调。

三 加强北京市社会建设的思路及对策建议

（一）创新发展理念，把社会建设摆在更加突出的位置

国际社会建设相关理论演进和境外发达城市的实践证明，经济增长和社会发展融合共促是社会建设的必然要求。推动新时代首都发展，必然要求提升社会建设水平，坚持社会建设和经济发展并重，在经济高质量发展中实现人民高品质生活。一是树立"大社会建设"理念。一方面，摒弃对社会建设领域的财政投入是纯花钱的传统理念，充分认识到抓社会建设也是抓发展。社会建设涉及面广，相关领域的补短板、强弱项都能够成为投资和消费的重要牵引。另一方面，更具韧性的社会环境、更加均衡优质的公共服务、更加卓越高效的社会治理，能有效促进全社会生产生活的降本增效，从而为经济建设赋能增势。二是强化服务型政府功能。坚持以人民为中心的理念，进一步增设社会建设和民生部门，加大对社会建设的财政支出、资源配置倾

斜力度，增强服务意识和能力，扩大公共服务与产品的供给，切实提升居民获得感、幸福感。

（二）健全体制机制，加强顶层设计和统筹协调

社会建设工作内容广泛、牵涉面广，是一项涉及诸多领域的跨部门、综合性工作，必须加强顶层设计和统筹协调。一是创新体制机制。建议参考人大常设机构设置方式，在市社会建设工作领导小组下设若干由相关党政部门负责人担任兼职委员的专业委员会，强化总体设计、统筹协调、整体推进、督促落实力度。二是加强政策研究。在市社会建设工作领导小组之下设立咨询委员会和若干重点专题小组，延聘相关研究机构、企业和社会组织负责人等理论和实务领域的专业人士参加。组织开展前瞻性和重大问题研究，为加强社会建设的顶层设计提供政策建议。三是充分发挥平台作用。经过多年实践，北京市已形成了一系列工作平台和工作机制，除了市、区两级社会建设工作领导小组外，还有社会体制改革工作专项小组、党建工作协调委员会、街道工作专班、社会工作人才队伍建设联席会议等。要充分发挥平台载体作用，从不同层面协同推进社会建设。

（三）强化抓手工具，提升社会建设工作效能

一是完善政策工具。建立从顶层设计、分工落实到监督问责的闭环工作机制。强化规划统领作用，以国民经济和社会发展五年规划为基础，高质量编制社会建设专项规划，统一目标方向，促进社会建设各项事业、各方面工作的联动发展，推动社会建设整体目标的实现。在条件成熟时，推动市人大通过决议方式将规划上升为法律，并加强对规划的执行监督。二是完善社会建设领域的数据监测、定期报告和问责体系。在"七有""五性"监测指标体系和《北京城市总体规划（2016年—2035年）》"建设国际一流的和谐宜居之都评价指标体系"关于增进人民福祉指标的基础上，从北京市情和工作实际出发，充实丰富社会建设的监测指标体系，完善监测数据采集体系，建立监测数据和分析报告发布机制，并以

数据为基础完善对相关部门和基层单位社会建设工作的考核和问责机制。

（四）加强民生保障，全面提升居民福祉水平

紧扣"七有"要求和"五性"需求持续发力，使人民群众的获得感、幸福感、安全感更加充实、更加有保障、更加可持续。一是强化就业优先，健全就业公共服务体系，扩大中等收入群体规模。加强对困难群体的就业兜底帮扶和社会救助体系建设，适当提高基本生活保障水平与居民可支配收入的比例。二是加快优质教育、医疗资源提质扩容，着力补齐公共卫生、医疗、环境、交通、教育等领域弱项短板，巩固提升基层服务能力，加强应急处置能力建设。三是发展普惠性养老托育服务体系。及时跟踪研判发展趋势，在保障基本养老服务均等化前提下，健全"三边四级"养老服务体系，创新居家养老服务模式，促进养老事业、产业协同发展，为破解全国大城市养老问题提供"北京方案"；着眼于人口长期均衡发展，优化生育配套支持政策和服务，降低生育、养育、教育的家庭成本，助推育儿友好型社会建设。四是加大破解住房问题力度。北京市住房收入比居高不下，房价已超出很多人特别是年轻人的购买能力。应进一步加大住房保障力度，落实好租购并举措施，更好地满足中低收入家庭的基本住房需求。

（五）培育社会主体，构建共建共治共享格局

从欧美等发达城市的实践经验来看，社会建设不是政府的"独角戏"，必须引导和动员社会力量广泛参与，充分发挥各类主体积极性，健全共建共治共享的社会治理制度，才能切实提升社会治理效能。一是完善基层社区自治。社区是城市的基础，良好的社区治理和服务，不仅直接影响人们的生活质量与幸福感，也与实现人的全面自由发展密不可分。坚持党建引领、政府主导，借鉴国外社区治理经验，强化便民服务功能，就近为居民提供类型丰富、便捷可达的文化、休闲和社会服务。同时，丰富社区治理主体，不断提高社区自治能力，真正把社区打造成为守望相助的共同体。

二是培育多元社会主体，建立联动机制。建立社会组织和志愿者的供需对接平台，使志愿者成为推动社会组织发展的重要人力资源基础，让社会组织成为志愿者发挥作用的主要平台。健全社会工作服务体系，提升社会工作专业化和职业化水平。完善社会力量参与基层治理激励政策，建立社区与社会组织、社会工作者、社区志愿者、社区慈善资源的联动机制，形成叠加效应。

（六）加强基础保障，推动社会建设持续发展

经济史学家研究认为，在经济增长的初期阶段，公共部门投资在资本投资中占较高比重，主要为社会提供交通、道路等基础设施和公共产品；当经济发展进入成熟阶段后，公共支出的主要方向会转向教育、医疗卫生、社会保障等社会服务。一是创新和优化财政投入方式。构建做大和分好"蛋糕"的财政机制，加大投入力度和提高精准度，建立相关投入动态增长机制。同时，通过税收等经济激励和政府荣誉等非经济激励，引导社会资本和慈善公益等社会资源参与，扩大投入总量。二是完善固化政策措施。根据不同群体特点制定实施有针对性的政策举措，推进基本公共服务使之更加普惠均等可及，稳步提高保障标准和服务水平；健全完善政策支持体系，将社会建设方面的创新理念、改革成果、实践经验适时转化为法律法规。三是重视技术支撑作用。加强社会建设领域党政部门间的数据协同，优化相关政策设计和执行，推进形成合力。在保证数据安全基础上，推动社会建设数据公开，以引导社会资源流向，促进社会参与。加强对相关部门政务服务数据、12345市民投诉数据和网格化社会治理平台数据等社会建设相关数据资源的挖掘，精准识别市民需求和潜在问题，提升社会建设工作的前瞻性和主动性。四是加强社会建设人才队伍建设。建设一支有理想、高素质的社会建设党政干部人才队伍，保持社会建设组织体系和干部队伍的相对稳定性。依靠政府、社会的力量广泛开展社会建设人才支持计划，加强社会建设领域领军人才的培养，引导支持各类高素质人才参与社会建设。

民生福祉篇
Social Well-being

B.4
北京市"双减"政策实践
与家长应对的困境分析

李升　南函彤　张阳阳*

摘　要： 2021年出台的"双减"政策及后续政策实践指向保障公平而有质量的基础教育，确保教育更好地服务于学生的知识学习、素质养成与健康成长。对北京市"双减"政策实践进行研究后发现，尽管对各类市场化校外教育培训机构开展的治理工作取得明显效果，然而，"影子教育"仍在暗流涌动，并转向更为隐蔽的发展模式。家长群体对"双减"政策实践的消极反馈、家长关系圈的群体性教育焦虑以及隐蔽型课外补习的继续投入等，成为"双减"政策落实的实践困境。为此，政府与社会仍需在减轻家长群体性教育焦虑、构建良性教育氛围、促进优质教育资源的公平共享等方面开展持续的实践探索。

---

* 李升，北京工业大学文法学部教授、北京社会管理研究基地研究员；南函彤，北京工业大学北京社会管理研究基地研究人员；张阳阳，北京工业大学文法学部讲师、北京社会管理研究基地研究员。

关键词： "双减"政策 影子教育 教育焦虑 家庭教育 公平共享

一 引言

党的二十大报告指出，高质量发展是全面建设社会主义现代化国家的首要任务。对于教育而言，发展公平而有质量的教育始终为人民所期待。市场化的课外补习曾在帮助学校和学生培优及补缺等方面发挥过重要作用，但过度的教育市场化将优质教育资源作为交换产品，以经济资本在教育资源和学生家庭间建立起横向联系，使教育领域以营利性校外补习机构为口径逐步被卷入市场化竞争中。①过度的教育市场化不仅影响了学生的良性与健康成长，增加了学生的课业压力和家长的教育焦虑，而且干扰了教育生态，使家庭、城乡、阶层间的教育资源与机会不平等问题被潜在地进一步强化。

2021年7月，中共中央办公厅、国务院办公厅发布《关于进一步减轻义务教育阶段学生作业负担和校外培训负担的意见》（以下简称"双减"政策），并在各地展开实践，以期减轻中小学生课业负担，使教育更好地服务于中小学生的知识学习、素质养成与健康成长，保障公平而有质量的基础教育。在"双减"政策的驱动下，一方面，义务教育阶段学校内教育的内容与形式开始发生变化；另一方面，对校外培训的治理和对各类市场化的校外学业辅导产生了巨大冲击。

尽管政策干预的作用很大，但实地调查发现，正规学校教育系统之外的以提高学生在教育竞争中的成功机会为目的的营利性教育辅导，即"影子教育"仍在暗流涌动且表现出很强的生命力。那么，为什么"双减"政策在实践落地时不能完全消除课外学业辅导？为什么校外教培机

---

① 杨金东：《结构紧张与公平隐忧："双减"政策的阶层反应与可持续发展研究》，《云南民族大学学报》（哲学社会科学版）2022年第6期。

构在政策限制下仍然"铤而走险"？本报告试图对此做出回答，一方面重点聚焦"双减"的政策文本与政策实践过程，另一方面以北京市海淀区为例探讨"双减"政策下达后家长群体应对的行动选择，侧重从家长这一需求主体侧出发，揭示"双减"政策实践的现实困境，并提出相应的对策建议。

二　"双减"政策实践的落实过程及影响

在"双减"政策实施之前，作为课外学业辅导或校外补习的"影子教育"发展迅速，在宏观与微观层面对学生、家庭甚至教育公平产生了不同程度的影响。一方面，随着"社会比较效应"的减弱以及"角色压力效应"和"睡眠剥夺效应"的增强，持续性地参与"影子教育"对学生心理健康状况的负向影响不断增加。[1]另一方面，不同阶层家庭子女教育竞争的中心从学校教育系统转移到"影子教育"系统，而"影子教育"系统中日益激烈的博弈竞争对社会阶层间的良性循环和正常的社会流动产生不利影响。[2]因此，"双减"政策旨在通过持续规范校内教学和校外培训（包括线上培训和线下培训），有效减轻义务教育阶段学生过重的作业负担和培训负担，切实提升学校育人水平，推动教育公平。随后，北京市陆续出台了一系列"双减"配套措施和细化政策（见表1），分别从明确范围、经验推广、收紧监管、去市场化等多角度推动校外培训的全面整治；同时，教育部门也通过规范各项学生竞赛、灵活嵌入科技资源、拓展在校教师服务范围、应对教培从业者职业需求等措施，推动补齐减负过程中教育领域的短板。

---

[1]　张骞、高雅仪：《竞争与博弈：课外补习的学业回报与心理健康代价》，《社会》2022年第3期。

[2]　薛海平：《从学校教育到影子教育：教育竞争与社会再生产》，《北京大学教育评论》2015年第3期。

表 1 "双减"政策施行以来国家层面与北京市层面的政策梳理

时间	国家层面政策	北京市层面政策
2021 年 7 月 24 日	中共中央办公厅、国务院办公厅《关于进一步减轻义务教育阶段学生作业负担和校外培训负担的意见》	—
2021 年 7 月 29 日	《教育部办公厅关于进一步明确义务教育阶段校外培训学科类和非学科类范围的通知》	—
2021 年 8 月 18 日	—	中共北京市委办公厅、北京市人民政府办公厅《北京市关于进一步减轻义务教育阶段学生作业负担和校外培训负担的措施》
2021 年 8 月 26 日	《教育部办公厅关于学习推广北京等地经验做法进一步做好"双减"工作的通知》	—
2021 年 9 月 1 日	《教育部办公厅关于印发〈中小学生校外培训材料管理办法（试行）〉的通知》	—
2021 年 9 月 3 日	《教育部办公厅等三部门关于将面向义务教育阶段学生的学科类校外培训机构统一登记为非营利性机构的通知》	—
2021 年 9 月 6 日	国家发改委《关于加强义务教育阶段学科类校外培训收费监管的通知》《教育部办公厅关于坚决查处变相违规开展学科类校外培训问题的通知》	—
2021 年 9 月 13 日	《教育部办公厅 人力资源社会保障部办公厅关于印发〈校外培训机构从业人员管理办法（试行）〉的通知》	—

续表

时间	国家层面政策	北京市层面政策
2021年9月16日	—	《北京市教育委员会等五部门关于做好义务教育学科类培训机构登记为非营利性机构相关工作的通知》
2021年9月18日	《教育部办公厅关于推广学校落实"双减"典型案例的通知》	—
2021年10月12日	《教育部办公厅 市场监管总局办公厅关于印发〈中小学生校外培训服务合同(示范文本)〉的通知》	—
2021年10月26日	《教育部等六部门关于加强校外培训机构预收费监管工作的通知》	—
2021年11月10日	《教育部办公厅关于印发〈义务教育阶段校外培训项目分类鉴别指南〉的通知》	—
2021年12月2日	—	《北京市教育委员会北京市财政局关于印发〈北京市中学教师开放型在线辅导计划(试行)〉的通知》
2021年12月2日	《教育部办公厅 中国科协办公厅关于利用科普资源助推"双减"工作的通知》	—
2021年12月31日	—	《北京市发展和改革委员会 北京市教育委员会 北京市市场监督管理局关于印发北京市义务教育阶段学科类校外培训收费管理办法(试行)的通知》
2022年1月29日	《教育部 中央编办 司法部关于加强教育行政执法 深入推进校外培训综合治理的意见》	—
2022年3月9日	《教育部办公厅等四部门关于印发〈面向中小学生的全国性竞赛活动管理办法〉的通知》	—

时间	国家层面政策	北京市层面政策
2022 年 3 月 23 日	—	《北京市教育委员会关于印发〈北京市中小学生学科类校外培训材料管理实施细则〉的通知》
2022 年 11 月 24 日	《教育部办公厅等十二部门关于进一步加强学科类隐形变异培训防范治理工作的意见》	—
2022 年 12 月 28 日	《教育部等十三部门关于规范面向中小学生的非学科类校外培训的意见》	—
2023 年 1 月 4 日	《教育部办公厅关于做好 2023 年寒假期间校外培训治理有关工作的通知》	—

资料来源：教育部网站（https：//www.moe.gov.cn），北京市人民政府门户网站（https：//www.beijing.gov.cn），2021 年 7 月 24 日至 2023 年 1 月 4 日。

在学校教育方面，"双减"政策重在提高作业管理水平、课后服务水平及课堂教学质量。按照政策提出的"保证课后服务时间""提供延时托管服务"等要求，北京市学校在下午正式课程后安排了学业辅导服务及素质培养服务（学生自愿选择参与）。增加作业辅导、竞赛培优、文体活动等多种班型，既让学生利用学校时间完成作业，又满足学生个性化与多样化发展需求。此措施一定意义上也能够弱化学生因提早放学而参加课外补习班的情况。

在校外机构治理方面，政府部门严格限制校外机构从事学科类辅导及培训等市场行为。截至 2021 年末，线上和线下的校外培训机构压减幅度超过 80%[①]，至 2022 年义务教育阶段线下学科类培训机构压减率已超90%[②]。一些具体的治理案例包括：2021 年，北京市市场监管综合执法总队对学而思、新东方、高思、跟谁学 4 家机构分别给予 50 万元或 70 万元

[①] 资料来源：教育部，2021 年 12 月 21 日。
[②] 资料来源：《法治日报》2022 年 9 月 27 日。

罚款的行政处罚，对"作业帮"和"猿辅导"2家机构分别给予250万元顶格罚款的行政处罚；朝阳区市场监管部门对北京学大信息技术集团有限公司虚假宣传、发布违法广告、价格欺诈等违法行为作出罚款123.5万元的行政处罚；市场监管部门责令北京天朗气清教育咨询有限公司、北京启迪先行教育咨询有限公司门头沟分公司、悠然顽石（北京）科技有限公司、北京博师京誉教育咨询有限公司、北京佰艺霖科技有限公司等63家无证培训机构停止办学，并处罚金311.33万元。① 2022年，教育部、中央编办、司法部三部门联合出台《关于加强教育行政执法深入推进校外培训综合治理的意见》，指出"双减"执法将建立完善严重违法行为惩罚性赔偿和巨额罚款制度，对于课外补习机构的惩治手段进一步升级。2022年11月1日，北京万兴复教育科技有限公司因在未获得办学许可证的情况下擅自开展英语学科教育教学活动被北京市西城区市场监督管理局罚款1178万余元。②

三　"双减"政策背景下的家长应对与政策实践困境

北京市作为国家政治、文化中心与教育一线城市，汇集了大量优质教育资源，常住人口的受教育水平也相对较高。截至2020年，北京普查数据显示，每十万人口受过高等教育人数已超过4万人，居全国超大城市首位。③北京市中产阶层群体规模的持续增长及其对教育投入的重视，使得教育市场在"双减"政策实施前飞速扩张，加之城区间存在的教育资源不均衡现象，造就了校外教培机构火爆的教育景观。例如，2015年一项

---

① 中华人民共和国国务院新闻办公室：《北京举行北京市教育"双减"工作新闻发布会》，http：//www.scio.gov.cn/xwfbh/gssxwfbh/xwfbh/beijing/Document/1711498/1711498.htm，2021年8月25日。

② 资料来源：国家企业信用信息公示系统，https：//www.gsxt.gov.cn/index.html，2022年11月7日。

③ 李升、王升鸿、李晓壮、刘欣：《超大城市共同富裕水平研究报告》，载《2022年北京社会建设分析报告》，社会科学文献出版社，2022。

基于北京市 20694 名中小学生的调查发现，高达 60.5% 的五年级和 58.4% 的八年级学生参加校外补习活动，50.6% 的五年级学生平均每周校外补习时间超过 5 小时，八年级学生这一比例为 45.5%。[①] 其中，北京市海淀区的情况尤为突出。"双减"政策出台之前，海淀区的校外学科补习机构盛行，海淀黄庄曾被称为"宇宙补课中心"，是"双减"政策的重点落实区域。

本研究报告的资料一方面来自 2021 年"双减"政策出台后对海淀区留存的校外培训的实地观察，另一方面来自 2022 年至今对居住在海淀、孩子在海淀接受教育且目前仍坚持为孩子的课外补习投入的家长群体的深度访谈。该部分重点分析了家长对"双减"政策的回应，并总结了"双减"政策在落实中面临的困境。

（一）家长群体对"双减"政策的消极反馈

"双减"政策不仅包括对课外教培机构经营的限制，也包括对课内教育的减负，如减少课内作业负担、提升校内教育质量等。然而，家长群体对学校采取的减负措施并不完全认可。有小学生家长提出，"双减"政策施行前，学校各科目均有单元测试并要求家长在考试成绩旁签字，以帮助家长了解孩子的阶段性学习情况，但"双减"后学校取消了单元检测，改为"优、良、中、差"的等级评价且不再需要家长签字。对孩子学习表现的未知增加了家长群体的焦虑，有家长认为这是"掩耳盗铃"，不符合真实的教育规律。

从现实反馈可以看到，即便"双减"政策已经施行，但不少学生与家长群体仍有课外补习的需求。关于家长在教育减负的政策大环境下坚持为"影子教育"付费的原因，接受访谈的家长表示，希望子女在升学竞争中获得优势。在北京，不同区域、学校之间的教育资源差异较大，学生和家长仍

---

① 段鹏阳、赵学勤：《北京市义务教育阶段学生学习生活状况调查》，《教育科学研究》2017 年第 8 期。

面临极大的竞争压力。一位小学生家长谈道，目前的派位招生政策反而刺激了学校的"择生"行为，海淀区的部分重点初中为了招到更加优质的生源要求学生额外投递"简历"。为了让小升初时的简历更有竞争力，孩子不得不学习难度高于课内教育的英语考级。另一位家长更直言，"双减"让家长的压力不减反增。

整体来看，部分家长认为一定时期内竞争白热化与资源不均的客观环境难以改变，校外培训机构作为能为孩子在教育竞争中"赋能""提质""培优"的抓手不可或缺，因而"双减"政策未得到家长的积极认同，家长通过"地下"隐蔽的方式寻求门道、比拼信息，这是导致校外培训方式"关而未停"的主要原因。

（二）家长关系圈的群体性教育焦虑

校外补习仍有条件私下运营的一大重要原因，是家长群体间信息、资源等的相互交流和教育焦虑的传递。这在海淀区的家长群体中表现得尤为突出。在实地访谈中，所有受访家长都表示，通过与亲友、同事、班里同学家长的信息交流，得知别的孩子在参加课外补习，从而产生焦虑情绪，担心孩子在教育竞争中落后，进而选择让孩子加入"补课大军"。家长群体间基于应对教育竞争而产生的社会资本流动，是"影子教育"屡禁不止的重要原因之一。

"双减"政策实施之后，家长关系圈子的社会资本成了家长们为孩子找寻课外补习资源的重要途径。一些补习机构解组后，机构班主任或行政老师会凭借手中的资源，成为家长、学生与机构教师的"中间介绍人"。在访谈中，几乎每位家长都谈道，孩子补课的机构、私教以及关于课外补习的最新资讯等是从身边好友、家长圈子或主动联系认识的老师处找到的。家长也会因为其他家庭的孩子都在补课而感到焦虑，产生"其他孩子都在补，我的孩子也不能落下""大家都在'卷'的时候哪能'躺平'"的想法，并让孩子继续接受"影子教育"。"我们家还算压力不那么大的，班里同学比我们家夸张的多得是，像有的男生一对一学编程之类……"

（家长访谈实录），"补了总比不补强"的话语几乎出现在每一位家长的访谈中。

在关于社会资本的学术讨论中，父母对子女的关注和时间、精力投入是社会资本的重要表现形式，家长与其他孩子家长、老师之间的联系可以形成一种支持性社群，有利于各种有关孩子学习与生活信息的交流和传递，监督、鼓励和促进学生更加努力、有效的学习。① 因此必须关注到，"影子教育"依然存在的重要一环是教培机构、老师与家长之间，家长与家长之间的社会资本流动，"双减"政策实践如若不能切断这个过程中的社会资本流动，就无法彻底铲除"影子教育"，而家长关系圈子的存在使得政策实践存在难以触及的难题。

（三）隐蔽课外补习的继续投入

在北京市海淀区，校外教培行业在"双减"政策出台前一直属于热门行业，大小机构随处可见，是家长们进行家庭教育投资的主要方式。有家长谈道：先前离住处很近的地方，便可找到机构供孩子参与补习。海淀区的 Z 区域、H 大厦都是海淀学生、家长所熟知的教培机构"聚集地"（家长访谈实录）。校外教培行业火热时，不少机构都开在了离学校或学生住所临近的地方，常常可见学生下午放学后，三五成群继续背着书包到校外教培机构进行课外补习的场景。

"双减"政策出台后，从需求侧看，尽管学校提供了课后服务及托管服务，但家长并不完全认可，仍有大批学生参与到课外补习当中。从供给侧看，北京市各类教培行业经历了解体、破产、转型，但一部分机构通过保留课程大纲、学生家长的联系方式等核心运营要素，转型为隐匿性强的小型机构，采用小班教学、一对一式或一对二式教学、线上教学等方式进行授课，在线下授课时也采取租房补课、家庭授课等方法躲避执法部门的检查。实地

---

① 李佳丽、何瑞珠：《家庭教育时间投入、经济投入和青少年发展：社会资本、文化资本和影子教育阐释》，《中国青年研究》2019 年第 8 期。

观察中能够看到一些学生更为分散地进入楼宇中的一些房间学习，这些地方表面上更具"私人性"特征，不呈现任何明显的标识，"影子教育"成为更为隐蔽的暗流模式。由此，机构的可信度、教师的资格水平相较之前更难以评估。

四 对策建议

"双减"政策实施以后，北京市不仅陆续出台了相关配套措施从制度上保障政策执行落地，更从改革校内教学与治理校外教培的不同方面采取具体措施推进政策实践，并取得了一定的效果。然而，校外教培并未完全消失，尤其是课外学业辅导转为更隐蔽的形式。在这个过程中，教育消费行为中家长的主体作用不能忽视，正是学生家长群体对教育的焦虑与投入使得"影子教育"依然暗流涌动。尽管 2022 年底教育部办公厅等十二部门出台了《关于进一步加强学科类隐形变异培训防范治理工作的意见》，但主要从重点排查、监督巡查、违规查处等制度化治理角度出发对校外教培机构展开治理，而没有触及家长群体。家长对"双减"政策的消极回应构成了实施该政策的重要困境，基于此本报告提出如下对策建议。

（一）采取灵活方式开展政策宣讲，减轻家长群体性教育焦虑

为缓解家长群体对"双减"政策的消极反馈及教育焦虑，教育部门可以采取更加灵活多样的方式开展政策宣讲，使家长群体对"双减"政策的认知更加清晰。例如采取线上与线下相结合的方式，以更加多元化的宣讲主体为家长们系统解读"双减"政策内容及实践过程，及时回应与解答家长疑问，听取家长群体的相关意见建议；同时，针对"双减"政策实施后学校教学方式尤其是课外教育服务内容，做出更加具体与明确的呈现，减轻家长群体因不清楚消息来源与消息的真实性导致认知偏差及教育焦虑。

（二）持续深化家庭教育引导，构建良性家庭教育的社会氛围

"双减"政策的出台与执行，一定程度上推动了教育向家庭的回归，家庭教育的作用越发凸显，倡导积极家庭教育观的同时，需要以更加科学化、专业化的介入服务，深化家庭教育引导，构建良性家庭教育的社会氛围。2021 年 10 月 23 日通过的《中华人民共和国家庭教育促进法》明确提出：国家和社会有责任为家庭教育提供指导、支持和服务，各级政府应建立健全家庭学校社会协同育人机制，教育行政部门、妇女联合会等部门协同推进建设覆盖城乡的家庭教育指导服务体系，学校应组织开展家庭教育指导服务和实践活动。① 在政策实践过程中，既要倡导家长树立良性的家庭教育观，认识到子女成长过程中品格、素养及能力培养的重要价值，又需引导家长形成科学的家庭教育方法，政府、学校、社区及社会组织等协同家长群体共同致力于中小学生的教育减负。

（三）统筹基础教育资源均衡发展，满足家长对优质资源的公平共享期待

政府需要统筹基础教育资源均衡发展，避免在规范教育进程中产生教育差异化的缺陷，满足家长群体对优质教育资源的公平共享期待。目前，北京市优质教育资源在各区或各校的配置仍然不均衡，且优质教育资源稀缺，这一根源性问题促使家长群体继续通过隐蔽的市场化方式寻求更优质的教育资源，以弥补各方面的"教育不足"。因此，教育部门一方面需要持续优化配置学位资源及各区各校的升学比例，通过政策性方法降低市场对教育资源的控制，弱化家庭经济水平对教育资源的影响，避免出现"因富升学"等"犹太效应"；另一方面还需持续探索优质教育资源共享机制，推行"教师轮岗"制度，重点尝试将优质课后教育服务推广至更广范畴，如通过集团

---

① 华伟：《〈中华人民共和国家庭教育促进法〉的立法宗旨、法律内涵与实施要求》，《南京师大学报》（社会科学版）2022 年第 3 期。

化共享、"一带多"辐射、线上教育等形式，使示范性学校的高质量教育服务辐射到更广泛的学生群体。同时以技术手段赋能学校，统一打造课程资源中心，向学区内学校乃至全区域开放，实现办学课程资源共享。这一机制的实施，需要减轻学校教师额外的与"教""学"无关的任务，清理重复性评价与考核工作，使教师从学科教学以外的冗杂任务中解放出来，有更多精力投入资源共享化教学之中。

B.5
北京市保障性租赁住房政策进展
与优化研究

李君甫　李　静*

摘　要： 加快发展保障性租赁住房，扩大有效供给，能够补齐住房租赁市场的结构性短板，促进解决突出的新市民和青年人的住房问题。作为超大城市，北京市租赁住房需求大，发展保障性租赁住房在破解首都住房困难问题方面具有重要意义。本文运用文献研究与实地研究方法，对北京市保障性租赁住房的进展情况进行分析。研究发现，北京市保障性租赁住房建设筹集数量多，配套设施较为完善，但是同时存在供给结构不平衡、配租过程不顺利、信息综合平台有待完善等问题。立足新发展阶段，北京市保障性租赁住房发展应该更加注重供给结构平衡，合理调控区位分布，适当控制房租水平，引导多主体供给、多渠道保障，加快出台相应政策细则。

关键词： 保障性租赁住房　新市民　青年人

一　研究背景

（一）租赁住房租金上涨，住房压力增加

北京市作为超大城市，流动人口数量多，房屋租赁需求始终较大，房屋

李君甫，北京工业大学文法学部教授、北京社会建设研究院执行院长、北京社会管理研究基地研究员，主要研究方向为城乡社会学、社会政策、社会建设与社会治理等；李静，北京工业大学北京社会管理研究基地研究人员。

租金呈现上涨趋势。相关数据显示，2017~2021 年，北京市全市住房整租的平均租金总体呈上升趋势。2021 年，北京市住房整租的平均租金为 88.6 元/（米²·月），同比上涨 4.85%（见图 1）。居民住房租金压力持续增加，破解住房困难问题是北京市高质量发展的重要议题之一。

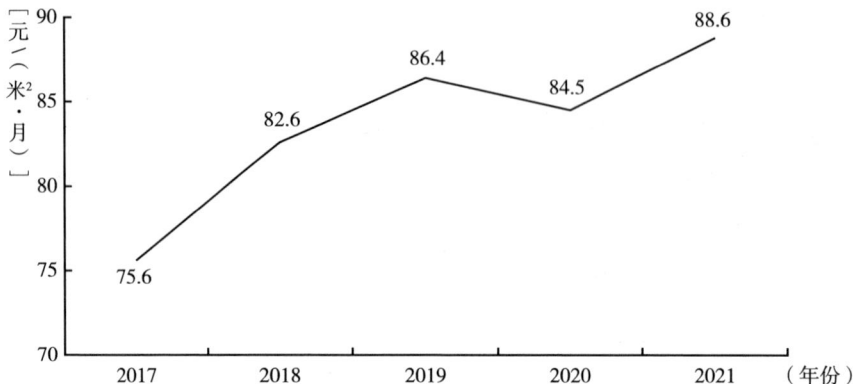

图 1 2017~2021 年北京市住房整租平均租金

资料来源：北京市住房和城乡建设委员会，《北京住房和城乡建设发展白皮书（2022）》，2022 年 8 月。

（二）将新市民、青年人纳入住房保障体系

为全面贯彻以人为本新发展理念，突出住房民生属性，完善我国住房保障体系，2021 年 7 月 2 日，《国务院办公厅关于加快发展保障性租赁住房的意见》（国办发〔2021〕22 号）正式发布。文中提到，近年来我国各地住房保障工作有效推进，城镇户籍困难群众住房条件得到明显改善，但新市民、青年人群体住房困难问题仍然比较突出，需要明确保障性租赁住房的供应对象为符合条件的新市民、青年人。① 北京市贯彻落实国家保障性租赁住房发展的总体要求，结合本市实际制定方案，于 2022 年 3 月 18 日印发《北

---

① 《国务院办公厅关于加快发展保障性租赁住房的意见》（国办发〔2021〕22 号），中华人民共和国中央人民政府门户网站，https://www.gov.cn/zhengce/content/2021-07/02/content_5622027.htm，2021 年 7 月 2 日。

京市关于加快发展保障性租赁住房的实施方案》，明确保障性租赁住房主要用于解决在本市无房或在特定区域内无房的新市民、青年人等群体住房困难问题，重点保障城市运行服务保障人员、新毕业大学生等群体。[①] 新市民、青年人等群体被纳入住房保障体系。

（三）人口数量庞大，住房租赁需求量大

一方面，外来人口带来巨大的住房需求。随着我国城镇化进程加快，人口流动性增强，各大城市外来人口数量庞大。北京市基于其独特的政治、经济、文化等优势地位，每年吸纳常住外来人口规模较大。2020~2022年，北京市常住外来人口数量每年都在825万人以上，占全市常住人口的比重保持在38.0%左右。2022年，北京市常住外来人口825.1万人，占全市常住人口的比重为37.8%（见图2）。解决居住问题是常住外来人口面临的重要问题之一，租房则是其中大多数人的首选，常住外来人口能够创造出巨大的住房租赁需求市场。

另一方面，高校毕业生是租房的主力群体之一。我国每年都会有大规模高校毕业生进入社会，这一群体租房需求旺盛。根据教育部相关数据，我国2023届高校毕业生规模预计1158万人，同比增加82万人。[②] 北京市作为我国高等教育最集中的城市，吸引力强，每年都会有大量非京籍毕业生选择留京工作。2018~2023年，北京市每年高校毕业生人数都在23万人以上，总体呈增长趋势（见图3）。2023年，北京市高校毕业生数量预计约28.5万人，相比2022年增加1.7万人，毕业生人数创历史新高。[③] 建设

---

① 《北京市人民政府办公厅印发〈北京市关于加快发展保障性租赁住房的实施方案〉的通知》，北京市人民政府门户网站，https：//www.beijing.gov.cn/zhengce/gfxwj/202203/t20220318_2634203.html，2022年3月18日。

② 《教育部 人力资源和社会保障部部署做好2023届全国普通高校毕业生就业创业工作》，中华人民共和国教育部门户网站，http：//www.moe.gov.cn/jyb_xwfb/gzdt_gzdt/moe_1485/202211/t20221115_991529.html，2022年11月15日。

③ 《今年北京高校毕业生约28.5万人，硕博毕业生人数首超本科生》，《新京报》2023年3月18日。

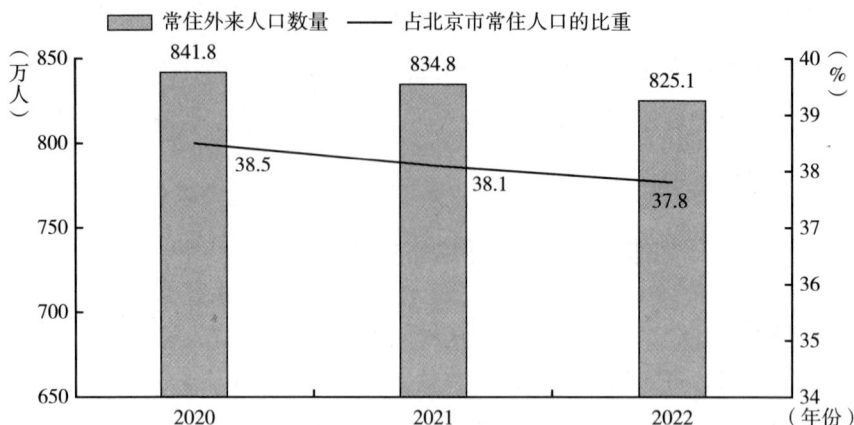

图2　2020~2022年北京市常住外来人口规模

资料来源：北京市第七次全国人口普查公报（第一号）——常住人口情况，北京市2021年、2022年国民经济和社会发展统计公报。

能够满足青年人需求的住房，帮助毕业生提升居住生活品质，减缓住房压力，切实解决好毕业生租房难、租房贵的问题，是北京市住房建设的重点内容之一。

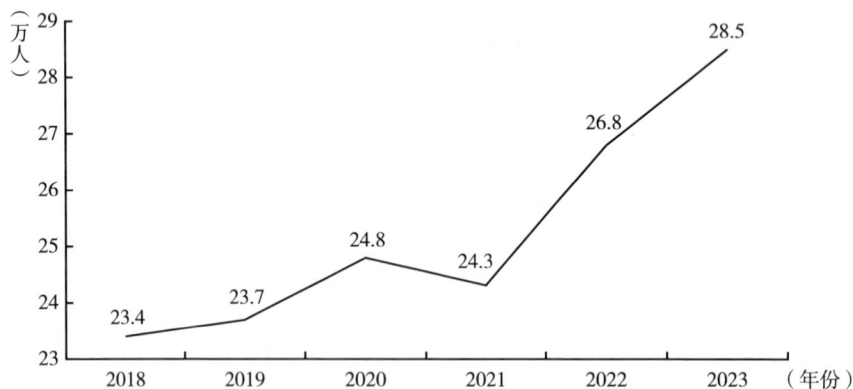

图3　2018~2023年北京市高校毕业生人数

资料来源：北京市2018~2022年国民经济和社会发展统计公报，《新京报》。

（四）保障性租赁住房计划建设的数量

加快发展保障性租赁住房，可以补齐住房租赁市场中结构性供给不足的短板，特别是对于北上广深等超大城市来说，要着力促进解决住房突出问题。按照国家总体规划，"十四五"时期，40个重点城市计划新增保障性租赁住房650万套（间）。[①] 2022年，以人口净流入的大城市为重点，全国计划筹集建设保障性租赁住房240万套（间），以期增加租赁住房有效供给，缓解住房压力。[②] 新时期北京市应该依据"以政府为主提供基本保障，以市场为主满足多层次需求"这一总方向，加快构建完善以公租房、保障性租赁住房和共有产权住房为主体的住房保障体系，努力破解首都超大城市住房困难问题。[③] "十四五"期间，北京市力争建设筹集保障性租赁住房40万套（间），占新增住房供应总量的比例达到40%。[④] 同时加大保障性住房建设用地供应力度，达到新增保障性租赁住房供地占比不低于住房用地供应总量的15%。[⑤] 北京市保障性租赁住房建设规划数量大，能够有效缓解新市民、青年人的住房困难问题，加快推进实现全市人民住有所居。

（五）保障性租赁住房政策还需不断完善

2022年，从中央到各地方政府都很重视发展保障性租赁住房，各地均

[①] 《"十四五"40个重点城市计划新增保障性租赁住房650万套（间）》，《中国建设报》2022年1月13日。

[②] 《国新办举行推动住房和城乡建设高质量发展发布会图文实录》，中华人民共和国住房和城乡建设部门户网站，https://www.mohurd.gov.cn/xinwen/jsyw/202202/20220224_764632.html，2022年2月24日。

[③] 《北京市住房和城乡建设委员会关于印发〈北京市"十四五"时期住房保障规划〉的通知》，北京市住房和城乡建设委员会门户网站，http://zjw.beijing.gov.cn/bjjs/xxgk/ghjh/325910357/index.shtml，2022年9月5日。

[④] 《北京市人民政府办公厅印发〈北京市关于加快发展保障性租赁住房的实施方案〉的通知》，北京市人民政府门户网站，https://www.beijing.gov.cn/zhengce/gfxwj/202203/t20220318_2634203.html，2022年3月18日。

[⑤] 《北京市住房和城乡建设委员会关于印发〈北京市"十四五"时期住房保障规划〉的通知》，北京市住房和城乡建设委员会门户网站，http://zjw.beijing.gov.cn/bjjs/xxgk/ghjh/325910357/index.shtml，2022年9月5日。

已取得一定成效。但是，保障性租赁住房作为一项新政策尚不成熟。截至目前，北京市先后出台了《北京市关于加快发展保障性租赁住房的实施方案》《北京市"十四五"时期住房保障规划》《北京市住房和城乡建设委员会关于加强保障性租赁住房项目认定书服务管理有关工作的通知》《北京市保障性租赁住房建设导则（试行）》四项政策文件，分别就保障性租赁住房的建设面积、租金标准、户型类别、供给渠道、优惠扶持政策、认定服务管理等进行了规定。目前这些政策能够发挥总领指导作用，但是还需结合实际建设过程中遇到的各类问题加以详细指导，提供具体的标准和办法，扎实推进保障性租赁住房市场的平稳有序发展。

二　北京市保障性租赁住房进展情况

（一）建设目标规划

"十四五"时期是我国发展承前启后的关键性五年，也是北京市建设国际一流和谐宜居之都的重要五年，而住房保障是推进城市高质量发展的重要维度之一。基于此，"十四五"期间，北京市将坚持"房子是用来住的，不是用来炒的"定位，紧扣"七有"目标和"五性"需求，着力加大住房保障力度。其中，加快发展保障性租赁住房被放在重要位置。北京市计划在"十四五"期间力争建设筹集保障性租赁住房40万套（间），占新增住房供应总量的比例达到40%。[1] 市政府工作报告重点任务清单数据显示，2022年全年北京市计划筹集建设保障性租赁住房15万套（间）。[2] 2023年全年北京市计划筹建保障性租赁住房8万套（间），力争保持住房稳定供应，更好满足群众

---

[1] 《北京市人民政府办公厅印发〈北京市关于加快发展保障性租赁住房的实施方案〉的通知》，北京市人民政府门户网站，https：//www.beijing.gov.cn/zhengce/gfxwj/202203/t20220318_2634203.html，2022年3月18日。

[2] 《北京市住房和城乡建设委员会2022年市政府工作报告重点任务清单及实事事项一季度工作进展情况》，北京市住房和城乡建设委员会门户网站，http：//zjw.beijing.gov.cn/bjjs/xxgk/sszzjx/325755881/index.shtml，2022年4月12日。

住房需求。①

从 2022 年 5 月 5 日至 2023 年 4 月 26 日，北京市住房和城乡建设委员会已先后发布了四个批次的全市保障性住房建设筹集计划，对其中与保障性租赁住房相关的数据进行汇总分析，能够得出以下结果。

1. 纳入计划的在建落实项目

所有批次中纳入计划的在建落实项目，包括正在建设和已经建成的项目一共 83 个，涉及房源 104752 套（间）。基于统筹规划，结合各区实际发展情况，各区在建落实项目数量差别较大，83 个开工项目分布在北京市 13 个区，其中大兴区项目数量及涉及房源均最多，项目共 19 个、30987 套（间），是唯一一个房源超过 3 万套（间）的行政区。其次为朝阳区，合计项目 13 个、15341 套（间）（见图 4、图 5）。大兴区、朝阳区、通州区、海淀区、丰台区涉及房源均超过 1 万套（间），这 5 个区的保租房发展在北京市所有区内相对比较领先。

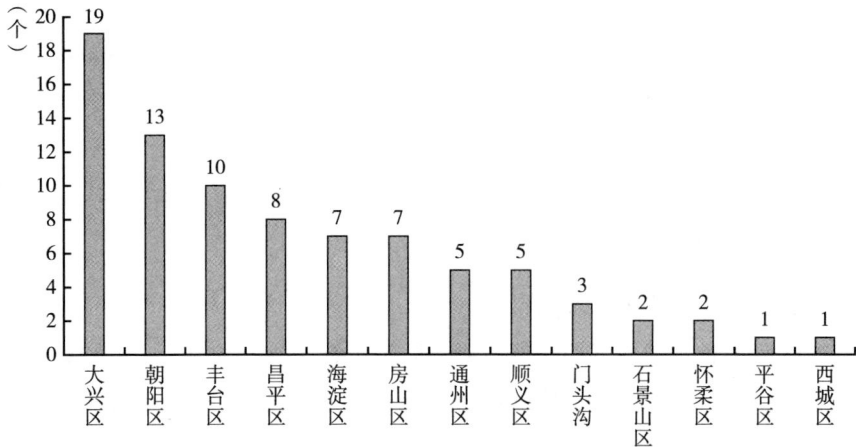

图 4　北京市各区保障性租赁住房纳入计划的在建落实项目数量

资料来源：北京市住房和城乡建设委员会门户网站。

---

① 《北京市住房和城乡建设委员会 2023 年市政府工作报告重点任务清单及实事事项一季度工作进展情况》，北京市住房和城乡建设委员会门户网站，http://zjw.beijing.gov.cn/bjjs/xxgk/sszzjx/326085659/index.shtml，2023 年 4 月 10 日。

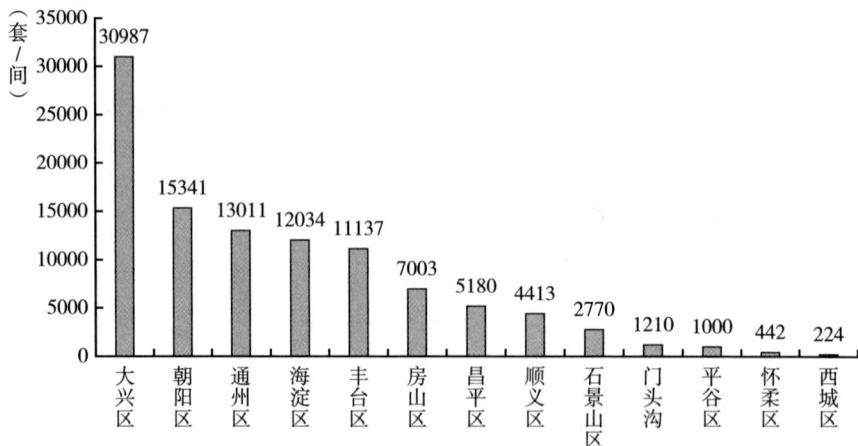

图5 北京市各区保障性租赁住房纳入计划的在建落实项目房源总量

资料来源：北京市住房和城乡建设委员会门户网站。

2.纳入计划的储备建设项目

纳入前期手续推进计划的项目一共 16 个，涉及房源 3845 套（间）。16个开工项目分布在北京市 6 个区，其中丰台区项目最多，一共 8 个、1460套（间）。海淀区项目数量次之，有 3 个项目。大兴区有 2 个项目，顺义区、通州区、延庆区各有 1 个项目。这些项目作为储备项目，首先进行前期手续推进工作，计划在 2023 年内正式开工建设，进一步增加全市保租房供给量。

3.纳入保租房规范管理项目

纳入保障性租赁住房规范管理的项目共有 44 个、31028 套（间）。其中，通州区和房山区项目数量最多，各有 8 个，这两个区一共涉及房源2951 套（间）。这些项目均为已建成的补列计划项目，通过审核认定成为纳入保障性租赁住房规范管理的现有政策支持类租赁房源，能够完善保障性租赁住房供给体系。

（二）实际进展情况

北京市以解决新市民、青年人住房困难为出发点，坚持规划引领，全市统筹、以区为主，加强与城市基本公共服务人员、应届毕业生等重点群体的对接，不断拓宽保障性租赁住房筹措渠道，积极盘活存量房屋，加快发展保障性租赁住房，扩大有效供给。2022 年北京市建设筹集保障性租赁住房共15.15 万套（间），完成全年原定计划 15 万套（间）任务的 101%。[①] 2023年第一季度，北京市已建设筹集保障性租赁住房 21381 套（间），完成本年度全年任务的 27%。[②]

对于纳入北京市保障性租赁住房年度建设筹集计划的项目，均由北京市住房和城乡建设委员会发放《保障性租赁住房项目认定书》，认定项目可以享受国家对于保障性租赁住房发展的专项支持政策。《保障性租赁住房项目认定书》有效期 3 年，期满前 6 个月内可以申请续期。从 2022 年 5 月 7 日到 2023年 5 月 15 日，依据《北京市住房和城乡建设委员会关于加强保障性租赁住房项目认定书服务管理有关工作的通知》（京建发〔2022〕84 号）规定，北京市已先后发布 6 批保障性租赁住房项目认定情况的公示，总共涉及 62 个保障性租赁住房项目，包含 98481 套（间）房源，该项目备受公众关注。

以下将根据已认定公示的 6 批 62 个项目和实地走访调研，具体分析北京市保障性租赁住房的实际进展情况。总体来说，这些项目在区位规划、建设筹集方式、房源类型、项目整体规模、房源租金面积等多个方面存在差异。

1. 各区保租房建设项目数和房源数差异较大

从行政区域来看，北京市已认定保障性租赁住房项目在 13 个区中均有分布，西城、东城和密云则没有。一方面是各区发展保障性租赁住房项目数量存在差异，其中，丰台区和大兴区项目数量最多，均为 11 个；顺义区的项目数量次之，为 9 个，涉及房源 9102 套（间）（见图 6）。另一方面是各

[①] 《北京市住房和城乡建设委员会关于 2022 年度日常履职考核事项自查情况的报告》，北京市住房和城乡建设委员会门户网站，http://zjw.beijing.gov.cn/bjjs/xxgk/sszzjx/326016020/index.shtml，2023 年 1 月 5 日。

[②] 《北京市住房和城乡建设委员会 2023 年市政府工作报告重点任务清单及实事事项一季度工作进展情况》，北京市住房和城乡建设委员会门户网站，http://zjw.beijing.gov.cn/bjjs/xxgk/sszzjx/326085659/index.shtml，2023 年 4 月 10 日。

区已认定项目所涉及的房源数量大有不同，其中，涉及房源数量排在前四位的分别是丰台区、大兴区、通州区和朝阳区，项目涉及房源数量均已超过1万套（间），丰台区11个项目共涉及房源19787套（间），大兴区11个项目共涉及房源19410套（间），两区进展大致相当，涉及房源数量均接近2万套（间）（见图7）。就单个项目涉及房源数量来看，通州区台湖镇集体土地租赁住房项目涉及最多，共有房源8467套（间）。整体来看，北京市保障性租赁住房多区都有适量供给，项目大多分布在五环以外。

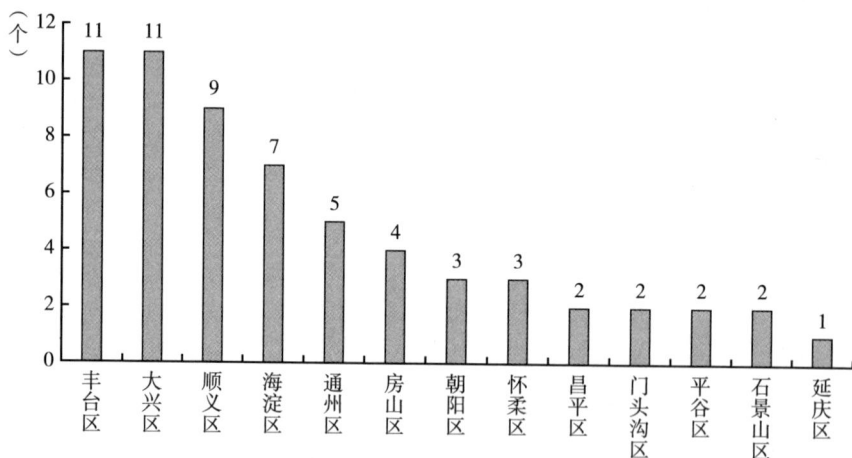

图6　北京市各区保障性租赁住房已认定项目数量

资料来源：北京市住房和城乡建设委员会门户网站。

2. 保障性租赁住房建设筹集方式具有多样性

从房源建设筹集方式来看，目前6批62个项目分为5种类型：集体经营性建设用地建设、纳入保障性租赁住房规范管理的现有政策支持类租赁房源、企事业单位自有土地建设、新供应国有建设用地建设和非居住存量房屋改建。政策文件中提到的产业园区配套用地建设、存量住房改造或转化两种建设筹集方式尚未有相关的项目认定公示。在已获认定的保障性租赁住房项目中，建设筹集方式以集体经营性建设用地建设为主，涉及43个项目、75535套（间），占比76.70%。其次是纳入保障性租赁住房规范管理的现有

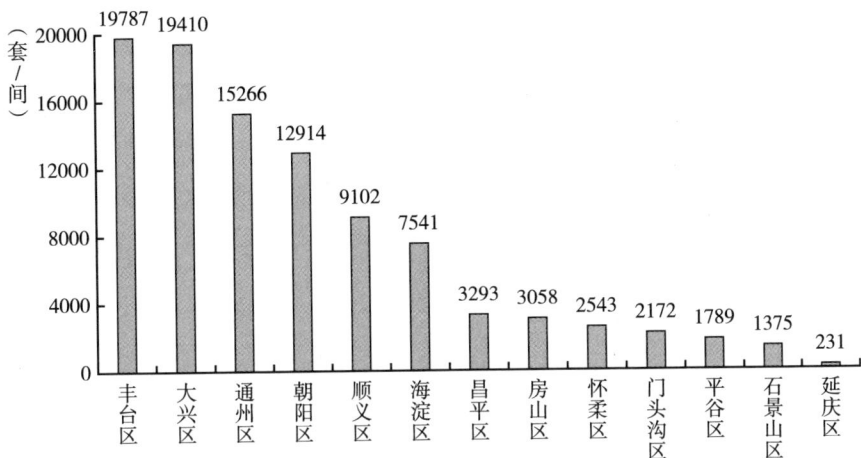

图7 北京市各区保障性租赁住房已认定项目涉及房源数量

资料来源：北京市住房和城乡建设委员会门户网站。

政策支持类租赁房源，涉及4个项目、10944套（间），占比11.11%。企事业单位自有土地建设和新供应国有建设用地建设占比都很少，分别为2.24%和2.22%（见图8）。因此，集体经营性建设用地建设保障性租赁住房成为主渠道。

3. 不同类型保租房建设均达到一定体量

因为部分保租房项目建设包含宿舍型、公寓型、住宅型多种房屋类型，因此完全明确各类房源类型的实际建设体量情况比较困难。粗略统计，目前6批62个项目中，以单一房型为例来分析，公寓型项目涉及房源数量最多，项目共16个、34832套（间），占比35.37%；宿舍型项目9个、7815套（间），占比7.94%；住宅型项目个数最多，为20个，涉及房源数量次之，共20414套（间），占比20.73%。单一房型项目合计45个，总套（间）数占比为64.03%。按照混合房型来看，两种房屋类型混合项目共15个、26102套（间），占比26.50%；三种房型均有的项目有2个，涉及房源9318套（间），占比9.46%。所有混合房型一共占比超过三成（见表1）。总体来说，北京市各类型保障性租赁住房建设都已经达到一定的规模，能够

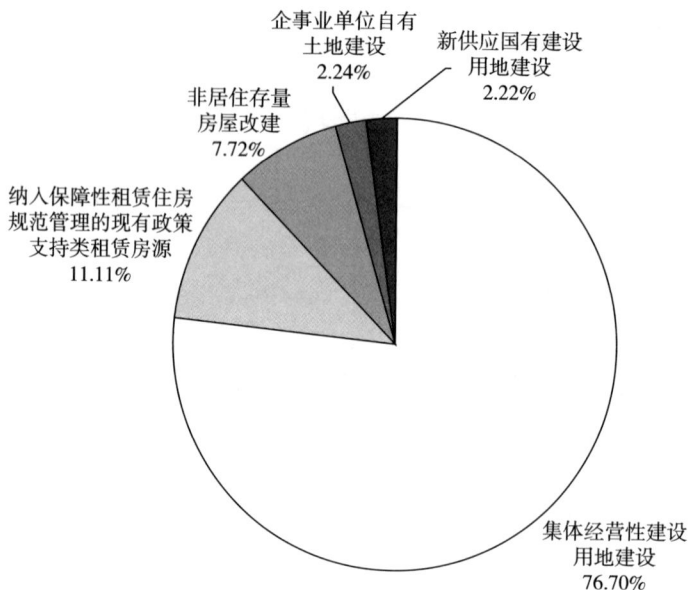

图8　北京市保障性租赁住房已认定项目建设筹集方式

资料来源：北京市住房和城乡建设委员会门户网站。

缓解不同类型群体住房困难问题，从而在一定程度上满足不同主体住房需求。

表1　北京市保障性租赁住房已认定项目房屋类型

房屋类型	不同类型项目个数（个）	单一/混合类型项目总数（个）	不同类型项目涉及套数（套/间）	不同类型项目涉及套数占比（%）	单一/混合类型项目涉及套数占比（%）
公寓型	16		34832	35.37	
宿舍型	9	45	7815	7.94	64.03
住宅型	20		20414	20.73	
公寓型宿舍型	4		5329	5.41	
公寓型住宅型	5	15	11566	11.74	26.50
宿舍型住宅型	6		9207	9.35	
公寓型宿舍型住宅型	2	2	9318	9.46	9.46
合计	62	62	98481	100	100

资料来源：北京市住房和城乡建设委员会门户网站。

4.保租房项目建设规模明显不同

从项目整体建设规模来看，北京市已获认定的所有保障性租赁住房项目可以依据单位社区内建设总数划分为4个规模类型，分别是1000套（间）及以下的小型租赁社区、1001~2000套（间）的中型租赁社区、2001~3000套（间）的大型租赁社区和3000套（间）以上的超大型租赁社区。其中，超大型租赁社区涉及9个项目、42008套（间），占比最多，为42.66%，北京万博瑞房地产开发有限公司负责建设的通州区台湖镇集体土地租赁住房项目规模最大，规划建设总量为8467套（间）；大型租赁社区位于其次，占比为22.23%，涉及9个项目、21897套（间）（见图9）。

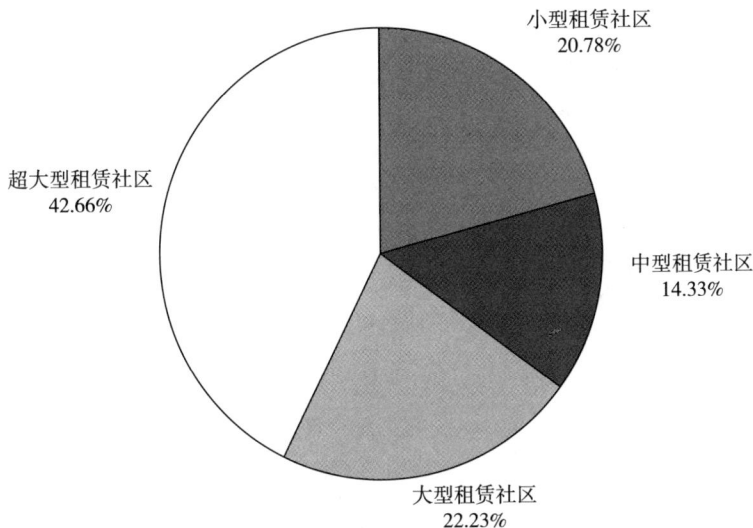

图9 北京市保障性租赁住房已认定项目建设规模

资料来源：北京市住房和城乡建设委员会门户网站。

5.各区保租房租金水平差距较大

北京市保障性租赁住房实施一（套）间一价，单间房屋按照个人独立空间差异，租金有所不同。各区各项目租金基本实行动态调整，根据租住淡旺季需求量的不同及时调控，确保租金价格合理。租金大体可以分为3个部分，一是标准租金，其中包含物业费和家具家电增值服务费；二是水费、电费、燃气费、供暖费等能源性费用；三是网络费、有线电视初装及收视费、停车费等，其中后两项费用是否包含在统一的租金费用中，由各项目根据具体情况自行划定。根据各区配租公示及调研获取的数据，将北京市部分保租房面积、租金情况汇总如表2所示，可以看出各区租金差异明显，各项目之间租金差异也很大，其中一些项目租金过高，显然与保障性租赁房的性质不符。

表2 北京市保障性租赁住房已认定项目房屋面积和租金情况

单位：平方米，元/月

所属区	项目名称	房源类型	面积	套/间租金
昌平区	未来融尚项目	两居室	60	2460
朝阳区	马泉营项目	单间	—	2456~4315
		整套	—	5864
	锦都家园项目	单间	—	2075~2628
	华瀚福园项目	单间	—	1811~2257
	燕保平乐园家园项目	单间	—	2600~4800
房山区	西潞街道夏庄村集体租赁住房项目	一居室	35	2186
丰台区	龙湖冠寓（郭公庄地铁站店）项目	开间	23~38	2600~4600
		一居室	32	
	泊寓·院儿（成寿寺店）项目	一居室	约29	4000~5400
海淀区	山樾嘉园（金隅西砂西区）项目	开间	26	2210
石景山区	泰然公寓项目	一室两厅一卫	59~66	4425~4950
		两室两厅一卫	81~91.71	6075~6878.25
		三室两厅一卫	108.18~112.13	8113.5~8409.75
顺义区	万科泊寓28街区项目	单间	—	2100~3168
	万科泊寓29街区项目	LOFT	—	
	首开乐尚公寓项目	开间	22.45~32.46	1045起
		一居室	49.65~51.05	2012起
		两居室	75.45~82.76	3158起
大兴区	员宿公寓（北京亦庄马驹桥店）项目	一居室	约30	3200起
		宿舍型	—	单个床位900 整套5400

资料来源：北京市各区人民政府门户网站配租公告。

（三）后期管理运营

1. 租赁合同管理

根据《北京市住房和城乡建设委员会关于严禁公租房、保障性租赁住房变相销售行为的通知》，必须严格租赁合同管理。保障性租赁住房运营单位与租客签订合同具有周期限制，需要严格按照相关规定期限进行约定，期满后可续租，单次租金收取不能超过 12 个月。但是目前北京市对于"相关规定的期限"并没有作出明确说明。另外，北京市保障性租赁住房全部纳入安居北京住房保障综合信息管理服务平台管理，并通过该平台进行房源管理、网上签约等工作。[①]

2. 租客群体管理

第一，租客需要通过资格审核。北京市保障性租赁住房面向在北京市无房或在北京市特定区域内无房的新市民、青年人等住房困难群体，重点保障城市运行服务保障人员、新毕业大学生群体。北京市各区保租房对接新毕业大学生群体，主要面向应届毕业生，对户口、收入等没有过多限制，对就业地会有一定限制，一般要求在本区就业，即社保缴纳地在本区范围内，新市民的限制条件相对较少，申请人员通过资格审核之后即可列入选房名单。但是实际配租过程中，部分区域经过一轮配租后达成租赁协议的比例较低，在后续第二轮配租时，会依据实际适当放宽申请人条件，包括毕业年限放宽至三年、就业地放宽到北京市内等，以此吸纳更多客群入住，提高保租房入住率。

第二，入住后管理模式存在差异。宿舍型和公寓型保租房采取分间合租、男女不能混租的租赁形式，保证租客的合法权益。宿舍型保租房更多面向对租金价格敏感性较高的城市运行服务保障人员，包括快递员、外卖员、流水线工人、清洁工等，房源租金较低且能够满足这类群体的基本居住需

---

① 《北京市住房和城乡建设委员会关于严禁公租房、保障性租赁住房变相销售行为的通知》，北京市住房和城乡建设委员会门户网站，http：//zjw. beijing. gov. cn/bjjs/zfbz/zcfg/32577 5579/index. shtml，2021 年 11 月 5 日。

要。部分宿舍型保租房面向企业租赁，对于这类型租客的管理可以由运营公司直接对接到企业，形成"企业—运营公司"双管理模式，提高管理效率，及时发现并解决租客遇到的问题，能够在一定程度上缓解保租房运营压力。住宅型保租房更多面向有一定居住品质要求的大学毕业生、白领等群体，管理中更注重配套设施、优质服务的供给。部分项目的租户工作实行委托模式，由区域内物业负责签约入住、房租收取、续租退租的管理工作。部分项目则是分配专职管家负责入住相关工作，主要是承租人的日常服务、快递收取、线上社群运营、组织社区活动等。此外，保障性租赁住房运营公司需要对所有类型的租客进行登记备案，清楚掌握租客流动情况，进行动态管理登记。

3. 社区文化建设

社区文化建设是保租房运营建设的重要板块之一。多数项目依据租客群体类型，开展符合租客需求的各项活动。对于高校毕业生较多的社群，租客同质性较高，活动类型基于青年人特性，更多选择夜跑、知识分享、手工制作、观影等，提升社区活力的同时能够促进青年人之间的交流，打造高黏性社区。一些项目依托党团组织，注重党建引领，围绕党建文化，通过青年汇等形式，由专项工作人员定期组织活动，包括读书会、文化博物馆参观学习等，提升租客群体素养，共建公益文明社区。一些项目创新社区文化建设路径，由门店发起住户交流会，开展"老带新"活动，促进分享交流，打造活力邻里社区氛围，提升租客的居住幸福感。

4. 配套设施建设

北京市保障性租赁住房项目配套设施服务均较为完善。首先，项目基础设施充足。保租房项目周边交通便利，项目选址基本临近公交站或地铁站，周边地区直达性高，能够充分节省租客日常通勤时间。非居住用地上新建、改建的保障性租赁住房，取得保障性租赁住房项目认定书后，用水、用电、用气价格按照居民标准执行。项目满足"一户一表"计量条件，执行现行居民价格政策，减轻住户水电等费用的支付压力。配建住房与同一物业管理区域内其他住房实施统一管理，享受同等物业服务。其次，周边配套商业建设能够满足各类日常生活需求。项目周边形成一体化的商圈建设，小区配套银行、教育、休闲娱乐等各类场所，提供完善的都市居住功能配套服务。

三　北京市保障性租赁住房存在的问题

（一）供给结构不平衡

第一，保租房供需结构不平衡。首先，保租房建设投入成本压力大、回报周期长、租金回报率低，因而目前市场投入力量相对较少，供给总量不够充分。其次，现有保租房租赁房源供应不合理。现有房源中有一部分利用存量闲置房屋改造的保租房，房型面积不合理，特别是在一些采取按间分租方式的大中型房源中，客厅公共空间面积占比较大，卧室单间面积小，对租客群体来说这种整间合租形式性价比不高。同时，过大的公共空间面积也导致个体隐私性受到一定影响，这样的户型结构设计不能充分满足新市民、青年人群体的经济适宜性与空间私密性需求。更多的租客倾向于选择开间、一居室和小户型整租，近年来龙湖冠寓、万科泊寓等房地产企业重点开发推出此类户型长租模式，已经取得一定成效。但是北京市整体住房市场中，适合单人租赁的一居室、小户型保障性租赁住房房源供给还很不足。第二，保租房空间分布不平衡。北京市保租房五环以外区域供给数量、建筑面积更多，能够在一定程度上缓解该区位内住房困难问题，但是由于五环以内项目偏少，造成了职住分离的问题。

（二）配租过程不顺利

现已推出的保障性租赁住房在配租时遇到了一些现实阻碍性因素，导致配租过程不够顺利，部分房源建设周期拉长，未能如期签订租赁合同，租客实际入住受到影响。导致配租过程不顺利的主要原因有两个：第一，新冠疫情导致配租滞后。北京市作为人口规模大、人口流动性强的超大城市，疫情以来始终坚持比较严格的防控政策。部分保租房项目在前期建设阶段遇疫情被阻，施工进展放缓，原定交付时间向后延期，加之后期装修、配套设施等还需一部分时间投入，导致房源最终入市时间比较晚。2022年5月和12月，北京市先后经历两次疫情严峻期，部分高校出现聚集性疫情，保租房推入市场与大学生毕业季时间不相匹配，实际办理入住时间推迟，部分已签约租客退租转而选择其他市场租赁住房。第二，配租信息缺乏有效的宣传。目前，万科泊寓等房企品牌具有自身宣发平台，包括专门的App和微信公众号平台，能够为房屋出租提供稳定安全的渠道。但是，更多的住房项目缺少稳定的信息发布和推广渠道，部分项目App尚在开发中，部分项目通过知乎、小红书、贝壳等第三方平台以及传统地推等方式发布招租信息，租客和房东之间缺少公开可靠的信息渠道，加剧了保障性租赁住房市场的信息不对称。

（三）综合信息平台有待完善

根据政策文件规定，北京市保障性租赁住房全部纳入安居北京住房保障综合信息管理服务平台管理，并通过该平台进行房源管理、网上签约等工作，与全市住房租赁监管平台对接，加强全过程监管。但是在实际项目运营过程中，这项工作推进存在一定难度。目前部分企业搭建了自身的数字化管理平台，能够满足项目的宣传和运营需求。但是，企业通过自有渠道推动保租房发展涉及平台运营成本的问题，一定程度上增加了企业负担，影响其积极性。因此，应该进一步完善综合信息平台，使运营企业与政府平台可以进行项目和配租情况的共享对接，对于租客群体来说，从寻找租赁房屋信息、报名提交材料、房源展示到签约入住，能够在统一平台上完成办理，更加便捷高效。

四　北京市保障性租赁住房的发展建议

（一）优化住房供给结构，按需合理配置

北京市现有保障性租赁住房房源类型合理，住宅型、公寓型、宿舍型3

种不同类型保租房能够满足不同群体需求，但是住房供给结构存在一定的不平衡现象。依据居住人群需求特点，合理规划不同类型房源供给规模，才能够更加高效地缓解不同类型群体住房困难问题，满足多层次需求。目前来看，住房租赁市场中需求多样化，但是一些住房项目户型设计的灵活性不足，户型空间规划设计不够合理。北京市住房租赁市场客群中，单身群体数量较多，面向单人租赁的小户型住房尚有市场缺口，应该扩大一居室、小户型住房供给。同时，根据实际情况，周边公共服务配套建设、商业配套建设等都应该充分匹配青年人群体需求，构建功能齐全、便捷时尚、服务优质、提高居住幸福感的现代化社区。

（二）合理调控住房的空间分布，促进职住平衡

保障性租赁住房建设不能片面强调总量要求，而应该注重项目选址的合理性。北京市保障性租赁住房需要全市统筹，合理调控各区规划建设规模、数量，同时更要注重供需匹配，确保空间布局合理，项目周边区域交通便捷、住区环境完善。贯彻《北京市"十四五"时期住房保障规划》文件要求，各区应利用各自发展优势，有效盘活成熟就业区域周边存量非居住用地资源、疏解腾退房屋资源。应该按照临近产业园区、各功能区的原则，统筹产业整体布局，衔接区域内租赁需求，确定项目的选址与供应规模，增加有效供给，促进职住平衡与产城人融合，有效缓解新市民、青年人群体住房困难问题。

（三）发挥市场机制作用，拓宽房源渠道

北京市保障性租赁住房现阶段统筹各区发展，市住房城乡建设委负责组织协调和督促指导，对各区进行任务分解，各区落实执行过程中面临的主要问题之一就在于房源建设筹集压力较大，房源建设选址对交通设施、消防安全、周边劳动力可持续发展等都有相应要求，因而一些区域可改建可配建房源不足。虽然政策引导多方参与，明确"谁投资，谁所有"，但是就目前保租房市场发展情况来看，市场主体的融入参与仍然有待加强。因此，目前房

源筹措受到一些方面的限制，重点发挥市场配置资源的基础性作用很有必要。这就需要充分激发市场活力，落实土地、财税、金融等政策支持，引导创造良好投资环境，从根本上打消企业方面存在的保租房建设周期长、投资回报率低等顾虑，从而引导多主体供给，拓宽保租房建设筹措渠道。部分经济发展水平较高的乡镇、村集体可以自建自营，或者以土地使用权参股的方式与企业资本合作开发建设，加大集体经营性用地建设力度。此外，还可以充分挖掘闲置商场、写字楼、医疗机构、科研院所等非居住存量建筑，改建后纳入保障性租赁住房规范管理项目，增加项目储备供应。

（四）加快完善配套政策，尽早出台实施细则

北京市保障性租赁住房发展迅速，但是现有政策制度相对住房租赁市场来说存在明显的滞后性。目前还有不少需要细化和完善的地方，具体实施操作细则仍然有待出台。例如租金方面，现有文件中只对利用企事业单位自有土地建设的保租房租金进行了明确规定，低于同地段同品质市场租赁住房租金的九折，其他类型仅作不高于周边同品质住房的定价要求，由于缺乏指导性文件，难以衡量企业的租金是否合理，不利于租金定价的把控。非居改建作为房源建设筹集的一项重要渠道，相应的管理办法目前尚未明确。总而言之，应该依据已有项目建设情况，结合实际经验，向社会征求意见，加快出台实施细则，完善政策体系，推进保障性租赁住房的可持续和高质量发展。

B.6
北京居民慢行出行状况研究报告

李晨宇　李嘉俊　石　超*

摘　要： 随着北京市机动车保有量的快速增长，北京市交通拥堵指数已经
达到严重拥堵，仅靠发展公共交通缓解交通运输压力的传统交通
发展模式已经不再适合北京交通现状。因此，北京市政府在
《北京市"十四五"时期交通发展建设规划》中明确提出"慢行
优先、公交优先、绿色优先"和"以人为本"的发展理念，建
设步行和自行车友好城市，通过发展慢行交通缓解城市交通拥
挤。本报告运用问卷调查和实地观察等方法展开研究，最终发
现，公共交通结合慢行交通出行已成为北京市居民最主要的出行
选择，而与机动车之间的路权矛盾成为困扰居民慢行出行的核心
问题。因此，未来北京慢行交通发展应聚焦保障慢行交通路权、
改善慢行出行空间、打造慢行出行文化氛围、促进相关部门协同
联动等四个方面。

关键词： 城市交通　慢行出行　北京

一　研究背景

伴随人民收入的增加，机动车保有量特别是私人机动车保有量不断提

---

* 李晨宇，北京工业大学文法学部社会学系副教授，硕士生导师，北京社会管理研究基地研究
人员，主要研究方向为信息传播与社会治理；李嘉俊，北京工业大学北京社会管理研究基地
研究人员，主要研究方向为应用社会学；石超，北京工业大学北京社会管理研究基地研究人
员，主要研究方向为应用社会学。

升。以北京市为例，根据《北京市2022年国民经济和社会发展统计公报》，截至2022年底，北京市机动车保有量已达712.8万辆，其中私人机动车保有量占比超过74%，约532.6万辆。机动车数量的快速增长必然会带来大量的交通问题，如交通拥挤、噪声污染和空气污染，《2021北京市交通发展年度报告》的数据显示，北京市高峰时段道路交通拥堵指数为5.07①，属于轻度拥堵。但是，伴随疫情防控措施的逐渐放开，2023年北京市高峰时段交通拥堵指数明显上升，部分路段高峰期拥堵指数达到8.0，属于严重拥堵。

为缓解北京市交通拥堵的状况，北京市政府从"十二五"时期开始逐步系统解决拥堵问题，规划提出以缓解城市交通拥堵为中心，以建设公交城市为主线，同时明确提出了"统筹兼顾"和"标本兼治"的思路原则。"十三五"时期提出通过非首都功能疏解为治理"城市病""交通病"提供新的思路，同时延续了将公共交通放在任务首位的传统，继续坚持公共交通优先导向。在这十年中，北京市仍然采用传统的交通发展模式，以机动车为主导，通过发展城市公共交通来缓解城市交通拥堵问题。但是，随着公共交通工具运力逐渐饱和，特别是中关村、国贸地区的公共交通运力已经严重饱和，寻找新的缓解交通拥堵的方式成为必然之举。

"十三五"后期，北京市开始通过改善慢行出行环境、倡导步行和自行车重新回归城市来缓解交通拥堵，完成《北京市步行和自行车交通设施改善技术指南》的修订，出台《步行和自行车交通环境规划设计标准》；建成全国第一条自行车通勤专用路，日均通过车辆4000辆次，有效提高了回龙观至上地的通勤效率；实行慢行系统品质提升行动，完成中心城区次干路及以上3218公里慢行系统治理工作，慢行系统逐渐连片成网。2022年，北京市人民政府发布的《北京市"十四五"时期交通发展建设规划》中，将发展"慢行交通"这一概念作为未来城市交通发展规划，将坚持以人为本、

---

① 道路交通拥堵指数，是衡量城市道路交通拥堵程度的一个指标。通常用数字或颜色来表示拥堵指数高低，指数越高代表城市交通拥堵程度越严重。

需求导向放在首位，落实"慢行优先、公交优先、绿色优先"的理念，实现综合交通体系的和谐有序运转。

慢行交通作为一种城市交通发展理念，最早起源于20世纪70年代的欧洲，荷兰、德国和丹麦等国家为治理城市交通拥挤、环境污染等问题，通过倡导自行车出行、完善自行车道路网络等方式鼓励居民选择慢行出行方式，后来逐渐在全世界推广开来。我国慢行交通这一概念最早出现于《上海市城市交通白皮书》，主要是指把步行、自行车等慢速出行方式作为城市交通的主体，引导居民采用"步行+公交""自行车+公交"的出行方式，一般情况下，慢行交通的出行速度不大于15km/h。规划中明确规定建设步行和自行车友好城市，构建广泛覆盖、连续安全、环境友好、彰显文化的步行和自行车网络体系，充分发挥慢行交通在中短距离出行和公共交通"最后一公里"接驳中的重要作用。按照完整街道理念，规划设计适宜慢行的街道和街区，进一步提升步行和自行车出行的吸引力，使慢行交通成为市民健康生活的一部分。2023年是"十四五"发展规划中承上启下的关键时期，分析北京居民自行车出行发展现状，发现其中存在的问题和不足，对未来的自行车交通网络乃至慢行交通发展具有重要意义。

二 研究方法

本研究采用问卷调查法和实地观察法展开调研，调查北京居民出行方式的选择，主要包括北京居民使用自行车的出行现状、满意程度、存在的问题、接驳公共交通"最后一公里"等方面。

问卷调查法实施时间为2023年5月，经过问卷发放和数据筛选等环节，共获得有效问卷1105份。问卷内容主要涉及北京居民日常出行的交通方式选择、自行车出行现状、满意程度、存在的问题和接驳公共交通"最后一公里"等。问卷的样本构成，参见表1。

表1 问卷样本构成

单位：人，%

题项	选项	频数	百分比
性别	男	543	49.1
	女	562	50.9
居住地所在区	东城/西城区	173	15.7
	朝阳区	302	27.3
	海淀区	219	19.8
	丰台/石景山区	177	16.0
	顺义/通州/昌平/大兴/房山/门头沟区	200	18.1
	密云/平谷/怀柔/延庆区	34	3.1
工作（或上学/日常活动）地所在区	东城/西城区	233	21.1
	朝阳区	345	31.2
	海淀区	252	22.8
	丰台/石景山区	132	11.9
	顺义/通州/昌平/大兴/房山/门头沟区	118	10.7
	密云/平谷/怀柔/延庆区	25	2.3
职住平衡情况	平衡（居住和工作同区）	682	61.7
	不平衡（居住和工作不同区）	423	38.3
月收入	5000元及以下	292	26.4
	5001~8000元	272	24.6
	8001~17000元	369	33.4
	17001~30000元	126	11.4
	30000元以上	46	4.2
学历	初中及以下	42	3.8
	高中/中专/职高	135	12.2
	大学专科/本科	711	64.3
	研究生及以上	217	19.6

在性别构成方面，受访者中男性543人，女性562人，比例均衡；在居住地和工作（或学习/日常活动）地构成方面，受访者遍及北京16个区，并以东城、西城、朝阳、海淀、丰台等市区为主，超过六成受访者职住平衡（居住地与工作地同区）；在收入构成方面，受访者以中等收入和低收入为主，高收入群体也有涉及；在学历构成方面，超过六成受访者为大学本科或专科。样本构成基本上能够反映北京居民的整体人口状况。

实地观察法的实施时间为 2023 年 5 月,主要目的是针对北京第一条自行车专用路(昌平区回龙观街道—海淀区上地街道)的使用现状进行调研,关注居民使用专用路的主要目的、出行效率和存在的问题。

三 北京居民日常出行方式选择

(一)公共交通和慢行交通是主要的出行方式

针对居民"平时使用不同出行方式的频率",设置五个选项(1 分代表"几乎不用",2 分代表"偶尔使用",3 分代表"有时使用",4 分代表"经常使用",5 分代表"总是使用")。步行、公交和地铁是北京居民日常出行最经常使用的方式,这三种出行方式"总是使用"和"经常使用"的比例均居前三位,且"几乎不用"的比例居后三位,它们的共同点是不要求居民掌握交通工具的驾驶技能;自行车则在需要掌握驾驶技能的出行方式中使用频率最高,"总是使用"、"经常使用"、"有时使用"和"偶尔使用"的比例都明显高于电动车和自驾两种方式。从出行方式得分均值来看,不需要掌握交通工具驾驶技能的步行(3.87 分)、公交(3.60 分)和地铁(3.38 分)依旧位于前三,自行车(2.76 分)、打车(2.23 分)、自驾(2.13 分)和电动车(1.56 分)分列第四到第七位,参见表 2。

表 2 北京居民的日常出行方式选择 (N=1105)

单位:%,分

选项	几乎不用	偶尔使用	有时使用	经常使用	总是使用	均值	标准偏差	方差
步行	2.5	9.6	15.0	44.5	28.3	3.87	1.014	1.028
自行车	24.6	23.9	16.0	22.0	13.5	2.76	1.388	1.926
电动车	76.9	7.0	4.4	6.8	4.9	1.56	1.153	1.330
公交	7.0	14.8	18.4	31.3	28.5	3.60	1.236	1.527
地铁	8.5	19.9	21.7	25.0	24.9	3.38	1.282	1.643
打车	25.9	40.2	23.1	6.8	4.1	2.23	1.037	1.076
自驾	50.0	15.7	13.6	12.5	8.2	2.13	1.364	1.860
其他	79.3	9.8	5.4	2.0	3.5	1.41	0.945	0.894

由此可见，步行成为不需要掌握交通工具驾驶技能的出行方式第一位，而自行车则成为需要掌握交通工具驾驶技能的出行方式第一位。因此，由自行车和步行构成的慢行交通出行方式，与由公交和地铁构成的公共交通出行方式，成为北京居民日常出行的主要选择。

（二）慢行交通是半小时以内出行的首选

在外出首选出行方式的选择上，超过七成的受访者出行时间在 10 分钟以内和 20 分钟以内会首选步行方式出行；约两成受访者能够接受 30 分钟以内将步行作为首选出行方式。此外，超过六成的受访者出行时间在 30 分钟以内（包括 10 分钟以内和 20 分钟以内）会首选自行车出行。具体结果见表 3。

表 3　慢行交通出行时间对首选出行方式的影响（N=1105）

单位：人，%

题项	选项	频数	百分比	累计百分比
外出时间多久您会首选步行	10 分钟以内	353	31.9	31.9
	20 分钟以内	429	38.8	70.8
	30 分钟以内	270	24.4	95.2
	30 分钟以上	53	4.8	100.0
外出时间多久您会首选自行车出行	10 分钟以内	68	6.2	6.2
	20 分钟以内	238	21.5	27.7
	30 分钟以内	396	35.8	63.5
	60 分钟以内	143	12.9	76.5
	60 分钟以上	31	2.8	79.3
	不会骑自行车	229	20.7	100.0

由此可见，慢行交通是半小时以内北京居民出行方式的首选。值得注意的是，约两成北京居民不会骑自行车，那么，在能够使用自行车出行的北京居民中，超过八成（80.1%）的受访者出行时间在 30 分钟以内（包括 10 分钟以内和 20 分钟以内）会首选自行车出行。

四 北京居民自行车出行现状

本报告全面对标《北京市"十四五"时期交通发展建设规划》中关于建设步行和自行车友好城市任务的具体指标，对北京居民自行车出行的时间、原因、遇到的问题、自行车道林荫覆盖情况和出行满意度等问题进行了全方位的调研。报告将"您是否会骑自行车"作为过滤问题，筛选会骑自行车的受访者作为研究对象，在1105名受访者中，共有876名受访者选择会骑自行车，因此这一单元的受访者数量为876人。

（一）共享单车是北京居民自行车出行的主要选择

报告通过"过去一周，您骑自行车出行的总时长"、"您经常骑哪种自行车出门"以及"您在骑自行车出门时是否会将车辆停放到指定位置"三个问题来了解北京市居民自行车出行的基本概况。

在出行时间方面，有493名受访者一周自行车出行时间在1小时以内，有效占比为56.3%；一周自行车出行1~2小时的受访者为168名，有效占比为19.2%；一周自行车出行超过2小时的受访者共有215名，占比24.5%。在车辆类型方面，共享单车是北京市居民自行车出行的主要选择，超过六成的受访者选择共享单车作为代步工具，同时还有两成受访者会交替使用共享单车和自购自行车。在车辆的停放秩序方面，绝大多数（接近九成）受访者在停车时会将自行车停入指定位置，仅有极少数受访者可能会将自行车随意停放。具体结果见表4。

由此可见，绝大多数北京居民一周内使用自行车出行的时间在3小时以内，自行车在居民日常使用中的主要职能是代步工具，而不是满足健身、锻炼或娱乐等方面的需要。共享单车已成为居民自行车出行的依赖，超过八成（82.7%）的北京居民在出行时会选择共享单车。绝大多数北京居民会遵守交通秩序，将自行车停放到指定位置。

表4　北京居民自行车出行概况（N＝876）

单位：人，%

题项	选项	频数	百分比	累计百分比
过去一周，您骑自行车出行的总时长	1小时以内	493	56.3	56.3
	1~2小时	168	19.2	75.5
	2~3小时	107	12.2	87.7
	3~5小时	45	5.1	92.8
	5小时以上	63	7.2	100.0
您经常骑哪种自行车出门	自己购买的自行车	152	17.4	17.3
	共享单车	536	61.2	78.6
	以上两种都骑	188	21.5	100.0
您在骑自行车出门时是否会将车辆停放到指定位置	会	757	86.4	86.4
	不会	9	1.0	87.4
	视情况而定	110	12.6	100.0

（二）工作是北京居民使用自行车出行的首要原因

在选择自行车出行的原因上，通过排序题的方式对受访时选择自行车出行的原因进行了调查，并对排序进行赋分，排名第一的出行原因赋分为6分，以此类推，排名第二、第三、第四、第五、第六的出行原因分别赋分为5分、4分、3分、2分、1分，未选中的出行原因赋分为0分。上班/上学是受访者选择自行车出行的最主要原因，将其列在出行原因第一位的共有413名（47.1%）受访者，得分均值达到3.52分；排在第二位的出行原因是休闲，分别有176名（20.1%）、210名（24.0%）、126名（14.4%）受访者将其列为选择自行车出行的前三位原因，得分均值为3.23分。排名第三到第五位选择自行车出行的原因依次为购物（2.86分）、运动（2.55分）和探亲访友（1.70分）。具体结果见表5。

由此可见，工作是北京居民使用自行车出行的首要原因，在以休闲为目的时，北京居民也很有可能会选择自行车作为交通工具。

表5 北京居民选择自行车出行的原因（N＝876）

单位：人，分

出行原因	第一	第二	第三	第四	第五	第六	未选中	均值
上班/上学	413	41	36	50	49	11	276	3.52
休闲	176	210	126	61	18	2	283	3.23
探亲访友	27	88	108	82	99	7	465	1.70
运动	93	181	94	85	67	3	353	2.55
购物	122	161	132	89	85	3	284	2.86
其他	43	24	16	10	13	118	652	0.70

（三）路权矛盾是居民自行车出行遇到的核心问题

北京居民在选择自行车出行时遇到的主要问题是机动车占道抢道（72.1%）、非机动车道窄（64.4%）、非机动车逆行（58.7%）、机动车不礼让非机动车（54.2%）和机动车道与非机动车道混用（52.9%），反映出非机动车与机动车的路权冲突问题。北京居民在自行车出行时也经常会出现被迫绕路的情况，主要原因是过街天桥或路口较远（37.7%）、缺少过街天桥（29.0%）和道路施工（29.2%），过街天桥的合理设置和优化成为居民自行车出行舒畅的期待。具体结果见表6。

此外，林荫、楼荫路段覆盖情况不够理想，也是制约北京居民选择自行车出行的阻碍。调查中，大部分北京居民认为"约一半路段"（35.7%）和"仅少量路段"（34.1%）有林荫、楼荫覆盖。若将"几乎没有"赋值为1分，将"全部路段有"赋值为5分，均值为2.71分，则尚不足一半路段有林荫、楼荫覆盖。具体结果见表7。

更进一步，对北京居民自行车出行中的个人违规行为符合度（1分表示完全不符合，5分表示完全符合）和对他人自行车出行违规行为接受度（1分表示完全不接受，5分表示完全接受）进行调查，居民对骑自行车看手机、闯红灯、逆行等行为符合度和接受度均不高，相比之下，逆行的符合度

表6 北京居民自行车出行的主要问题（N=876）

单位：人，%

题项	选项	频数	百分比
自行车出行遇到的问题	非机动车道窄	564	64.4
	机动车占道抢道	632	72.1
	道路不平整	332	37.9
	机动车不礼让非机动车	475	54.2
	非机动车逆行	514	58.7
	道路连续性差	221	25.2
	机动车道与非机动车道混用	463	52.9
	行人占用非机动车道	367	41.9
	其他	20	2.3
骑车被迫绕路的原因	缺少过街天桥	254	29.0
	过街天桥或路口较远	330	37.7
	机动车或非机动车占道	195	22.3
	建筑物阻挡	183	20.9
	道路施工	256	29.2
	其他	18	2.1
	没有这种情况	263	30.0

表7 北京居民对林荫、楼荫路段覆盖情况的认知（N=876）

单位：人，%

选项	频数	百分比
几乎没有	75	8.6
仅少量路段有	299	34.1
约一半路段有	313	35.7
大部分路段有	179	20.4
全部路段有	10	1.1

（均值2.17分）和接受度（均值2.22分）略高，这也能够间接反映出过街天桥和路口设计对自行车出行的关注程度不高。具体结果见表8。

表8 北京居民自行车出行个人行为与他人行为接受情况对照

单位：分

居民个人出行行为符合情况	均值	居民对他人出行行为接受情况	均值
骑自行车时，我会边骑边看手机	1.47	其他人边骑自行车，边看手机	1.79
骑自行车时，我会为了方便逆行	2.17	其他人骑自行车逆行	2.22
骑自行车时，我会为了方便闯红灯	1.58	其他人骑自行车闯红灯	1.84

由此可见，与非机动车道的路权矛盾、过街天桥的设置不足和林荫楼荫路段覆盖情况不理想，是当下制约北京居民自行车出行的主要问题。

（四）北京居民自行车出行的总体满意度较高

对北京居民自行车出行满意度进行调查（对满意度进行评分，1分表示非常不满意，5分表示非常满意，评分越高，满意度越高），结果显示，总体满意率（非常满意与比较满意两项比重之和）达到61.8%，均值为3.45分，表明北京居民自行车出行满意度较高。从各分项来看，北京居民对非机动车道的卫生环境满意度最高（满意率达到75.0%，均值3.70分），对非机动车交规遵守情况最不满意（满意率仅为43.2%，均值2.95分）。具体结果见表9。

表9 北京居民自行车出行满意度（N=876）

单位：%，分

题项	非常不满意	比较不满意	不清楚	比较满意	非常满意	满意率	均值
非机动车道（自行车道）道路状况	4.9	25.5	12.2	50.2	7.2	57.4	3.29
非机动车道（自行车道）卫生环境	1.9	11.9	11.2	63.9	11.1	75.0	3.70
行人交规遵守情况	6.2	28.2	12.2	46.7	6.7	53.4	3.20
非机动车交规遵守情况	10.5	33.2	13.1	36.9	6.3	43.2	2.95
机动车交规遵守情况	6.1	24.0	14.0	46.9	9.0	55.9	3.29
道路连续性	2.4	17.2	15.2	55.0	10.2	65.2	3.53
总体满意度	2.6	19.1	16.6	54.7	7.1	61.8	3.45

值得一提的是，将受访居民按照"自驾（经常或有时使用私家车）"和"非自驾（偶尔或不使用私家车）"进行分组，两组居民都认为机动车交通规则遵守情况（自驾组均值3.41分，非自驾组均值3.23分）要好于非机动车（自驾组均值2.93分，非自驾组均值2.96分）。有趣的是，自驾组比非自驾组认为机动车交规遵守情况更好（t=-2.252，p=0.025），而非自驾组比自驾组认为非机动车交规遵守情况更好（t=0.338，p=0.735），不过后者不具备统计学意义，这也在一定程度上反映出机动车与非机动车出行主体之间的认知差异和路权矛盾。

五 北京居民"公交+骑行""最后一公里"接驳现状

《北京市"十四五"时期交通发展建设规划》提出要充分发挥慢行交通在"最后一公里"接驳中的重要作用，鼓励发展"骑行+公共交通"通勤方式。因此，本报告通过调查前往公交车站与地铁站的距离、方式以及存在的问题来了解北京市"最后一公里"接驳现状。

（一）大多数居民距离最近的公共交通站点在一公里以内

对距离北京居民居住地最近的公交车站和地铁站进行调研，结果显示，绝大多数（93.4%）北京居民居住地距离最近的公交车站在一公里以内，这其中距离500米以内的占66.2%，距离500~1000米的占27.1%；超过半数（53.8%）北京居民居住地距离最近的地铁站在一公里以内，另有25.1%的居民居住地距离最近的地铁站在1000~2000米。这表明，北京公共交通的便利性、通达性较好，大多数北京居民均在"骑行+公共交通"一公里范围之内。具体结果见表10。

由此可见，通达且便利的公共交通系统，为北京居民"最后一公里"选择自行车、步行等慢行交通方式提供了可能。

（二）自行车是居民"最后一公里"出行的主要交通工具

从公交车站和地铁站两个维度对北京居民"最后一公里"出行方式的

表 10　离家最近的公交车站与地铁站距离（N = 1105）

单位：人，%

题项	选项	频数	百分比	累计百分比
离家最近的公交车站	500 米以内	732	66.2	66.2
	500~1000 米	300	27.1	93.4
	1000~2000 米	60	5.4	98.8
	2000 米以上	13	1.2	100.0
离家最近的地铁站	500 米以内	236	21.4	21.4
	500~1000 米	358	32.4	53.8
	1000~2000 米	277	25.1	78.8
	2000 米以上	234	21.2	100.0

选择情况进行调研，结果显示，除了步行外，自行车是居民"最后一公里"出行最重要的交通工具，居民使用自行车前往公交车站和地铁站的占比分别为 37.1% 和 46.4%，排除不会骑自行车的居民后，这两个比重则分别提高到 45.4% 和 57.1%，而其他交通工具对居民"最后一公里"出行的支持力度不足。具体结果见表 11。

表 11　北京居民"最后一公里"出行方式选择

单位：人，%

题项	选项	频数（N = 1105）	百分比（N = 1105）	频数（N = 876）	百分比（N = 876）
前往公交车站的方式	步行	1069	96.7	842	96.1
	自行车	410	37.1	398	45.4
	电动车	44	4.0	34	3.9
	车站摆渡车	31	2.8	19	2.2
	打车	21	1.9	15	1.7
	其他	7	0.6	6	0.7

题项	选项	频数 （N＝1105）	百分比 （N＝1105）	频数 （N＝876）	百分比 （N＝876）
	步行	960	86.9	754	86.1
	自行车	513	46.4	500	57.1
前往地铁站的方式	电动车	64	5.8	52	5.9
	车站摆渡车	70	6.3	50	5.7
	打车	43	3.9	30	3.4
	其他	67	6.1	52	5.9

由此可见，自行车对北京居民"最后一公里"出行起到支撑性效用，而且这种支撑性效用对选择地铁出行的居民更为明显。

六 北京市自行车专用路运行情况

本次调查的自行车专用路东起昌平区回龙观街道，西至海淀区上地街道，全长 6.5 公里，开通时间为 2019 年 5 月。专用路内设立一个服务区，提供休息、饮水、厕所和打气筒等服务。本报告通过实地观察的方法，以10 分钟为一个统计时段，记录了该时段内自行车通行情况。

在非高峰时段，选择自行车专用路休息区路段进行调查，在 40 分钟时间内，经过休息区路段（包括往返两个方向）的自行车共计 103辆，推及 1 小时，约 155 辆，具体结果见表 12。此外，服务区使用率不高，每小时进入休息区人数大约 24 人，进入休息区的主要目的是如厕、给车辆打气、临时休息等。而且在这个时段中，大多数居民使用自行车专用路的目的并不是日常出行，而是以锻炼身体、户外运动为主，部分居民会使用自行车专用设备骑行，部分居民也会使用共享单车欣赏周边美景。

表 12　非高峰时段自行车专用路运行状况

单位：辆

时间	双向通行车辆数
13:34~13:44	23
13:44~13:54	26
13:54~14:04	22
14:04~14:14	32

在高峰时段，对西二旗北路入口处的自行车出入情况进行调研。调研结果显示，平均每 10 分钟双向通行（驶入、驶出）自行车数量为 124 辆，推及 1 小时，共 741 辆。高峰期，自行车行驶秩序整体良好，但由于此处为自行车专用路的上地街道入口（西端起点），在下班高峰时段会出现大量自行车经过十字路口（有信号灯）同时涌入专用路的情况，会出现瞬时拥挤状况（30 辆自行车同时驶入公交专用路），极易发生突发事故。除此之外，大量自行车存在逆行驶入专用路的情况（逆行驶入自行车辆占驶入专用路自行车辆总数的四成左右），导致自行车专用路出入口秩序混乱，增加了突发事故发生的风险。进一步根据逆行驶入专用路的自行车来源进行追踪，调研西二旗北路西向非机动车道正向行驶和逆向行驶人数（以 10 分钟计），正向人数为 45 人，逆向人数为 110 人，逆向行驶人数明显高于正向行驶人数，给道路行驶安全带来隐患。具体结果见表 13。

表 13　高峰时段自行车专用路运行状况

单位：辆

题项	时间	双向通行车辆数
驶入/驶出情况	17:47~17:57	92
	17:57~18:07	89
	18:10~18:20	127
	18:27~18:37	135
	18:40~18:50	138
	18:50~19:00	160
逆行驶入自行车专用路情况	17:57~18:07	30
	18:10~18:20	51

101

七 对策建议

根据本次调查情况，结合《北京市"十四五"时期交通发展建设规划》，针对北京市自行车出行提出以下对策建议。

首先，要坚持保障慢行交通路权，构建慢行出行网络。规划中提到，到2025年五环以内12米路宽以上的道路全部施划非机动车道分道线，机非混行道路全部增设自行车优先标志。根据本次调查数据，在居民慢行出行时遇到最为普遍的问题就是机动车抢道、占道非机动车道和车道混用问题，因此在未来的发展规划中，除了在硬件设施上保障慢行出行路权，更应该加强对于机动车驾驶员和骑行者的教育宣传以及监督，保障双方都能够各行其道互不干扰。另外，在交通治理实践中，大量社区交通拥堵疏解、解决停车难问题的方式仍旧是将单独的非机动车道变为机非混行（大多数情况不会设置自行车优先标志）或在非机动车道内设置机动车停车位，这与规划的初衷是不符合的，需要引起有关部门的重视。

其次，要逐步改善慢行出行空间，增强慢行出行体验。规划中提到合理布设平面过街道路，最大限度缩小行人过街距离，保证骑行和步行的连续性和安全性，减少自行车绕路、逆行等现象。根据本次调查数据，被迫绕路已经成为北京城市慢行出行中较为普遍的现象，同时被迫绕路导致的违反交通规则的行为数量也在增加。以西二旗北路为例，高峰时段逆行车辆数量已经完全超过正向行驶车辆，经过调查发现主要原因在于西二旗桥与西二旗北路交会处，在西二旗北路以北下班的人如果想要正向向东驶入自行车专用路或者前往龙域西二路必须跨越西二旗北路。过街主要有两条道路：第一条逆向向东行驶一段距离后到达西二旗桥，通过西二旗桥实现过街，这条道路的缺点是人流量较大、缺失给予骑行者的过街调节（坡度较陡）；第二条则是正向向西行驶到上地西路，在上地西路路口实现过街，这条道路的缺点是路线较长，存在绕路的情况。两条过街道路各自存在一定缺点，这就导致西二旗北路西向非机动车道逆行现象十分严重。因此，在未来的交通治理实践中，需要将减少行人和自行车过街距离作为重要内容。此外，规划中提到打造自行车优先示范路口，通过设置自行车专用信号灯、施划自行车分道线等方式提高路口的骑行效率和安全性。自2020年末，北京市开始设置自行车一次性左转信号灯，提高骑行效率，自行车一次性设置的条件为路口道路较宽，至少在50米左右，可留出自行车左转的安全空间；其次是路口红绿灯设置方式为多相位，直行、左转车辆分离，为自行车左转创造条件；最后还要考虑路口车流量的问题。

再次，要注重打造慢行出行文化氛围，保障无障碍化出行。规划中提到通过打造特色文旅骑行路线、组织开展慢行出行特色活动，引导形成慢行出行特色生活方式。如果说保障慢行交通路权和改善慢行出行空间是规定动作，那么，打造慢行出行文化氛围则可以有更多自选动作来实现，例如与相关智能导航类企业建立联系，增添居民自行车出行的趣味性和娱乐性，增强其自行车出行的持续性。此外，规划中提到持续推进城市道路、公共交通的无障碍设施建设，打造覆盖全面、无缝衔接、安全舒适的无障碍出行环境。本次调查数据显示，北京市非机动车和机动车抢道和占道现象较为普遍，严重妨碍了无障碍设施作用的发挥，例如机动车在非机动车道内临时停放、不按规则停放到停车位等，在居民小区、学校、商场周边时有发生。因此，在保证基础设施完善的基础之上，更应该加强对妨碍、破坏无障碍设施的治理。

最后，要联动城市交通各相关部门，明确权责，发挥协同效用。城市交通（不局限于非机动车出行）的治理实践过程中，涉及的归口管理部门较多，如交通委、交管局、规划办、城乡街道社区等，涉及的管理层级复杂，国家相关部门、省市相关部门、城乡街道社区等都会制定交通相关政策、规定或规则，这就对各相关部门之间的权责划分、协同联动提出了更高要求，否则就会出现无人管理、重复管理、多头管理等困境，为居民出行带来诸多不便。因此，在城市交通政策制定过程中，就要考虑其实施过程中涉及的不同归口管理部门的职能和权责划分，并明确不同管理层级在政策实施过程中扮演的角色，切实让"以人为本"的交通政策落到实处。

B.7
北京市老年人社区志愿服务调查

——基于积极老龄化的视角分析*

杨桂宏　梁英蓉**

摘　要： 随着北京市人口老龄化程度不断加深，积极老龄观成为应对人口老龄化的主要价值观。老年人参与志愿服务既是践行积极老龄化发展策略，又在一定程度上响应了社会养老服务创新，进而使老年人口成为一种新的社会人力资源，促进老人自身、家庭以及社会多方社会效益的实现。因此，本研究通过对北京市多个社区老年志愿服务队和社区工作人员的访谈，透视北京市老年人社区志愿服现状及存在问题，并针对老年人社区志愿服务提出倡导积极老龄观、完善社区志愿服务激励机制、加强老年人社区志愿服务培训等切实可行的建议。

关键词： 积极老龄化　老年志愿服务　社区养老

近年来，人口老龄化问题引起世界各国以及社会各界的广泛关注，成为众多学者探讨的一个焦点问题。2022 年北京市老年人口总量持续增加，占总人口比重不断提升，人口老龄化程度进一步加深，且呈现发展速度快、高龄化显著、女性数量多、发展不均衡、抚养负担重的特点。《2022 年北京市

---

* 本文为北京市教委重点项目"积极老龄化视域下北京市社区养老服务体系优化整合研究"（SZ202310005001）的阶段性成果。

** 杨桂宏，北京工业大学文法学部教授，硕士生导师，北京社会管理研究基地研究人员；梁英蓉，北京工业大学北京社会管理研究基地研究人员。

老龄事业发展概况》数据显示：2022 年北京市 60 岁及以上常住人口为 465.1 万人，占比达到 21.3%，相比 2021 年增加 23.5 万人，增幅为 5.3%，为 5 年来最高。从户籍人口看，2022 年为近 10 年北京市户籍老年人增量和增幅最高的一年。2022 年，全市 60 岁及以上户籍人口为 414.0 万人，占总户籍人口的 29.0%，比 2021 年增加 25.7 万人，增幅为 6.6%。65 岁及以上户籍人口为 301.8 万人，占总户籍人口的 21.1%，比 2021 年增加 22.6 万人，增幅达 8.1%。2022 年，全市 80 岁及以上户籍人口达到 69.9 万人，占老年户籍人口的 16.9%，比 2021 年增加 5.6 万人，增长了 8.7%，为近 10 年增量最多。全市百岁老人的数量也创下新高，达到 1629 人，比 2021 年增加 212 人。由于户籍老年人口增幅高于同期户籍总人口增幅，导致社会抚养负担加重。老年抚养系数近 10 年增幅最高。①

北京市应对人口老龄化的发展战略和实践走在全国前列。在积极老龄观的战略指导下，北京市 2022 年发布了《关于加强新时代首都老龄工作的实施意见》，强调要把积极老龄观、健康老龄化理念融入首都经济社会发展全过程。因此，本文基于积极老龄化视角，对北京市老年人在社区的志愿服务情况进行调查，分析老年人参与社区志愿服务的意愿与行动，分析其背后的行动伦理与行动逻辑，进而提出促进老年人积极参与社区志愿服务的建议。

一 积极老龄化与北京市老年人志愿服务政策

"积极老龄化"建立在成功老龄化、健康老龄化、生产性老龄化等理论发展演变的基础上，研究重心由"消极老龄化"转向"积极老龄化"，并逐渐形成了应对 21 世纪人口老龄化问题的新视角。我国传统社会一直比较倡导的理念是"老有所养"，并把"老有所养"看成经济社会文明发展的一个标志，所以人们普遍把老年人看作被关怀和照顾的对象。但是，随着人均预

---

① 《本市常住老年人达 465.1 万人 2022 年增幅为 5 年来最高》，北京市人民政府门户网站，2023 年 6 月 30 日。

期寿命的不断延长和医疗技术水平的不断提高,人们的老龄观也在发生变化。老年人,尤其是年轻健康的老年人,他们有比较强烈的社会参与意愿,也想"老有所为"。因此,老年人就业、老年人志愿服务等老年人社会参与的议题纷纷被提出,健康老龄化和积极老龄化越来越得到社会的认同。

国际上对积极老龄化政策框架的研究主要围绕"健康""参与""保障"三大维度展开。2002年,世界卫生组织首次提出积极老龄化概念,即"通过优化老年人的健康、参与和保障服务的机会,以提升其生活质量"。①我国学界对"积极老龄化"概念的形成、理论基础以及积极的老龄化政策进行了详尽的论述,并将其视为动态、全生命的过程。我国养老服务领域也逐步接受了积极老龄化的理念。

老年人志愿服务是老年人社会参与的重要组成部分,在国家战略与政策层面都有体现。中共中央、国务院颁布的《关于加强新时代老龄工作的意见》指出,引导老年人以志愿服务形式积极参与基层民主监督、移风易俗、民事调解、文教卫生等活动;《国务院关于印发"十四五"国家老龄事业发展和养老服务体系规划的通知》强调,要充分发挥老年人参与文明实践、公益慈善、志愿服务、社会治理等资源优势。志愿服务是现代社会文明进步的重要标志。中国特色志愿服务是党和国家事业的重要组成部分,是社会主义现代化国家建设的重要力量。党的十八大以来,党和国家高度重视志愿服务事业发展,党的十九届五中全会强调要"健全志愿服务体系""广泛开展志愿服务关爱行动""畅通志愿者参与社会治理的渠道"。

2021年,北京市老龄工作取得创新性发展。在北京市委、市政府的领导下,以"大党建"为工作抓手,引导支持老年人社会参与,鼓励引导老年人通过老年人协会等自治组织参与志愿服务。探索建立鼓励机制,促进老年人参与社区治理和社会服务,组建老年志愿督促员队伍,督促老旧小区综合整治、社区适老化改造,以及无障碍环境建设。让老人们积极参与志愿服

---

① World Health Organization, Active Ageing: A Policy Framework, https://apps.who.int/iris/handle/10665/67215, April, 2002.

务，发挥主动性和能动性，在社区老有所为、老有所乐。

北京市老年人广泛参与志愿服务，体现了北京市民服务社会的文明风貌。截至2021年11月底，通过"志愿北京"信息平台实名注册的志愿者人数突破448.9万人，占常住人口的比例为20.51%，其中60岁及以上志愿者人数为84.79万人，占老年人口的比例为19.2%，占注册志愿者的比例为18.89%。一般而言，实名注册的志愿者应当是成年人（即18岁及以上），但实际上，北京规定未满14周岁的未成年人也可以注册。所以，如果减去18岁以下的志愿者人数，老年志愿者所占比例会更高。从北京市老年人口年龄结构来看，北京市老年人志愿服务参与的比例并不算高。目前，北京市户籍人口低龄老年人所占比例较大。因此，低龄老年人参与社区志愿服务还有比较大的动员空间。

二　北京市老年人社区志愿服务特点和参与动机

志愿服务为老年人提供了社会参与的途径。老年人参与社区志愿服务比较便利，因为社区志愿服务的时间灵活、活动场所离家近，志愿服务类型多，老年人倾向于参加自己所在社区的志愿服务。北京市老年人社区志愿服务以参与社区治理和服务、文体娱乐、互助养老等类型为主。北京市老年人社区志愿服务在积极老龄化实践过程中，呈现以下几个明显特点。

第一，社区主导、居民协调是北京市社区志愿服务最为鲜明的特点之一。调研社区老年人参与社区志愿服务大多采取社区主导、居民协调的方式。社区居委会主要负责协调和管理，包括志愿者招募、志愿者排班和解决志愿者在服务中遇到的问题等。其他机构则在服务中起到配合的作用，例如为志愿者提供相关专业化的培训，提升志愿者的服务意识和能力等。在课题组实地调查过程中，老年人谈及自己参与社区志愿服务主要是受社区居委会动员或社区同伴的动员和影响。社区居委会作为自治组织，自我管理、自我服务、自我教育是其主要功能。推动社区内低龄老年人参与社区活动，投身社区公益服务是社区居委会的工作重点。老年人受同伴影响较大，社区原有的社会网络，是推动老年人参与社区志愿服务的重要社会资本。调查多个社区发现，原有社会资本越好的小区，志愿服务的社区动员工作越容易开展。因此，北京社区老年人参与社区志愿服务的规模和质量与社区居委会的动员能力以及社区社会资本密切相关。

第二，志愿服务内容与社区治理密切相关。北京市社区志愿服务主要围绕提升社区基层治理水平和社区服务质量的需求展开。近年来，北京老年人社区志愿服务主要集中在疫情防控、垃圾分类、环境治理、社区助老等领域。老年人社区志愿服务由自娱型志愿服务向自治型志愿服务转变。早期社区老年人志愿服务组织以老年人的兴趣爱好自娱型志愿服务组织为主导，随着基层治理现代化时代命题的提出，各社区加大力度培育和发展自治型志愿服务组织，老年人社区志愿服务的内容也以此为主，如社区垃圾分类、环境治理，发生重大安全事件时的秩序维护等。可见老年人志愿服务除自娱型的文娱活动外，还明显呈现时代特色，反映了基层社会治理现代化的核心时代命题。

第三，志愿服务精神与中国传统文化相结合。为了更好地动员老年人参与社区志愿服务，北京市社区志愿服务活动大多依托中国传统节日，如"重阳节""端午节""中秋节""春节"等展开，吸引老年人积极参与，不断扩大志愿者队伍规模。志愿服务精神与中国社会主义传统的奉献精神非常契合。课题组调查访谈中注意到，老年志愿服务队中的老党员、老干部、老工人比较多，对社会主义传统信念和党的忠诚使他们的思想觉悟较高，参与社区志愿服务是发挥党员先锋模范作用和社会主义奉献精神的延续。在志愿服务过程中充分发挥他们在群众中的威望和政治优势，把党"全心全意为人民服务"的根本宗旨落实到社区志愿服务活动中，充分彰显老党员以身作则的精神。

根据调研，老年人参与志愿活动的动机大致可以分为四类，分别是履行社会责任、建立社会联系、实现自我价值和角色转换。尤其是履行社会责任与建立社会联系在社区志愿者动员中发挥重要作用。老年人参与社区志愿服务的动机还具有鲜明的中国文化特色。如继续践行老党员先锋模范作用、

"为人民服务"的革命精神、老年人发挥余热等文化传统都成为老年人参与社区志愿服务的重要动力。能够长期坚持社区志愿服务的老年人大多是老党员,"响应党和国家的号召""为人民服务""一方有难,八方支援"等思想是强大的力量之源和精神内核。

三 老年人社区志愿服务存在的问题

通过对社区老年志愿服务队的调查,课题组发现,虽然社区志愿者队伍规模不断扩大,但在积极老龄化和志愿服务可持续性等方面还存在以下问题。

第一,社区老年志愿者成员类型比较单一。所调研的社区老年志愿者中老党员多,但是年龄偏大,有的患有慢性病,健康情况堪忧。同时,参与社区志愿服务后续乏人,急需更多的老年志愿者参与。在调查中了解到,一些社区并未形成完善的志愿者招募机制,主要渠道还是通过老年人毛遂自荐或者熟人朋友引荐,以及党组织关系加入。一些社区并没有开展志愿者招募的宣传,导致有参与意愿的普通老年人未能加入。这就导致社区志愿服务参与人员比较固定,且各种类型的志愿者队伍间人员重合。社区志愿者队伍缺乏新鲜血液,一直都是老成员在提供服务。这一方面掩盖了潜在的老年人志愿服务资源;另一方面也会导致志愿服务的可持续性存在问题。有些社区在志愿者招募上也下了大功夫,但是大多数老年人参加志愿服务是间断的,其中还伴随盲目跟风现象。这说明还需要有效和深入人心的社会动员。

第二,社区老年志愿者服务知识与技能较弱。老年志愿者积极加入志愿服务队伍,但缺乏志愿服务技能,对志愿服务的内涵理解不深。目前,参与社区志愿服务的老年人缺少志愿服务的理论学习和专业化实践培训,调研发现,有些老年人虽然愿意参与社区志愿服务,但由于缺乏专业化的理论知识和实践经验而退缩,部分老年志愿者服务资源流失。因此,加强对老年志愿者志愿服务知识的培训,帮助其熟悉志愿服务的技巧很有必要。调研社区的老年志愿者多数是参加小区值守、垃圾分类值守等服务。目前,各社区也在开展传统文化体验活动和技能培训，如书法比赛、理发技能培训等。因此，可在志愿活动过程中加强培训，将志愿服务的理念、技巧，以及志愿者的权责、保障机制等方面的知识传授给老年人，增强其志愿服务的知识和技能。

第三，社区老年志愿者服务激励机制不足。目前，北京市社区志愿服务中激励老年人参与的主要动员机制有两种：一种是物质激励，如老年人参加志愿服务活动后，为其提供一些生活日用品和洗漱用品，如牙膏、洗衣液、浴液、布包、纸巾等；另一种是精神激励，一些社区会在志愿服务活动结束后通过表彰会和总结会，给予优秀志愿者称号、个人标兵等精神上的奖励。这样的激励机制在一定程度上吸引部分老年人参与社区志愿服务活动，但是也要看到，其还只是从经济理性和传统树典型、立榜样等精神激励出发，与当下老年人内在的精神与物质需求不完全匹配。因此，这种激励机制可持续性还存在不足。志愿服务具有无偿性特征，其根本的支撑还是依靠现代志愿精神的培养，如何推动北京市社区老年人的需求与现代志愿精神之间的链接，才是社区志愿服务长效机制确立的根本。因此，如何培训老年人的志愿精神是确立激励机制的首要任务，其形成和发展更要契合老年人的需求，满足他们老有所为之需，激发他们的主观能动性和创造性，这就需要从积极老龄化出发，创新激励机制，促进社区老年人志愿服务精神培养。

第四，社区老年志愿者服务思想意识不清。志愿服务的核心是奉献精神，是不计回报地提供服务，这就需要志愿者认同志愿服务是自愿、无偿向社会或者他人提供的公益服务这一理念。这背后一定需要一种思想意识作为支撑，如行善信仰、党员的为人民服务信念、社区共同体意识、自利利他的社会工作理念等。调研发现，虽然一些老党员受大局意识和服务意识的引领，能够认识到现代志愿服务精神，但大部分老年志愿者参与志愿服务都缺乏志愿服务精神的支撑。一些老年人谈及他们参与志愿服务的动机时表示主要是受社区内部同伴关系网络的带动，并没有明确的动机和思想信念的引领。因此，北京市各社区应结合社区居民自身特点，通过党建引领开展文化思想建设，发挥党建工作在志愿服务中的作用。

总之，在大力推进基层社会治理现代化的新时代背景下，北京市社区大力加强社区志愿者队伍建设，社区老年志愿者队伍在这种背景下也得到了快速发展。但是由于我国社区志愿服务发展时间短，制度建设不规范，长效机制不健全，老年人社区志愿服务还存在上述一系列问题。课题组认为，在推动志愿服务发展的过程中要根据人们参与志愿服务的动机，出台相关鼓励政策，树立志愿服务理念。

四　老年人社区志愿服务存在问题的原因分析

（一）从需求到权利：老年人志愿服务的价值认同

目前，北京市老年人参与志愿服务激励长效机制不强，一个非常重要的原因就是没有从内在挖掘出老年人对志愿服务的价值认同。尽管在社区动员过程中，社区居委会或社区工作者已经从老年人自身的文化认同出发，以中国传统文化为支撑，调动老年人参与志愿服务的动能。但是作为长效机制，志愿服务的内在动力是"奉献、友爱、互助和进步"的价值认同。社区志愿服务从形式上看是老年人社会参与、社会融入、实现自我价值的一个重要方面。但是其长效机制的确立，取决于志愿者参与服务过程中的劳动付出得到社区其他居民的承认、尊重和认同。但在社区治理方面，老年人参与社区治理不论是从动员机制，还是参与动能上看，都存在明显的自上而下、被动参与或寻求经济理性等现状。因此，要真正实现具有主观能动性、创造性的志愿服务实践，还需要全社会确立起积极老龄化的理念，消除老年人歧视，承认老年人在社区志愿服务中的劳动付出，平等友善，让老年人真正体会到志愿服务的自我价值，不仅老有所为，而且实现自我价值，得到社会尊重。社区居委会单一主体的精神奖励和物质奖励并不能完全满足志愿者需求，这也是长效机制不长效的原因。因此，从老年人自我实现的社会需求到积极主动的社会参与权利的转变，是目前北京市老年人社区志愿服务未能建立长效机制的一个主要原因。

（二）重物质轻精神：社区志愿服务组织管理的功利思想

目前，北京市各社区激励老年人积极参与社区志愿服务，大多通过物质奖励的方式，在组织活动的过程中发放一些小礼品，激励老年人积极参加。

物质性的激励机制在活动开展中起到了比较明显的动员作用，但是其弊端也非常明显，一些老年人在访谈中被问及"为什么做志愿者"以及"做志愿者带给他们怎样的身份认同"等问题时，其回答证明老年人参加志愿服务存在明显的动机偏差，导致老年人对于志愿服务及其内在价值的认识模糊。这种认识偏差导致社区志愿服务发展与志愿服务精神之间产生背离，也是社区志愿服务持续性存在问题的主要原因。

（三）社区共同体意识的缺乏是内在动力不足的一个重要原因

在快速城市化的过程中，我国城市社区大规模快速建立起来。社区作为居民生活区域，更多的是地理区域和行政管辖意义上的社区，而不是文化共同体意义上的社区。志愿服务要奉献、友爱、互助和进步。社区共同体意识和社区成员间熟人关系是其形成的一个非常重要的因素。但是，快速城市化导致北京市三环以外的大量城市社区建设时间短，主要由陌生人构成，这些都对社区老年人志愿精神的生成不利。社区共同体意识是社区归属感与认同感的主要来源，但是城市社区建设中的共同体意识缺乏，导致居民的社会归属感不强，缺乏参与社区活动的积极性。老年人退休回归社区生活，但由于是陌生人社区，其归属感和认同感并不强，对公共事务的关心也不够，这是社区志愿服务动员难的一个重要原因。

五 完善老年人社区志愿服务的建议

在基层社会治理现代化和人口老龄化的大背景下，北京市积极践行"积极老龄化"理念，在社会政策和法律法规方面对老年人社区志愿服务给予支持。政策方面，要将老年人志愿服务放到社会发展的高度，将其纳入北京市经济社会发展规划中，在基层社会组织管理、财政支持和社会政策等各方面都要提供力所能及的支持。法律法规方面，也需要完善关于志愿服务的相关法规条例，让老年志愿者参与社区志愿服务时安全权益得到可靠的法律保障。基于此，本报告提出以下几点完善老年人社区志愿服务的建议。

（一）倡导积极老龄观：健康、参与和保障

鉴于北京市老年人社区志愿服务发展不充分，实际参与率和参与连续性不高的事实，建议北京市大力倡导和培育积极老龄观，摒弃消极老龄观，消除年龄歧视，倡导年龄平等价值理念，强调对老年人"尊严"和"价值"的认同与支持，帮助其积极主动参与社会、融入社会、奉献社会。强化社会意识，老年人是经济与社会发展的宝贵财富，要充分发挥他们在新时代的功能作用，积极创造"老有所为"的机会和条件。对于北京市老年人来说，社区志愿服务是老年人社会参与的重要途径。在服务过程中，老年人实现从"服务保障的对象"向"服务他人的角色"转换，这既是老年人参与社会，实现自我价值，做到老有所为的一个呈现，也是保障他们晚年健康，提高生活、生命质量，维护尊严与权利的一个途径。因此，北京市在老年人志愿服务中应做好顶层规划，完善老年人志愿服务体系，为老年人参与志愿服务提供制度保障，规范老年人志愿服务的发展。在社区基层社会治理过程中，充分挖掘老年人的丰富经验与价值潜能，促进基层形成社会多元共治格局，提升社区治理成效。老年人社区志愿服务需要多方共同努力，从老年人观念的改变到志愿服务政策制度的完善，再到各种社区力量的介入、社区社会组织的培育等，多管齐下、多方努力才能更好地促进老年人社区志愿服务的发展。

（二）完善社区志愿服务激励机制

健全有效的社区志愿服务体系是老年人参与社区志愿服务的保障，社区应当不断完善社区志愿服务体系。首先，可以完善志愿服务激励机制，老人

渴望通过志愿服务得到社会的肯定，适度包括物质但不局限于物质的表彰和激励制度，有利于提升老年人的积极性，帮助促进老年志愿者在心理及情感上对社区形成认同感，提升对社区志愿组织的归属感。例如，社区可以帮助老年志愿者记录志愿服务时长，对老年志愿者做出的努力进行量化记录，鼓励、表扬老年志愿者的积极志愿行为，对他们的贡献表示感谢。

此外，社区共同体意识和社区文化建设也是老年人参与社区志愿服务长效机制不容忽视的一个方面。北京市不同类型社区的居民关系模式存在差异，但是在建构熟人社会的过程中，社区内部的关系资源和情感资源对老年人参与社区志愿服务有着积极作用，是老年人社区志愿服务可持续性的一个重要保证。因此，老年人社区志愿服务的激励机制应从更深层次的文化建设做起，激发志愿者的服务意识和奉献精神。在调研中，课题组就发现 A 社区的老年人互助社，有自己的宗旨口号、入社宣誓仪式等。

> 受访者 A（社区书记）："我们那时候还没有什么钱，就弄了一个绿色的横幅，写了几个字，就是什么志愿队，大家要举手宣誓，让其他人看到我们宣誓。后来这些互助社老人跟我说，'我入党的时候宣誓过一次，这是我第二次宣誓。'（这仪式）让他感觉到存在的价值。"

社区志愿服务互助社的所有仪式，是一个意义创造的过程，也是成员归属感的建构过程。他们通过口号、横幅和社区特定的时空建构了与之相关的意义，成员间或其与社区之间的距离很快拉近，形成社区归属感。通过仪式的举行，所有参与者实现了角色的转变，由社区居民转变为互助社成员，开启了新的角色生活，拥有了新的身份。在调研过程中，社区书记强调志愿服务通过这样的仪式，虽然淡化了物质激励机制，但实践证明有利于志愿服务精神的生成。在后续老年志愿者参与志愿服务活动过程中，成员加入仪式的展演，强化记忆结构，形成集体认知和共同意识，有利于形成老年人参与社区志愿服务活动的长效机制。

（三）加强老年人社区志愿服务培训

社区应提供培训服务，培训内容要和志愿服务、老年人特性相结合，让培训具有针对性和专业性。目前，北京市社区老人在志愿服务过程中也都有培训，主要围绕服务内容、服务对象、服务权责等方面展开，但是在志愿服务精神和服务专业性方面明显存在不足。因此，在考虑培训综合能力时，也需要对志愿服务精神进行培育和讲解。课题组在访谈时了解到，有志愿者提出，要让志愿服务持之以恒，需要先在思想方面下功夫，思想引领永远是最重要的。除了传统的中国特色文化资源外，也可以从积极老龄化的视角加强对老年志愿者社会参与和社会融入意识的引导。在对老年人开展志愿服务知识技能培训的同时，要加强从专业化理念角度推进志愿服务培训。为此，可以通过专业社工介入社区志愿者培训，并对相关志愿服务项目进行日常管理，培养"助人自助"的理念和志愿服务的精神，鼓励老年人更加积极地为社会创造价值、参与社会发展、实现自我价值。

总之，随着老龄化进程的加速，积极老龄化越来越被认可。"参与"作为积极老龄化理念的核心要义，是践行积极老龄化的一个重要维度。老年人参与社区志愿服务是构建社区社会网络，增进社区社会资本，凝聚社区共同体意识，实现社区基层治理的有效路径。北京市为老年人参与社区志愿服务做出了一系列探索，发现了实践中存在的问题，也积累了一些经验做法。这为其他地区探索老年人社区志愿服务提供了经验。北京市对老年人参与志愿服务的激励机制和实践探索不仅对于北京地区经济社会发展具有非常重要的现实意义，而且对于推动积极老龄化的重要课题研究，探索具有中国本土特色的积极老龄化理论也有着非常重要的理论意义。

参考文献

孙文中、李顺玉、翟秋娟：《所为与所需：社区老年志愿服务队伍培育机制与创新》，《中国志愿服务研究》2022 年第 1 期。

李磊、丛宏彬：《中国老年志愿服务的理论逻辑、实践样态与发展政策》，《中国志愿服务研究》2022 年第 1 期。

曾坤、秦永超：《老有可为：老年志愿服务参与社区治理的机制探索——基于洛阳市洛龙区的实证研究》，《中国志愿服务研究》2021 年第 3 期。

钱宁：《积极老龄化福利政策视角下的老年志愿服务》，《探索》2015 年第 5 期。

邬沧萍、彭青云：《重新诠释"积极老龄化"的科学内涵》，《中国社会工作》2018 年第 17 期。

任远：《"积极老龄化"视野下社区整合性养老服务体系建设》，《城乡规划》2020 年第 3 期。

俞会新、卢童、吕龙风：《老年志愿服务参与的经验借鉴及启示》，《社会福利》（理论版）2022 年第 10 期。

B.8
北京市职工基本医疗保险门诊共济改革
对居民获得感影响研究

王　敏　方　晨*

摘　要： 自 2022 年 3 月起，北京市启动职工基本医疗保险门诊共济及医保个人账户改革，开始执行新的政策。为把脉北京市职工医保参保人员关于门诊共济和个人账户改革的获得感情况，厘清改革的底层逻辑，本研究立足于北京市基本情况，通过问卷调查收集微观数据，对代际（退休与在职人群）、不同群体（健康差异群体）之间主观满意度和获得感进行分析。结果表明：不同群体对政策参量变化如取消封顶线、家庭共济、个人账户划转金额减少、个人账户资金定向使用等主观评价差异较大，受在职/退休，以及主要经济来源是不是工资/退休金等因素影响显著。通过宏观数据和理论反思，研究认为，个人账户的结构性缺陷倒逼改革进程，通过存量改革推动医保、医疗、医药改革政策的系统集成是此轮医改的底层逻辑。并提出医疗保险涉及群体复杂，应客观看待改革对不同群体获得感的影响；政府需有效承担监管职责，谨防改革方案落地后的“道德风险”；强化配套措施和改革实效，进一步探索参保职工家庭共济落实等政策反思。

关键词： 职工基本医疗保险　门诊共济　医保个人账户　北京

---

* 王敏，管理学博士，北京工业大学文法学部社会学系副教授，北京社会管理研究基地研究员，主要研究方向为社会保障、社会建设与社会治理；方晨，北京工业大学北京社会管理研究基地研究人员。

一　引言

自 2021 年 4 月国务院办公厅发布《关于建立健全职工基本医疗保险门诊共济保障机制的指导意见》（以下简称《指导意见》）以来，多个省市开始实施职工基本医疗保险门诊共济保障改革。这是自 1998 年职工医保制度建立以来"史上最大改革"，涉及全国 3.54 亿参与职工医保的群众利益，影响面广，引发了社会各界的广泛关注。

《指导意见》提出从增强门诊共济保障功能、改进个人账户计入办法、规范个人账户使用范围、加强监督管理及完善与门诊共济保障相适应的付费机制五个方面建立健全职工医保门诊共济保障机制。[①] 各地出台相关配套措施，主要包括以下改革重点：一是将普通门诊诊疗纳入医保统筹范围，改变以往普通门诊不能报销的状况，调整后依据门诊就医层级确定不同的报销比例；二是调整个人账户计发比例，仅将个人缴纳部分即工资基数的 2%划入个人账户，原企业缴纳部分的 1/3 不再划入个人账户，全部记入统筹基金；三是实施个人家庭账户共济，打通家庭成员之间医保个人账户的使用。改革前两项目标是实现"大共济"，强调整体人群之间的共济；第三项强调"小共济"，目标是实现家庭成员内部小范围共济。

在职参保职工和退休职工从不同立场对此次改革表达关切。一是根据调整后的个人账户计发办法，原本企业缴费划入个人账户部分全部纳入统筹基金，表现为个人账户资金的减少，参保人认为自己的待遇降低了。二是对于在职参保职工来说，个人账户定向使用从心理上被认为降低了现金流。以北京为例，改革后医保个人账户资金每月不仅划入比例降低，且不再允许提现使用。"不可提现"，意味着这部分钱不再是流动现金的一部分，即使有家庭共济政策的补充，但资金的变现和自由支配度降低了。三是对于退休职工

---

① 《国务院办公厅关于建立健全职工基本医疗保险门诊共济保障制度的指导意见》（国办发〔2021〕14 号），http：//www.gov.cn/zhengce/content/2021 - 04/22/content_ 5601280. htm，2021 年 4 月 22 日。

而言，个人账户划拨资金减少成为最大不满，这部分资金已被退休人员视为养老金的补充部分（个人账户减少部分大致相当于平均养老金的 2.5% 左右，各地略有差异）。此外，门诊统筹意味着老年人要通过医院就诊实现待遇报销，增加就医不便。同时，直观上看，不仅待遇降低了，门诊就医还意味着要支付数百元的起付线，也影响了"重视增量"的老年退休群体在短期内的获得感。

自 2022 年 9 月 1 日起，北京推进门诊共济保障机制改革，医保个人账户开始实施定向使用。为把脉北京职工医保参保人员门诊共济和个人账户改革的获得感情况，厘清改革的底层逻辑，本研究立足于北京市基本情况，通过问卷调查收集微观数据，对代际（退休与在职人群）、不同群体（健康差异群体）之间主观满意度和获得感进行分析；通过宏观数据和理论反思，探讨门诊共济制度和医保个人账户改革的底层逻辑与现实之间的冲突，厘清社会舆论对政策的误读，并就深化改革、加强群体对政策改革的理解提出相应反思。

本次研究依托问卷调查法收集相关数据，问卷主要分为两部分：第一部分主要是被访者的基本信息，包括年龄、就业状况、健康程度等；第二部分主要对政策改革获得感等相关内容进行调查。通过滚雪球的方式获得了 199 份问卷，筛掉 29 份无效问卷，最终获得有效问卷 170 份。其中，在职人群样本 107 人，退休人群样本 63 人；在职患有慢病样本 11 人，在职患有重大疾病样本 0 人；退休患有慢病样本 20 人，退休患有重大疾病样本 27 人。

二　北京市职工基本医疗保险门诊共济及个人账户改革

（一）职工基本医疗保险门诊共济及个人账户改革的渊源

1993 年，党的十四届三中全会明确提出"城镇职工医疗保险金由单位和个人共同负担，实行社会统筹和个人账户相结合"的制度设计，随后我国借鉴新加坡强制储蓄医疗保障模式，开始试点"统账结合"的职工医疗保险制度。[①] 1998 年国务院颁布《关于建立城镇职工基本医疗保险制度的决定》，正式确立了我国城镇职工医疗保险制度，[②] 开始在全国范围内实行"统账结合"的保险模式，即"社会统筹+个人账户"。其中，社会统筹主要用于社会共济，支付参保人费用高的住院费用或大病费用，个人账户只能用于个人支付费用低、风险小的门诊费用或者小病费用，超出部分再由个人负担。[③]

此次门诊共济和医保个人账户改革，被认为是自 1998 年职工医保制度建立以来"史上最大改革"。其实早在 2010 年，新修订的《社会保险法》未提及医保个人账户，就被业内人士视为对医保个人账户"破冰"的信号。[④] 2018 年国家医疗保障局正式成立，"门诊统筹基金"被正式纳入政策研究项目；2020 年 3 月，《中共中央 国务院关于深化医疗保障制度改革的意见》提出，"逐步将门诊医疗费用纳入基本医疗保险统筹基金支付范围，改革职工基本医疗保险个人账户，建立健全门诊共济保障机制"，[⑤] 部分地区开始试点，将原有固定比例改为固定金额，并推出门诊大病报销制度。2021 年 4 月，国务院办公厅发布了《关于建立健全职工基本医疗保险门诊共济保障机制的指导意见》，明确了利用个人账户的调整建立门诊统筹制度的改革方向，北京、上海、广州等地陆续实施配套政策。

（二）职工基本医疗保险门诊共济及个人账户改革要点

2022 年 3 月，北京市人民政府办公厅印发《健全北京市职工基本医疗

---

① 夏艳清：《城镇职工医保个人账户应保留还是取消——基于部分地区医保个人账户抽样调查数据的分析》，《宏观经济研究》2014 年第 4 期。

② 《职工医保迎来重大变化——个人账户共济使用惠及家庭成员》，《工会博览》2021 年第 15 期。

③ 李娟、王宗凡：《职工医保门诊共济保障机制改革的现状分析和对策建议》，《兰州学刊》2023 年第 1 期。

④ 2010 年 10 月，新修订的《社会保险法》中虽然提到，基本养老保险实行社会统筹与个人账户相结合（第十一条）。但在随后关于基本医疗保险（第二十三条至第三十六条）的论述中，只规定了基本医疗保险、新农合制度、工伤保险等项目，没有提到医保个人账户。

⑤ 《中共中央 国务院关于深化医疗保障制度改革的意见》，http：//www.gov.cn/zhengce/2020-03/05/content_5487407.htm，2020 年 3 月 5 日。

保险门诊共济保障机制实施办法》①，2022 年 8 月 19 日，北京市医保局发布《关于调整本市城镇职工基本医疗保险有关政策的通知》②，拉开了北京市职工基本医疗保险门诊共济及个人账户改革的序幕。改革要点具体包括以下几方面。

1. 改革个人账户计发办法，实现门诊"大共济"

改革后，在职职工个人缴费 2% 仍然进入个人账户不变，但原来单位缴费中划入个人账户的部分纳入统筹基金，建立门诊统筹基金；退休人员个人账户继续由统筹基金定额划入，具体划入标准为：不满 70 周岁的按 100 元/月标准划入、70 周岁（含）以上的按 110 元/月标准划入，个人账户部分大约下降相当于平均养老金的 2.5% 左右，下降的部分进入门诊统筹基金。

2. 拓宽个人账户使用范围，实现家庭"小共济"

在家庭成员范围内拓宽个人账户资金用途，增加个人账户可以用于支付参保人员本人及其配偶、父母、子女在定点医疗机构就医发生的由个人负担的医疗费用，以及在定点零售药店购买药品、医疗器械、医用耗材发生的由个人负担的费用，购买补充医疗保险的费用。

3. 个人账户定向使用，参保人员不可自由支取

2022 年 9 月 1 日起，北京市医保个人账户资金实行记账管理，参保人员不可自由支取，实现定向使用，主要用于支付参保职工本人在定点医疗机构或定点零售药店发生的医药费用。9 月 1 日前已划入医保专用存折中的个人账户资金，仍可随时取现自由支配。然而，由于当时参保人员对政策理解不够，北京当地甚至出现了市民在银行排长队提现医保个人账户剩余资金的情况。

---

① 《北京市人民政府办公厅关于印发〈健全北京市职工基本医疗保险门诊共济保障机制实施办法〉的通知》（京政办发〔2022〕8 号），https：//www. beijing. gov. cn/zhengce/zhengcefagui/202203/t20220311_ 2628830. html，2022 年 3 月 11 日。

② 《北京市医疗保障局关于调整本市城镇职工基本医疗保险有关政策的通知》（京医保发〔2022〕28 号），http：//ybj. beijing. gov. cn/zwgk/2020 _ zcwj/202208/t20220819 _ 2795691. html，2022 年 8 月 19 日。

4.门诊统筹待遇水平变化

当年门诊统筹支付不再设最高报销限额 2 万元，自 2023 年 1 月 1 日起，不再设置职工医保门诊最高支付限额，2 万元以下报销比例不变；2 万元以上在职职工报销 60%，退休人员报销 80%（含退休人员统一补充医疗保险），上不封顶。

为进一步减轻职工大病患者的医疗费用负担，职工大病保障起付标准由 39525 元降至 30404 元。参保人员在享受城镇职工基本医疗保险待遇后，一个年度内门诊和住院累计的个人自付医疗费用，超过起付标准以上的部分，由城镇职工大病医疗保障"二次报销"。起付标准以上 5 万元以内部分（即 30404～80404 元）报销 60%，5 万元（即 80404 元）以上部分报销 70%，上不封顶。

三 改革后职工的获得感状况

基于问卷调查数据分析，本研究有以下基本发现。

（一）人群总体满意度

从图 1 可以看出，有 3.53% 和 7.65% 的被调查者很不满意与比较不满意此次医保政策改革，合计为 11.18%；而特别满意和比较满意政策改革的被调查者占比分别为 0.59% 和 27.06%，合计为 27.65%；在此之间，谈不上不满意但也谈不上满意的被调查者共占 61.18%，这部分人群占比较高的原因可能是新政策开始实行不足一年，这期间可能大多数人并没有频繁去门诊就医或者购药，因此对于政策变化前后的主观感受较为模糊。

从改革的受益程度看，有 43.53% 的参保职工认为自己在本次改革中并没有受益，47.06% 的参保职工受益感很低，只有 7.65% 和 1.76% 的参保职工认为自己在此次改革中的受益较大和受益很大（见图 2）。值得注意的是，患有重大疾病的退休职工对政策改革的满意度，主要集中于"一般"和"比较不满意"两个选项，只有两个样本选择"比较满意"，且这两个样本的收入水平较低。同时，在患有重大疾病的退休职工群体中，收入水平较低

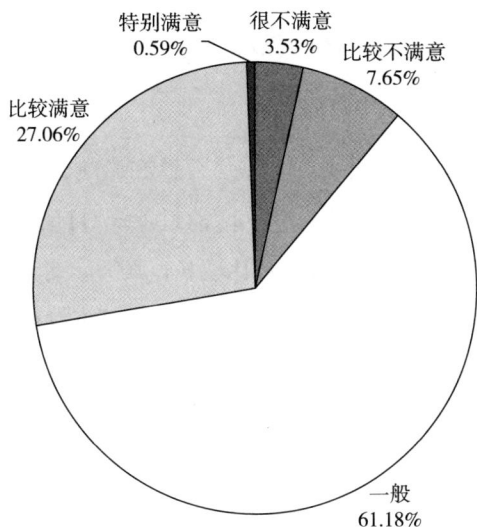

图1 参保职工对政策改革的满意程度

的这部分群体认为个人账户的划入金额降低对他们产生了较大的影响,而收入水平较高的群体则认为个人账户划入金额减少对他们影响不大。

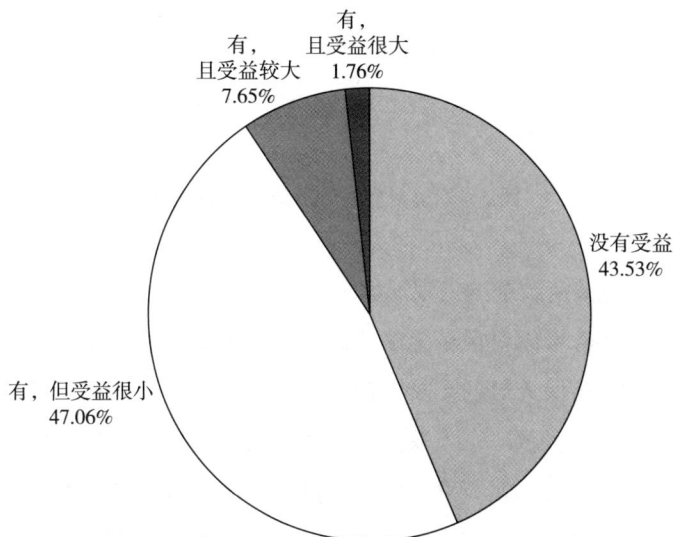

图2 参保职工对受益程度的主观感受

（二）政策具体参量变化的主观评价

1. 取消封顶线对不同人群的影响

数据分析发现，取消封顶线对个体是否存在影响，与个体门诊支出有关。如图 3 所示，有 71.18% 的职工个体认为取消封顶线对自身没什么影响。主要原因在于被调查者中，健康的在职职工占比比较高，其门诊支出很少超过 2 万元，甚至达不到起付线，因此封顶线取消与否，对于他们基本没有产生太大影响。

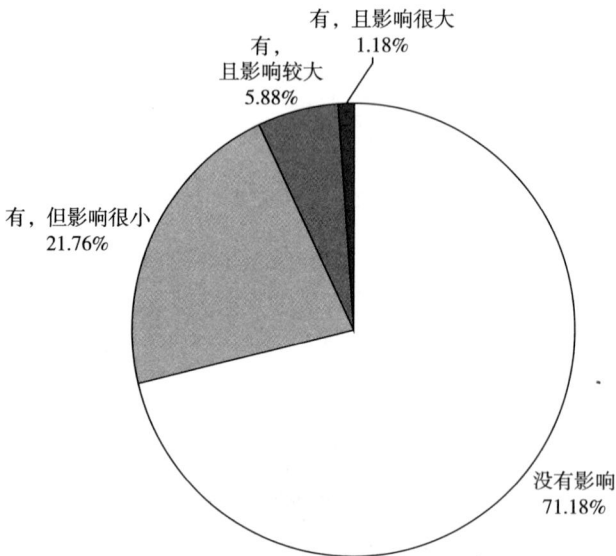

有，且影响很大
1.18%

有，
且影响较大
5.88%

有，但影响很小
21.76%

没有影响
71.18%

图 3　取消封顶线对不同人群的影响

2. 门诊家庭共济改革的主观评价

门诊家庭共济可以盘活个人账户的资金，但受制度限制，对参与共济的家庭成员是本地参保人员的要求，使得家庭共济的壁垒较高，减弱了政策的实际效果。如图 4 所示，个人账户并未备案共济的职工占比高达 84.71%。

就家庭共济备案的在职群体而言，其对于政策改革的满意度，主要还是集中于一般和不满意，只有个别人选择"比较满意"，尤其是年轻群体的获得感（以满意程度来测量），并未因为家庭共济而增强。

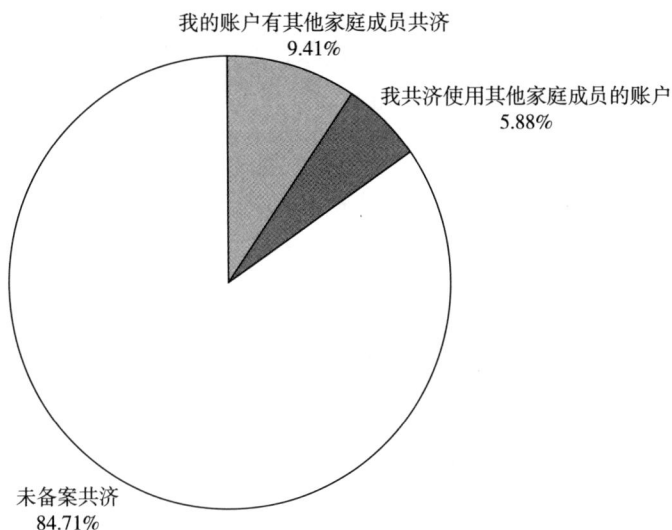

图4 个人账户备案共济情况

3. 个人账户划转金额减少对不同群体的影响

选择两个自变量"在职与否"和"主要经济来源是不是工资/退休金",对因变量"个人账户每月划入金额减少对个人的影响"进行交叉分析。如表1所示,整体来看,无论是在职还是退休职工,只要其每月经济来源是工资/退休金,该职工对个人账户金额变化就会非常敏感,而不以工资/退休金为主要经济来源的职工,如退休后在劳动力市场有补充性收入来源的人员,认为个人账户积累额减少的影响较小。

表1 个人账户每月划入金额减少对个人的影响

单位:人,%

类别	很大,感觉很吃亏		比较大		一般		不太影响		无所谓		小计
	频数	占比	频数	占比	频数	占比	频数	占比	频数	占比	
在职/是	10	9.43	15	14.15	43	40.57	23	21.70	15	14.15	106
在职/否	0	0.00	0	0.00	0	0.00	1	100.00	0	0.00	1
退休/是	1	1.64	3	4.92	36	59.02	15	24.59	6	9.84	61
退休/否	0	0.00	0	0.00	1	50.00	1	50.00	0	0.00	2

　　再将目标群体细化为在职以工资为主要收入来源、在职不以工资为主要收入来源、退休以退休金为主要收入来源、退休不以退休金为主要收入来源四类人群。可以发现，在职以工资为主要收入来源（共计106人）的这部分群体，对个人账户资金划入减少最为敏感，因为他们很少能达到门诊统筹的起付线，对门诊统筹的直观受益感觉不充分，而减少其个人账户划入金额后，极易产生负向感受，有25位在职以工资为主要收入来源的职工认为个人账户划入金额变少让他们感觉对个人有影响；其次，退休以退休金为主要收入来源（共计61人）的这部分群体中，也有4位职工认为个人账户划入金额减少对个人有影响。

4. 对个人账户资金定向使用的满意度

　　选择两个自变量"在职与否"和"主要经济来源是不是工资/退休金"，对因变量"个人账户资金定向使用您的满意度如何"进行交叉分析。如表2所示，在职以工资为主要收入来源的群体，对个人账户资金定向使用的负面评价更多，因为这部分群体用于医疗的消费更少，而针对个人账户资金定向使用（医疗），相比于之前的自由提取，相当于减少了现金流，本来可以作为补充性收入的一部分资金被限制使用了，因此更加注重消费的部分年轻人会对此不满。

表2　个人账户资金定向使用的满意程度

单位：人，%

类别	很不满意		比较不满意		一般		比较满意		特别满意		小计
	频数	占比	频数	占比	频数	占比	频数	占比	频数	占比	
在职/是	9	8.49	14	13.21	62	58.49	20	18.87	1	0.94	106
在职/否	0	0.00	0	0.00	1	100.00	0	0.00	0	0.00	1
退休/是	0	0.00	5	8.20	38	62.30	18	29.51	0	0.00	61
退休/否	0	0.00	0	0.00	1	50.00	1	50.00	0	0.00	2

　　而以退休金为主要收入来源的退休群体，其负面评价相对较少，因为这部分群体一般在医疗方面有固定支出，所以无论是否限制个人账户的用途，

他们都要将一部分资金用于医疗支出，因此，这部分群体对于定向使用的满意程度高于以工资为主要收入来源的在职群体。

此外，问卷通过开放课题收集职工个体对政策改革和受益程度的总体评价，并对原因进行总结。不同群体对于此次改革较为普遍的共识是，政策的普及程度并不高，部分健康人群由于就医频次较低，没有直观感受，门诊统筹的获得感不够明显。在此基础上个人账户划入比例降低且定向使用，极易降低幸福感和获得感，但从理性角度考虑，他们认为从长远来看家庭共济和个人账户专款专用是有益的，从某种意义上来说也将提高看病效率。

对于部分患有慢性病和重大疾病的退休群体，由于乙类药和自费药使用需求较高，靶向药等纳入医保的范围有限且价格较高，导致就医购药的自费部分增多，从而影响个体的获得感。

四 职工基本医疗保险门诊共济及个人账户 改革底层逻辑

明知改革有阻力，中国为何要建立门诊共济制度？为何要改革医保个人账户？改革的底层逻辑是什么？

（一）个人账户的结构性缺陷倒逼改革进程

医保个人账户在由公费、劳保医疗向社会医疗保险过渡的制度转型过程中，曾经发挥了重要作用。但是，由于个人账户使用范围受限、记账利率低以及参保人感知的产权不明晰，个人账户并未有效发挥其支付性、约束性和积累性功能，呈现制度结余多、个人结余少，以及结余分布不均的特点。个人账户结余集中在健康人群和高收入人群，退休人员门诊个人负担较重，个人账户无法实现有效积累，风险分散能力弱。

根据 2019 年中国家庭金融调查数据，个人账户在个体间存在分布不均的状况。总体来看，2019 年全国职工医保个人账户余额平均数约为 1292 元，有 62.86% 的人群个人账户余额在 1000 元以下。虽然个人账户的制度结余资金较大，但现实是大部分参保职工个人账户余额达不到平均水平。

从年龄角度看（见表3），个人账户结余在41～50岁最高，约为2014元，此后逐渐减少。随着年龄增大，个人账户余额减少，并且60岁以上老年群体的个人账户结余普遍低于全国水平，这恰好与老年人医疗费用高昂的现实情况相反。这导致"年轻人结余多，老年人结余少"的情况。

表3　2019年各年龄段的个人账户余额分布（抽样数据）

单位：元，人

年龄	家庭成员医疗保险账户余额		
	均值	方差	频数
30 岁及以下	650. 93697	10660. 786	10218
31~40 岁	1824. 474	7650. 9705	4977
41~50 岁	2013. 8825	11580. 96	6597
51~60 岁	1587. 6768	8622. 7199	7451
61~70 岁	1112. 7954	4383. 7777	8064
71~80 岁	994. 57023	8214. 6916	3830
80 岁以上	929. 34938	2802. 6555	1371
总计	1291. 6149	8845. 1502	42508

数据来源：由2019年中国家庭金融调查数据整理得出。

从身体健康状况角度来看（见表4），随着身体健康状况逐渐下降，个人账户的结余依次降低，最低仅389元，远低于全国平均水平，形成了一种"有病的人不够花，没病的人花不完"的现象。

表4　2019年不同身体状况的个人账户余额分布（抽样数据）

单位：元，人

家庭成员身体状况	家庭成员医疗保险账户余额		
	均值	方差	频数
非常好	1877. 4908	12004. 113	6112
好	1526. 1971	11002. 266	14605
一般	1192. 5519	6371. 3533	15011
不好	502. 5426	3067. 7232	5282
非常不好	389. 05808	2664. 9951	1498
总计	1291. 6149	8845. 1502	42508

数据来源：由2019年中国家庭金融调查数据整理得出。

综上所述，个人账户制度结余资金体量大，导致基金使用效率不高，而不同群体之间的分布不均衡，也导致体弱多病者，尤其是老年人门诊、购药等医疗服务受到抑制。因此，个人账户结构性缺陷倒逼改革进程，盘活个人账户资金，逐渐改变这种"制度总体结余多，个人结余少"的现状，是改革的动因之一。

（二）通过存量改革推动医保、医疗、医药改革政策的系统集成

总体上，社会保障改革可以分为"存量改革"和"增量改革"两类，此轮改革可以理解为存量改革，即不额外增加政府财政投入和个人缴费情况下，仅对现有个人账户存量进行再分配的一种改革方案。关于"增量"还是"存量"，官方早前已释放信号。2020年9月，国家卫健委副主任、国务院医改领导小组秘书处副主任王贺胜指出，医改已从增量改革为主转向更多的存量调整，要在进一步扩大优质资源供给的基础上，加强医保、医疗、医药改革政策的有效衔接、系统集成。[①]

改革之前，个人账户的入账金额确实要比改革后多，但大部分门诊费用是由个人账户承担的。医保制度长期以来优先保障住院、兼顾门诊保障，客观上产生了整体医疗费用上涨的效应。住院与门诊保障水平差异过大，部分参保门诊患者主动或者被迫转向住院治疗，导致"门诊挤住院"等不合理的医疗开支。值得肯定的是，北京在此轮改革前，较早实施门诊统筹，所以对于这个人口聚集的超大城市来说，虽然老龄化程度比其他地区要高，但是住院率却要低于其他城市。这就是因为将门诊费用纳入统筹基金的支付范围之后，门诊负担降低了，患者不怕门诊费用产生过大的经济压力，那么这部分非必要的住院需求大大降低，患者又会回到门诊看病、购药。而此次医保改革，原企业缴纳部分的1/3不再划入个人账户，全部记入统筹基金，实际上就是用个人账户减少的资金建立范围更大的普通门诊统筹基金，使得参保职工去门诊看病、购药，甚至去其他定点药店购药等产生的费用都可以报销。可以说，这一存量调整方案的另一重要改革动因在于发挥医疗保险方案

---

① 2020年度全国深化医改经验推广暨中国卫生发展高峰会议开幕论坛。

对整个医疗服务利用效率的正向影响。

从政策宏观福利增进看，存量改革在不额外增加财政负担和个人缴费负担的情况下，一方面提高个人账户资金使用效率，另一方面通过门诊统筹实现对住院的替代效应，有利于人群从源头上管理疾病风险，避免"小病大治"，实现住院床位真正用于解决大病重病的需求。从保大病、保住院，到大病小病共保、重病慢病共保、住院门诊共保，也体现了医保对居民健康需求变化、疾病负担能力的关照，是权衡医保公平和效率前提下实现帕累托改进的政策实践。

对于为什么采取"存量"而非"增量"改革，"北京市职工医疗保险基金出现赤字""个人账户的钱被转入统筹账户以弥补统筹账户赤字"等观点广泛进入舆论和民众讨论的视野。从北京市职工医疗保险基金运营情况看，北京市医疗保障局官网公布了2019年以来职工医疗保险收支情况，如表5所示，每年不仅有结余，而且结余金额基本呈现上升趋势，反映出北京市职工医保基金运营状况良好。同时，根据北京市人社局官方网站公布的相关数据资料，2019~2021年，无论是统筹账户还是个人账户都有一定结余。因此，此轮改革的底层逻辑并非在于"把个人账户金额转入统筹账户来弥补统筹账户赤字"。

表5　2019~2022年北京市职工医疗保险基金运营概况

单位：亿元

基金	2019年	2020年	2021年	2022年
年度收入	1483.56	1380.47	1672.45	1758.62
年度支出	1226.14	1166.99	1358.79	1164.39
年度结余	257.42	213.48	313.66	594.23

资料来源：北京市医保局统计信息。

五　北京市职工基本医疗保险门诊共济改革的反思

（一）医疗保险涉及群体复杂，客观看待改革对不同群体获得感的影响

此轮职工基本医疗保险门诊共济及个人账户改革，引发不同群体的获得

感差异，主要在于个体对"权益置换"的理解存在差异。"权益置换"，在北京此轮改革中表现为把医保个人账户里的钱拿出一部分，充实统筹账户，换取门诊统筹、取消封顶线、大病保障待遇水平的提高。医疗保险涉及群体复杂，不同群体对待此轮改革"权益置换"的倾向是不同的，"选择一种确定性还是一种不确定性"，"选择一个短期利益还是长期利益"，"选择账户资金支配权还是门诊就医保障权"，其利益存在差异。

为了直观呈现改革后不同群体门诊费用负担和待遇变化，以下将重点讨论健康的参保在职职工（年门诊就医支出不超过起付线的在职人群）、门诊就医频次较高的参保在职职工、健康退休职工（年门诊就医支出不超过起付线的退休人群）、门诊就医频次较高的退休人员等四类人群。

政策调整前，在职职工与退休职工各有不同的起付线与报销比例：在职职工起付线为1800元，退休职工起付线为1300元，在职职工年门诊费用在2万元以下的部分最少可以报销70%，退休职工2万元以下的部分报销比例为85%以上，但是设有封顶线，即超过2万元的部分需要自付。政策调整后，在原有起付线和报销比例的基础上，对2万元以上的门诊就医支出进行二次报销，在职职工二次报销比例为60%，退休职工为80%，并且上不封顶。

接下来对四类人群做假设讨论：假设A是一名健康的在职职工，其年门诊就医支出并未超过起付线，将其年门诊费用设为1000元；假设B是一名门诊就医频次较高的在职职工，将其年门诊费用设为30000元；假设C是一名健康的退休职工，其年门诊就医支出也并未超过起付线，将其年门诊费用设为1200元；假设D是一名门诊就医频次较高的退休职工，将其年门诊费用同样设为30000元。

对于在职职工A来说，其门诊费用并未超过起付线，因此无论改革前后，他的门诊费用都需自付。对于在职职工B来说，在政策调整前，他只能报销2万元以下的部分（2万元的70%），所以他只能报销14000元，需要自付16000元；政策调整后，2万元以上的部分可以享受二次报销（在职职工报销 60%)，因此职工 B 一共可以报销 20000 元，只需自付 10000 元。对于退休职工 C 来说，其门诊费用也并未超过起付线，因此无法报销，需自付 1200 元。对于退休职工 D 来说，在政策调整前，他只能报销 2 万元的 85%，也就是 17000 元，其余 13000 元需要自付；但是政策调整后，超出 2 万元以上的部分还可以报销 80%，也就是 8000 元，最终报销了 25000 元，D 只需要自付 5000 元即可。

通过上述假设讨论可以发现，对于门诊就诊频率较高、就诊支出较大的参保职工来说，此次政策调整的确减少了就诊支出，提高了门诊待遇水平。但对于健康的在职职工和低龄相对健康的退休职工来说，门诊就诊频率和就诊支出甚至达不到起付线，而年门诊费用在 2 万元以上的人更是少之又少。所以对于这部分参保职工来说，通常会对"确定的个人账户之损失"与"不确定的门诊报销之权益"做出权衡。这也是导致不同群体在确定性或不确定性、短期利益或长期利益、账户资金支配权或门诊就医保障权选择上的差异，进而导致个体在此次制度改革中的获得感存在差异。

职工基本医疗保险涉及群体复杂，需要客观看待利益存量改革对不同群体获得感的影响差异。从微观个体福利增进看，部分参保群众在短期可能更多将目光聚焦在个人账户资金减少、账户资金支配权等方面。在充分认识到群体获得感差异的前提下，应切实加强对基层民意的调研，做好政策宣传和解读工作，使群众真正理解改革的底层逻辑。即强调个体从长期出发，放眼个人生命周期中的老年阶段，认识到提高门诊就医保障水平是福利增进的重要内容。此外，伴随慢病低龄化、手术门诊化等疾病谱的变化和医疗发展，优化门诊待遇保障也是人群和制度的内生诉求。

（二）政府有效承担监管职责，谨防改革方案落地后的"道德风险"

随着各地改革方案落地，部分参保职工发现就医取药的便捷性不足，一些固定药或常用药为了报销还要专门去医院挂号，既费时费力，还要额外支出，得不偿失。为此，国家医保局办公室于 2023 年 2 月 15 日发布《关于进一步做好定点零售药店纳入门诊统筹管理的通知》[1]，进一步提高就医购药的便利性、可及性。将定点零售药店的购药支出纳入门诊统筹管理，是改革方案落地的重要配套措施，在此后的基层执行中，要加强监管，综合研判查找影响资金使用的风险点，防范门诊统筹资金的效率漏损。

长期以来，医保基金违规使用屡见不鲜，受监管制度体系不健全、激励约束机制不完善等因素影响，本是"救命钱"的医疗保险基金，在一些地方却成为少数别有用心之人的可取之财。大到部分医疗机构利用各种方式有预谋、有分工、有组织地通过虚假就医、购药、住院等方式骗取大额医保基金，小到部分定点药店内会摆放化妆品、保健品、米面粮油等一些非医疗用品，参保人可以使用医保基金购买这些物品，又或者一些参保人员利用社保卡开药，进而转手倒卖套取医保基金，[2] 造成医保基金的漏出。2023年以来，国家医保局和部分地区医保局曝光了多起违规违法使用医保基金的案例，其中仍然存在定点医疗机构重复收费、超医保限定支付范围结算、串换诊疗项目；部分药店、医务工作者、参保人员和职业药贩勾结，瞄准医保和市场价格差异，通过虚开大量药物而后转销市场牟利；定点零售药店将医保目录外药品及保健品串换成医保目录内药品进行结算、开具虚假购药单据为参保人员刷卡返现、非医保定点零售药店进行医保费用结算等一系列违法违规行为。[3]

医保基金是老百姓的"看病钱""救命钱"，理应用于患者合理有效的就医需求。然而上述种种行为造成医保基金的损失，损害了广大参保群众的切身利益，削弱了百姓的获得感，应该得到足够重视。《指导意见》提出设置3年左右的过渡期，逐步实现改革目标，在改革落地过程中，政府应有效承担监管职责，完善监管体系，以更加系统完善的监管机制和配套措施提高医保基金使用效率。

---

[1] 《国家医疗保障局办公室关于进一步做好定点零售药店纳入门诊统筹管理的通知》（医保办发〔2023〕4号），http://www.nhsa.gov.cn/art/2023/2/15/art_104_10166.html，2023年2月15日。

[2] 伏特：《人民来论：斩断骗取百姓"救命钱"的贪婪之手》，人民网，2023年4月24日。

[3] 梦瑶：《国家医保局：严厉打击定点零售药店欺诈骗保，更好保障参保人权益》，中国医疗保险公众号，2023年5月5日。

（三）强化配套措施改革实效，进一步探索参保职工家庭共济实践

改革前，北京市不同于其他地区的一点在于，参保职工个人账户资金可以自由支取，然而在政策调整之后，个人账户的使用范围也被限定。但同时，个人账户资金可以由家庭成员共济使用，这就有效解决了个人账户沉淀大量资金的风险，因为参照其他地区的情况，门诊就医、购药需求低的群体，其个人账户会沉淀大量资金。然而，家庭共济政策作为配套措施，在实施中受制度因素影响，部分参保职工并未实际参与到家庭共济中。虽然参保职工的个人账户资金可以由其配偶、父母和子女共济使用，但前提在于，参保人员配偶、父母和子女必须是本市职工基本医疗保险参保人员。北京市作为一个人口聚集的超大城市，外来人口占比较高，其中多数人独自在北京工作生活，他们的配偶、父母和子女并非本市基本医疗保险的参保人群，家庭共济对于这部分群体来说，虽有制度安排，却有较大的现实阻滞。

同时还应该清楚认识到，即使政策宣传、解读做得很好，也不能保证所有参保人都能对政策调整有一个全面清晰的认识，而家庭共济的成效恰好受到参保人对政策认识度的影响。如果存在信息不对称，那他们就会成为"圈外人"，即使满足条件要求，也无法参与家庭共济。对于这部分人来说，家庭共济仍是形同虚设。

六　结语

"十四五"规划提出了社会发展的主要目标，要让民生福祉达到新水平。民生福祉是人们美满幸福的生活状态，前提是要有一个健康的体魄。所以，保障我国国民的身体健康，从根本上解决"有病不够花，没病花不了"的问题，提高国民的获得感，特别是门诊医疗方面的获得感尤为重要。北京市早在2001年就开始实行门诊统筹，此轮职工基本医疗保险门诊共济及个人账户改革，对深入贯彻习近平总书记重要讲话精神、把保障人民健康放在

优先发展的战略位置，持续推进北京卫生健康事业高质量发展具有重要的现实意义。

同时应该认识到，任何一项制度改革和优化都不是一蹴而就的，群众的获得感也需要在就医实践中验证，在时间中积累。在高质量发展进程中的医疗保障制度改革，需要厘清群众对政策的误读，增进群体对改革的理解，寻求民众的共识。

B.9
北京市残联助残社会组织扶持培育研究

汤明瑛　程耀武　吴婷　李君*

摘　要： 助残社会组织是扩大公共服务供给、服务残疾人的重要社会力量，是完善关爱残疾人服务体系的主要载体。本文系统总结了北京市残联深入贯彻落实中央和市委、市政府关于加强社会组织建设和管理的工作部署，在政治引领、政策扶持、项目支持、人才培养、品牌创建等方面开展的助残社会组织扶持培育工作。针对目前助残社会组织管理中存在的服务能力有待提升、组织发展面临困境、扶持引导和监管手段不足等问题，从加强党建引领、培育扶持和自身建设等角度，提出了促进全市助残社会组织健康有序发展的对策建议。

关键词： 残疾人　助残社会组织　扶持培育　北京

为贯彻落实习近平总书记"要加强社会治理体系建设，发挥社会组织作用，实现政府治理和社会调节的良性互动"，"要改革社会组织管理制度，鼓励和支持社会力量参与社会治理、公共服务，激发社会活力"的指示精神，结合《北京市"十四五"时期残疾人事业发展规划》关于加快培育助残社会组织的目标任务，近年来北京市残联深入贯彻中央和市委、市政府关

---

* 汤明瑛，北京市残疾人社会服务中心服务资源科科长，主要研究方向为社会公益服务；程耀武，北京市残疾人社会服务中心副主任，主要研究方向为社会公益服务；吴婷，北京市残疾人社会服务中心职员，主要研究方向为社会公益服务；李君，北京市残疾人社会服务中心党支部书记，主要研究方向为社会公益服务。

于加强社会组织建设和管理的工作部署，采取政治引领、政策扶持、项目支持、人才培养、品牌创建等多种举措，加大对助残社会组织的培育扶持力度，发挥其在残疾人服务体系中的积极作用，取得了明显成效。

一　北京市助残社会组织概况

截至 2022 年 12 月，北京市各区残联作为业务主管单位的助残社会组织共 276 家（见图 1）。

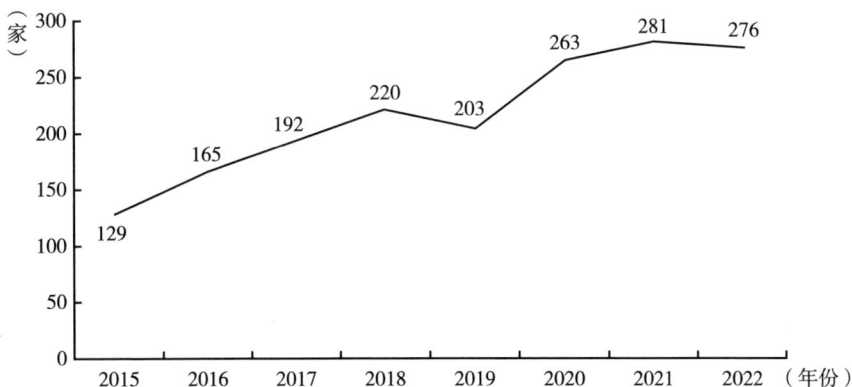

图 1　2015~2022 年北京市助残社会组织数量

2016~2022 年，全市共增加了 111 家助残社会组织。除西城、海淀、丰台、怀柔外，大部分区助残社会组织数量持平或小幅增长，房山、通州大幅增长（见图 2）。2017 年，市残联印发《关于温馨家园综合改革的实施意见（试行）》（京残发〔2017〕72 号），支持温馨家园以社会力量托管、购买专项服务、法人登记注册的方式开展运营和服务，在政策推动下，房山区部分温馨家园、职康站独立注册为社会组织。由于城市副中心建设效应，通州区助残社会组织数量 2019~2020 年呈现比较明显的增长趋势。

通过图 3 中 2020~2022 年数量对比可知，经过疫情，助残社会组织数量没有出现大规模减少，大部分区小幅度增减。

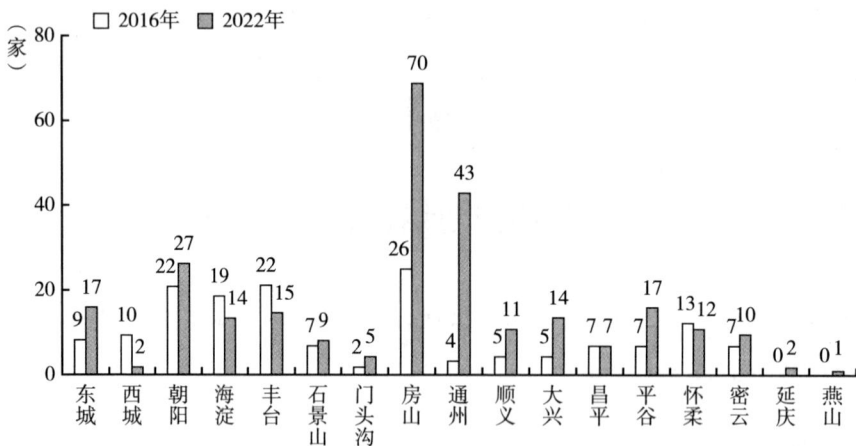

图2 2016年和2022年各区助残社会组织增长情况

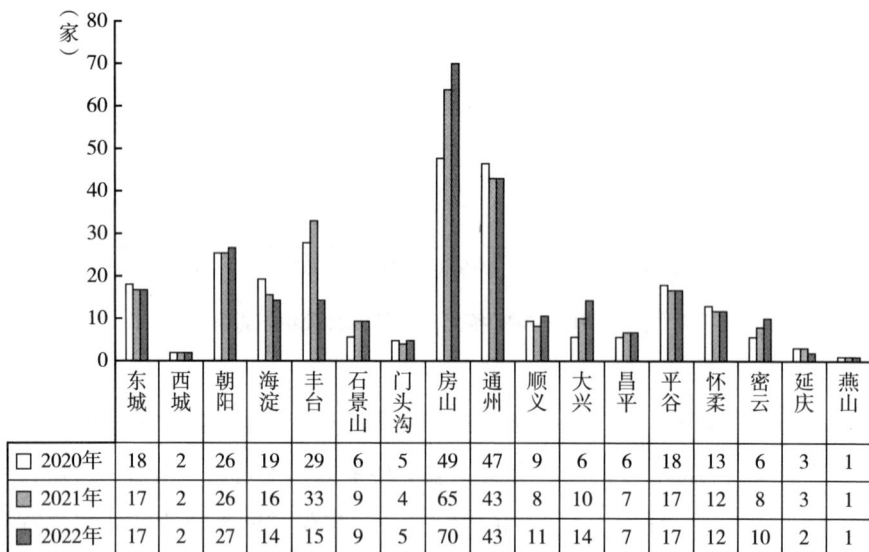

	东城	西城	朝阳	海淀	丰台	石景山	门头沟	房山	通州	顺义	大兴	昌平	平谷	怀柔	密云	延庆	燕山
□ 2020年	18	2	26	19	29	6	5	49	47	9	6	6	18	13	6	3	1
▦ 2021年	17	2	26	16	33	9	4	65	43	8	10	7	17	12	8	3	1
▓ 2022年	17	2	27	14	15	9	5	70	43	11	14	7	17	12	10	2	1

图3 2020~2022年各区助残社会组织情况

2022年，各区残联作为业务主管单位的276家助残社会组织中，数量较多的是房山区（70家）、通州区（43家）、朝阳区（27家）。

如图4所示，276家助残社会组织中，康复机构132家、温馨家园48家、职业康复站28家、社工事务所12家、区级协会7家，其他49家（包

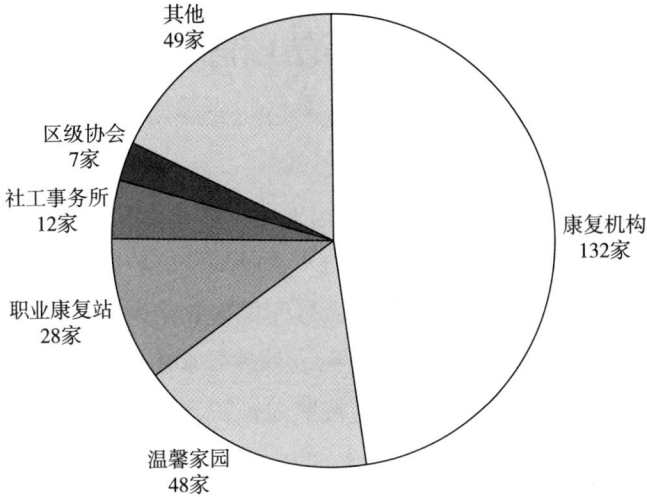

其他
49家

区级协会
7家

社工事务所
12家

职业康复站
28家

温馨家园
48家

康复机构
132家

图4　各类助残社会组织情况

括图5所示的，社区综合助残服务17家、就业服务15家、文化体育9家、辅具无障碍3家、心理健康2家、养护照料3家）。

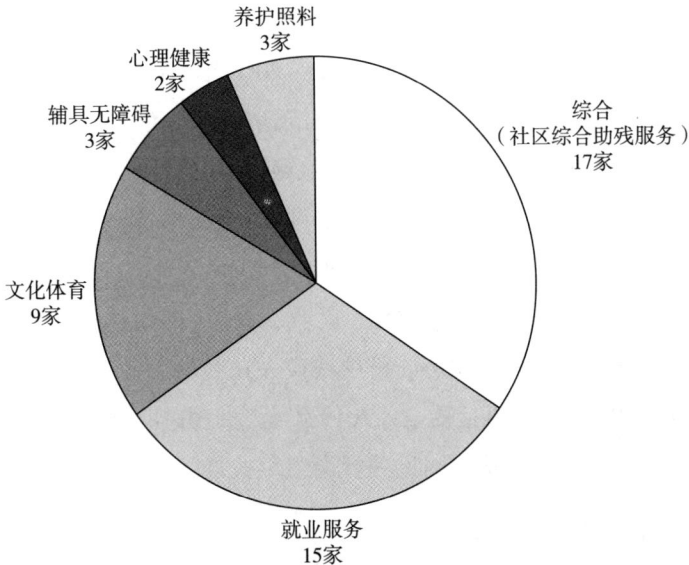

养护照料
3家

心理健康
2家

辅具无障碍
3家

文化体育
9家

综合
（社区综合助残服务）
17家

就业服务
15家

图5　其他社会组织情况

二 扶持培育工作情况

（一）纳入政府购买服务

党的十八大报告提出，要在改善民生和创新社会管理中加强社会建设，强调改进政府提供公共服务方式，对进一步转变政府职能、改善公共服务作出重大部署。2013 年 9 月，国务院办公厅印发《关于政府向社会力量购买服务的指导意见》（国办发〔2013〕96 号），明确要求在公共服务领域更多利用社会力量，加大政府购买服务力度。按照国家和北京市关于加强社会治理和开展购买服务相关精神，2013 年 6 月，市残联、市财政局、市社会办联合下发了《北京市购买社会力量兴办残疾人服务机构（组织）服务暂行办法》（京残发〔2013〕27 号），2014~2016 年，由市残联本级组织开展向社会力量购买助残服务的实践与探索。2015 年，市残联印发《关于在朝阳区开展政府购买助残服务试点工作的通知》（京残发〔2015〕70 号），探索在区级残联购买助残服务工作。在取得一定成效的基础上，2016 年市残联、市财政局、市社会办、市民政局联合印发了《关于在区级残联试行开展购买残疾人服务工作的通知》（京残发〔2016〕59 号），2017~2018 年，在北京市区级残联全面开展购买残疾人服务工作，将工作重点下沉到各区残联，各区购买残疾人服务所需资金，由各区财政负担，纳入年度区级预算安排。

截至目前，在市区财政支持下，市、区两级残联累计投入 3.75 亿元，购买 1062 项助残服务（市残联 348 个项目，1.36 亿元；17 个区残联 714 个项目，2.39 亿元），提供康复、教育、就业、养护照料、维权、无障碍、文化体育、社会融合等多领域服务，解决残疾人在就学、就医、就业、就养等方面的困难，398 万人次直接受益。2019 年至今，由各区财政支持区残联开展购买服务工作，逐步形成了对助残社会组织扶持的常态化机制。

（二）提供政策、场地支持

市残联不断完善残疾人政策保障体系，出台残疾儿童康复服务、成人康复服务、支持性就业服务等需要社会力量提供服务的系列政策，把符合资质条件的助残社会组织纳入定点服务机构，为其成长发展提供了长期政策支持，有 63 家康复服务类社会组织从中受益。助残社会组织中有 76 家是残疾人职业康复站、温馨家园，享受基本运行经费政策支持。全市 600 多家残疾人温馨家园中有 100 余家由助残社会组织进行托管运营。

市残疾人服务示范中心作为北京冬奥冬残奥示范窗口，共有 3 万多平方米场地，除了托养服务由企业运营外，剩余的场地均以低租金的形式由 10 多家优秀助残社会组织运营，通过这些优秀助残社会组织对外讲好首都残疾人故事、展示残疾人事业发展成果。东城、朝阳、顺义、平谷等区都在区级职康中心及部分温馨家园向优秀助残社会组织提供免费服务场所，积极孵化培育助残社会组织。

（三）推动服务能力提升

大部分助残社会组织处于初创期或发展期，组织发展愿景不清晰、内部管理欠规范、人员流动性高、行业经验较少，导致机构为残疾人提供服务的能力不够强，为此，重点从三个方面加强能力提升培训。

一是打造助残服务通识课程体系。2016 年以来，结合北京市及各区残联购买残疾人服务工作，市残联持续开展助残社会组织能力提升工作，搭建以培训授课为主的能力提升课程体系，有针对性地帮助助残社会组织提升机构发展能力和助残服务能力，增强专业性和规范性。课程主要包括助残社会组织运营和残疾人服务专业技能两个方向。助残社会组织运营课程覆盖项目管理、机构管理、党务、财务、法务、宣传、筹款等助残社会组织运营最相关、最需要掌握的理论和实践技术。残疾人服务专业技能课程主要涉及各类别残疾人服务技能、各类型助残服务项目设计管理、优秀助残服务项目案例等。2021 年组织 9 期冬奥冬残奥主题知识培训，营造浓厚办赛氛围；2022 年围绕党的二十大精神解读、助残社会组织内部治理等 8 个主题邀请专家授课，积极引导社会组织感党恩、听党话、跟党走，助力社会组织拓宽发展和服务的视野和思路。培训形式上，2016~2017 年主要采用线下集中培训班、主题工作坊的方式；2018~2019 年采用线上线下相结合的方式，依托互联网平台直播授课；2020 年疫情发生以来，全部采用线上的方式，保证培训不中断。2016~2022 年，共举办 116 期培训，累计近 3 万人次参加学习，助残社会组织整体服务水平和从业人员的专业性得到有效提升。

二是推动社区精准助残服务能力提升。2016 年以来，市残联围绕群团改革开展了需求采集和服务供给常态化机制建设、困难残疾人精准帮扶等一系列重点工作，对基层的服务水平提出了更高要求。全市有 600 余家温馨家园，主要分布在街乡、社区（村），是基层残疾人服务需求的主要阵地，80%的残疾人服务需求在街乡、社区（村）得到解决。为了提升温馨家园的残疾人服务水平，2017 年底，市残联对温馨家园进行了改革，支持传统的温馨家园以独立注册、空间托管、购买岗位等方式开展运营和服务。在政策推动下，一批温馨家园通过注册成为独立社会组织，一批社会组织进入温馨家园开展服务，成为提供社区助残服务的重要力量。

2018~2020 年，市残联面向在温馨家园开展服务的助残社会组织，持续开展精准服务能力提升工作，经过三年实践，开发了一套课程、编写了一套教材、组建了专业师资库、构建了培训机制（见表 1）。课程以"社区残疾人精准服务"为主线，围绕国际倡导的助残服务理念、需求导向的残疾人服务技术、不同类别的残疾人服务等主题开展研发，经过三年的积累，逐步完善和成熟。培训采取集体研学、督导相结合的方式。聘请高校社会工作专业领域理论和实务经验丰富的专家讲授服务知识、服务工具、服务技巧；温馨家园园长、优秀残疾人服务机构负责人分享案例和经验；专职委员、社会组织互动研讨，共同学习激发；课后根据社会组织和专职委员需求，提供集中或个别督导，协助解决实际问题。专业师资库由中国康复研究中心、北京师范大学、中央民族大学、中央财经大学、中国劳动关系学院等单位 30 余名专家组成。编写出版了《助残精准服务指南》，将社工专业知识技术与残疾人服务相结合，挖掘提炼了一线残疾人工作者精准助残服务的案例、资源，从理念到实操，为助残社会组织一线工作人员更好地在温馨家园开展助残服务搭建了较为完整的知识库。

表 1　助残社会组织服务能力提升内容

三个板块	主题
助残服务理念重塑	赋权的理念和意义
	社区康复理念和基本知识
	残障模式和以公约为指导的残障服务理念
	助残服务相关政策解读
不同类别残疾人服务原则	听力言语残疾的基本知识和服务的基本原则
	视力残疾的基本知识和服务的基本原则
	智力残疾的基本知识和服务的基本原则
	精神残疾的基本知识和服务的基本原则
	肢体残疾的基本知识和服务的基本原则
社区精准服务技术和技巧	个案管理
	需求评估及工具的使用
	访谈技术—社工理念和技巧
	项目设计与管理
	社区资源整合和动员
	社群动员和小组工作手法

三是开展服务能力评估指导。从 2021 年开始，市残联有计划、分批次地对全市助残社会组织开展服务能力评估指导。深入了解助残社会组织的情况，对机构的人岗匹配情况、团队成员压力管理、有效沟通激励等进行指导，协助机构建设充满信任的组织文化体系。开展一对一组织诊断，协助机构查找存在的问题，提出合理化建议和解决方案，助力其完善内部治理，促进组织健康发展。两年来，完成助残社会组织核心团队人才工作特质量化测评 849 人，1343 人次完成测评报告辅导；对 78 家机构开展一对一组织诊断和指导，632 人参与。通过能力评估指导，一方面增进了残联与社会组织的联系互动，有利于市、区残联准确掌握助残社会组织基本情况、问题、需求，为更好地开展分级分类规范管理、扶持培育相关工作创造条件。另一方面，组织力评估诊断以图文量化的方式，可视化地展示社会组织的强弱项和改进方向，为机构精准"画像"、精准"开方"，为优化各组织管理提供了精准化的技术支持。精细化、个性化的评估指导服务助力提升机构的组织能

力、应变能力、服务能力，获得了助残社会组织的广泛点赞和好评。此外，以评估为基础，市残联积极探索对助残社会组织进行个性化支持和资源链接，帮助部分社会组织对接了政府、基金会、高校的平台、物资、资金、智力、技术、志愿者等资源。2022年，针对机构发展的痛点、难点问题，市残联为33家助残社会组织对接教育部"24365"公共管理与服务行业专场线上双选会，为助残社会组织招聘专业人才提供平台；协助朝阳区金羽翼残障儿童艺术康复中心成立金羽翼基金会；协助西城区生命阳光心理健康指导中心完成全国志愿助残阳光基地服务内容建设指导；为西城区我们的家园残疾人服务中心提供教学课程的规范管理与知识产权布局指导；协助丰台区金蜗牛心智障碍者家庭服务中心等3家机构与中医药大学繁星计划建立合作意向；协助李楠社会工作事务所开展人员团队建设与人才引入辅导，辅导事务所"非常美无障碍服装研发及轮椅模特展演"项目荣获第五届中国青年志愿者服务公益创业赛铜奖；向67家助残社会组织发放捐赠物资、款项等。

（四）着力引导品牌创建

市残联连续多年开展助残服务品牌建设，引导助残社会组织品牌化发展。对残疾人服务优秀项目、优秀机构进行遴选培塑，一对一指导79家社会组织总结特色服务模式、服务成效、社会反响，定制化辅导机构开展品牌梳理和展示，切实达到练本领、增能力、强特色的目标。通过各级残联推荐、专家评选，成功打造了"脊髓损伤者生活重建""心智障碍者自主生活"等200余个优秀项目品牌。一批适应需求、特色突出、管理规范、团队专业、形象公益的机构相继涌现：孤独症儿童画作亮相北京冬残奥会闭幕式的金羽翼残障儿童艺术康复服务中心、制作北京冬奥会颁奖花束的新生命养老助残服务中心、"全国最美志愿服务组织"李楠社会工作事务所、拥有11项自主知识产权的昌平区阳光鹿童康复中心、专注于精神残疾人托养和社区喘息式服务的丰台区温馨精康园等，成为行业领域的品牌机构。

连续多年举办品牌成果展示交流活动，以点带面，形成良好的引领示范效应。连续四年组织40余家助残社会组织参加北京市委社会工委组织开展的北京社会公益汇，展示公益助残领域的服务成果和风貌。连续四年举办全国助残日优秀助残服务项目宣传展示活动，表彰优秀助残社会组织、助残服务项目137个，开展形式多样的线上线下经验分享、项目服务和产品展示互动活动，提升了优秀项目的知晓度和社会影响力。2020年举办的"情暖战疫中国心，助残帮扶小康年"助残社会组织及优秀残疾人服务项目线上展示交流系列活动，在市委网信办主办的第一届"京彩"网络正能量精品评选活动中获得"网络正能量活动优秀作品"荣誉。

（五）积极参与重大活动

习近平总书记指出，党的群团工作的政治性，主要体现在群团组织要承担起引导群众听党话、跟党走的政治任务，为夯实党执政的阶级基础和群众基础做出贡献。2021年以来，市残联相继组织开展了"冬奥有我""同心齐向党，喜迎二十大"系列助残社会组织大型服务活动。遴选打造了10家迎冬奥示范型助残社会组织、20家市级助残服务品牌。2022年北京冬奥会和冬残奥会期间，助残社会组织参加冬奥组委新闻宣传部捐赠图书、冬残奥会倒计时100天快闪等服务活动。80多家社会组织举办了600多场冬奥相关活动，带动参与近3万人次，1.3万名残疾人参与其中。20家助残社会组织"喜迎二十大，喜看这十年"品牌成果集中展示，在学习强国、北京电视台、《北京日报》等30余家媒体上进行了广泛宣传报道，多个媒体阅读量超10万。通过参与重点活动，展现了助残社会组织服务社会的良好风貌，同时也提升了社会组织的服务能力，强化了各级残联对社会助残领域的组织力、动员力和凝聚力。

（六）扎实推进党建工作

习近平总书记指出，社会组织面大量广，加强社会组织党的建设十分重要。社会组织是党的工作和群众工作的主要阵地，在社会组织中建立党组织，发挥党组织在社会组织中的领导作用，有助于把社会组织及其从业人员紧密团结在党的周围，确保社会组织坚持正确的发展方向和政治立场，促进社会组织规范发展。2011年，为落实《关于加快推进社会组织改革与发展的意见》，根据市委社会工委有关要求，市残联成立北京市残疾人联合会社会组织党建工作委员会，全面加强和指导助残社会组织党的建设工作，目前，已实现助残社会组织党的组织和工作全覆盖。2023年6月，下发并收集调查问卷，从248家机构反馈情况看，130家机构有党员员工共计331人。其中机构自己成立党组织39家，多个社会组织成立联合党支部51家，党员纳入业务主管或挂靠单位党组织管理16家，党员纳入办公地或居住地社区党组织管理24家，没有党员的机构118家。市、区残联持续加强党对助残社会组织的全面领导，一是始终坚持思想武装，在助残领域深入开展学习宣传贯彻党的二十大精神和习近平新时代中国特色社会主义思想，做好落实助残领域统战和意识形态工作，团结凝聚社会组织及各方力量，确保助残社会组织正确发展方向。二是着力加强日常联系，将助残社会组织纳入残联系统党的建设工作全局，通过统一部署、一体推动、联合策划，组织开展主题党日活动、专家党课辅导、红色基地见学和建党百年庆典等系列活动，支持带动全市助残社会组织坚持党的领导，筑牢忠诚意识，落实组织生活，厚植为民情怀，不断增强党员群众的信仰、信念、信心，全心全意为残疾人服务。三是勇于承担社会责任，积极倡导引领助残社会组织准确掌握残疾人的急难愁盼和热点关切问题，与各级残联同频共振、共题作答，在落实"七有""五性"、社会治理和慈善助残中发挥积极作用，形成为首都残疾人服务的生动实践。

三 存在问题

一是助残社会组织服务能力还需提升。部分助残社会组织存在机构规模小、分布不均衡、人员流动性大、服务专业性不强等问题，专业化能力和管理水平仍需进一步提高。

二是助残社会组织还面临发展困境。很多助残社会组织受到疫情冲击和影响，存在资金流转困难、场地受限和发展瓶颈等突出问题，还不能充分满足日益增长的残疾人个性化、多元化服务需求，可持续性和发展规划还存在一定的不确定性。

三是扶持引导和监管手段不够充足。对助残社会组织的扶持力度与助残事业发展需求不相适应，政府购买服务资金量缩减，新成立机构扶持资金、助残社会组织评级奖励等政策不再执行。市残联监管手段还需不断完善和常态化，区残联作为业务主管单位，对机构日常服务中存在的风险和问题，缺乏有效的监管手段、方法和路径。

四　对策建议

（一）坚持党建引领

习近平总书记在党的二十大报告中指出："加强新经济组织、新社会组织、新就业群体党的建设。"为新时代社会组织健康有序发展提供了根本遵循。2023年3月，中共中央、国务院印发《党和国家机构改革方案》，组建中央社会工作部，作为党中央职能部门，负责指导混合所有制企业、非公有制企业和新经济组织、新社会组织、新就业群体等的党建工作，持续强化党对各种经济体和社会治理主体的全面领导，对加强助残社会组织党建引领提出了更高的要求。下一步，市残联将认真贯彻中央和市委决策部署，全面贯彻落实党的二十大精神，结合正在开展的学习贯彻落实习近平新时代中国特色社会主义思想主题教育，发挥社会组织党建工作委员会的作用，进一步完善社会组织党建工作机制，推动社会组织党的组织和党的工作从有形覆盖向有效覆盖转变，引领社会组织坚定不移听党话、跟党走。加大对各区残联的指导力度，加大助残社会组织党组织的组建力度，指导做好发展党员工作，健全党组织有效参与决策管理的工作机制，推动社会组织党建与业务工作同谋划、同部署、同推进、同落实，引导和监督社会组织依法执业、诚信从业。市、区残联切实发挥桥梁纽带作用，推动社会组织站稳群众立场，及时为残疾人发声、为残疾人服务，努力构建"一核引领，多方参与，共建共治共享"工作格局。

（二）加强培育扶持

党的二十大报告提出，"完善残疾人社会保障制度和关爱服务体系，促进残疾人事业全面发展"。助残社会组织是扩大公共服务供给、服务残疾人的重要力量，是完善关爱残疾人服务体系的主要载体。民政、财政部门应在购买服务的资金支持、税收优惠、承接政府购买服务资格、优秀机构评选表彰、国际交流等方面给予助残社会组织更多政策倾斜和支持。各级残联作为助残社会组织业务主管单位，要向前一步，优先给予支持，一手抓规范管理，一手抓培育扶持，努力推动资源整合下沉，在经费和场地提供、人才队伍建设、专业技能培训等方面加大力度，支持社会组织在服务残疾人群众、参与基层治理等方面发挥更大作用。

（三）强化自身建设

党的二十大报告提出，健全基本公共服务体系，提高公共服务水平，增强均衡性和可及性。社会组织要充分发挥在社会主义现代化建设中的作用，持续加强自身建设是重要前提。各助残社会组织要强化内部治理，依据章程、业务范围和专长优势，开展专业化、差异化、个性化特色服务，强化品牌意识。加强诚信自律建设，强化管理服务意识。聚焦主责主业的同时，推动服务和产品市场化，提高社会动员能力，拓宽资金来源，增强抗风险能力。要创新工作理念和专业方法，加快数字化能力建设，提升"互联网+"服务水平，发挥各自优势开展高质量助残服务，着力解决残疾人急难愁盼问题，提高残疾人的获得感、安全感、幸福感。

社会治理篇

Social Governance

B . 10

接诉即办中的"下交群评"与乡村
"三治融合"的实践与启示[*]

——以北京市平谷区为例

陈 锋[**]

摘 要： 当前，以人民为中心的发展思想日益成为主导基层治理的逻辑，北京市不断推动"接诉即办"工作从倒逼性治理向自主性治理转型。本研究以北京市平谷区"接诉即办"改革中的"下交群评"工作为例，探索党建引领多元主体参与社会治理的机制。研究发现，通过治理主体的组织嵌入化、治理单元的熟人社会化、治理规则的崇公抑私化、治理机制的交互整体化形塑了新时代"三治融合"乡村治理体系的实践机制，为系统治理和源

---

　* 基金资助：国家社会科学基金一般项目"乡村振兴战略下健全自治、法治、德治相结合的乡村治理体系研究"（编号：19BSH024）的阶段性成果。
** 陈锋，北京工业大学文法学部副主任、教授、博士生导师，北京社会管理研究基地研究员、秘书长。

头治理提供了重要保障。"下交群评"对于"接诉即办"改革深化具有重要的政策启示意义，其核心在于强调人民参与的主体性、基层治理的自主性以及乡村自治、法治和德治融合的体系性。

关键词： 接诉即办 下交群评 三治融合

一 问题的提出

党的十八大以来，习近平总书记反复强调"人民对美好生活的向往就是我们的奋斗目标"，形成了以人民为中心的发展思想，成为各级党和政府遵循的基本宗旨。北京市自 2018 年以来，深入推动基层治理从"吹哨报到"向"接诉即办"改革深化，是以人民为中心思想在京华大地上的生动实践。"接诉即办"通过不断推动对群众诉求的快速响应、高效办理和及时反馈，突出群众的主体地位，解决了群众许多急难愁盼的问题，有力提升了群众的获得感、幸福感和安全感。"12345，有事找政府"，随着"接诉即办"工作的有序开展，"接诉即办"逐渐深入人心，成为首都民情民意的晴雨表。2022 年 1 月 1 日 0 时至 2022 年 12 月 31 日 24 时，12345 热线共受理群众反映事件 17592.4 万件，同比上升 411.01%。[①] 从时间上看，12345 热线受理的诉求量呈现逐年增加的态势，且上升速度较快。

"接诉即办"工作作为撬动城市基层治理大变革的实践也引发了学者的广泛关注，学界主要从政府回应能力和治理能力两个角度探析"接诉即办"工作取得的成效。一是从政府回应能力的视角出发，分析"接诉即办"工作机制的运行对政府回应造成的影响。学者认为，12345"接诉

---

① 北京市政务服务管理局：《2022 年北京 12345 市民服务热线年度数据分析报告》，https://www.beijing.gov.cn/hudong/jpzt/2022ndsjbg/。

即办"引导基层群众参与公共治理有助于破解基层治理难题，以畅通民众表达渠道的方式增强政府回应积极性。① 12345 热线破解了委托者和代理者之间的信息不对称难题，从而提升了政府对社会需求的回应能力。② 二是从政府治理能力提升的视角，分析 12345 热线系统对政府与社会治理产生的影响，以及"接诉即办"对干群关系的重塑。数据驱动与以民为本的政府绩效管理有利于提升政府治理能力，政务热线采集的数据为政府绩效管理提供了创新契机③，以政务热线系统为代表的数据治理范式，有助于增强超大城市政府的社会治理能力④。"接诉即办"利用信息技术与大数据不仅赋能治理，而且通过压力型体制驱动与倒逼基层干部积极作为，密切了干部与群众的关系。⑤ 同时，"接诉即办"通过反馈机制、考评机制、激励机制、披露机制、学习机制、认同机制等实现不同治理主体之间的有效互动。⑥

然而，伴随着 12345"接诉即办"的实践，一些新的问题也相应产生。有研究发现，技术的便捷性与可视性直接推动了基层治理的积极性、规范化，但也导致权责边界的模糊，一些高度个体化的诉求和无理诉求涌现，基层治理空间遭受挤压，社区自主性治理能力降低。⑦ 12345 热线增强了上级政府转办基层政府进行的"二阶治理"对基层政府自主进行的"一阶治

① 马超、金炜玲、孟天广：《基于政务热线的基层治理新模式——以北京市"接诉即办"改革为例》，《北京行政学院学报》2020 年第 5 期。
② 张楠迪扬：《"全响应"政府回应机制：基于北京市 12345 市民服务热线"接诉即办"的经验分析》，《行政论坛》2022 年第 1 期。
③ 马亮：《数据驱动与以民为本的政府绩效管理——基于北京市"接诉即办"的案例研究》，《新视野》2021 年第 2 期。
④ 孟天广、黄种滨、张小劲：《政务热线驱动的超大城市社会治理创新——以北京市"接诉即办"改革为例》，《公共管理学报》2021 年第 2 期。
⑤ 陈锋、宋佳琳：《技术引入基层与社区治理逻辑的重塑——基于 A 市 12345 政府服务热线的案例分析》，《学习与实践》2021 年第 4 期。
⑥ 李文钊：《超大城市的互动治理及其机制建构——以北京市"接诉即办"改革为例》，《电子政务》2021 年第 11 期。
⑦ 陈锋、宋佳琳：《技术引入基层与社区治理逻辑的重塑——基于 A 市 12345 政府服务热线的案例分析》，《学习与实践》2021 年第 4 期。

理"的替代效应，导致基层治理的总体效率损耗。① 根据相关数据统计，《北京市接拆即办工作条例》实施一年来（2021 年 9 月 25 日至 2022 年 9 月 20 日），共受理 4427 万件民意诉求。单日诉求案件也从 2019 年的 2.9 万件上升至 2022 年的 12.5 万件。这意味着群众的诉求明显扩增，一些反复投诉的诉求事件频频出现，热线接诉能力与群众诉求之间的供需矛盾凸显。"接诉即办"如何推动向主动治理、未诉先办转变，成为当前各级政府推动"接诉即办"改革的重点。

北京市平谷区在 2019~2021 年，"接诉即办"工单量也不断攀升，从 2019 年的 68464 件上升至 2020 年的 106973 件、2021 年的 119468 件，面临着"不合理诉求对治理空间产生挤压""农村地区历史积怨和矛盾纠纷催生各类投诉举报""权责边界交叉影响各类主体能动性发挥""村居管理主动性、公开性、公信力不足"等痛点难点问题。基于此，2021 年 8 月起，平谷区探索创新接诉即办"下交群评"工作。"下交群评"主要指党建引领下多元主体参与社会治理，形成"民事民办、民事民调、民事民意、民事民评"的工作方法。一年来，全区 269 个村居开展了这一工作，实现覆盖率 84%。通过党建引领多元主体参与社会治理，引导群众理性表达利益诉求，实现了万人诉求比大幅下降，从月均 224.24 件/万人（2021 年 1~7 月）降至 199.85 件/万人（2021 年 8 月至 2022 年 9 月），降幅约 10%。"下交群评"② 工作如何激活群众，实现从倒逼式治理向自主性治理的逻辑转变和实现机制？这一实践探索又具有怎样的理论内涵和政策启示？

基于此，本研究通过对平谷区政务服务局、夏各庄镇、金海湖镇、东高村镇、山东庄镇以及 8 个村庄开展实地调研，运用访谈法、参与观察法和文献法，收集了平谷区"下交群评"工作的一手材料和案例，呈现"下交群

---

① 安永军：《应用强度：技术治理效率悖论的一种新解释——基于 B 市"12345"热线的实践分析》，《探索》2022 年第 1 期。

② "下交群评"工作目前已广泛用于各类诉求的解决，但整体而言平谷区的主要诉求矛盾仍集中于乡村，且在乡村熟人社会中实现"群评"的成效更好。

评"工作的实践探索过程和成效,分析"接诉即办"从倒逼向自主的治理逻辑转换和实现机制,进而分析"下交群评"作为新时代"三治融合"乡村治理体系的实践机制及其理论内涵与启示。

二 从倒逼式治理到自主性治理:"下交群评" 工作的探索实践

"接诉即办"工作在解决群众大部分诉求的同时,也引发了倒逼式治理困境,倒逼式治理的主体是各级干部,但是对于民众本身则是不设门槛且缺乏约束机制,使得民众诉求不断扩张,以及无理诉求不断出现。与之对应的是,通过"接诉即办"的倒逼,基层干部的作风获得较大转变,但基层治理的能力并未获得相应提升。相反,受制于不同层级考核的压力,基层干部容易异化为"灭火员"角色,进而进一步催生一些不合理诉求,造成对基层治理空间的挤压。因此,如何让民众的诉求尤其是不合理诉求回归基层的情境中加以自主解决,避免诉求案件的反复发生,实现源头治理和系统治理是走出倒逼式困境的关键。平谷区"下交群评"工作方法便是通过党建引领激发群众参与社会治理的内生动力,让群众成为治理的主体。具体来说,其主要做法如下。

(一)党建引领社会建立高效便捷组织体系

"下交群评"工作并非简单地将诉求全面交给群众,而是重点针对难点问题和不合理诉求进行充分研判,其研判的主体便是镇村两级党组织,进而确定适合"下交"办理的诉求,再转交村党支部等基层。例如,金海湖镇确立了"两事宜三不宜"① 来判断是否"下交"处理。基层党组织充分考

---

① "两适宜"指经初步判断,事权在村且适宜公议及村民自治的诉求,或已有相关部门明确办理结果,但诉求人不认可的。"三不宜"指经初步判断,一是应办未办诉求,二是裁定、调查结果尚未明确的诉求,三是非区级"下交"挂账范围诉求,暂不宜"下交"。

量诉求内容、民情民意、基层组织运行状况等因素，确定"下交群评"组织形式和评议人员，会商解决方案及诉求人思想转化方式。镇级选派专责干部对"下交"事项办理进行全程指导、督促落实，确保"下交群评"形成有公信力的调解评议结果。

就从具体实施而言，"下交群评"需要建立"群评"队伍，建立议事团成员库。村级成员库包括包村干部、包村警察、包村律师、村"两委"、党员代表、人大代表、村民代表、志愿者、乡贤、调解委员、监督委员、网格员、"三老"人员等。同时，结合具体诉求，各街镇也通过整合纵向、横向资源力量，吸纳各类治理主体，如律师、包村干部、科室干部，形成"下交群评"队伍。如马坊镇成立村居调解议事团，熊儿寨乡成立"三老"乡贤团队，山东庄镇成立"助力调解队"等。

（二）组织动员群众构建基层民主协商格局

与行政管理中政府主导不同，乡村治理的"群评"主体是村民，通过村民自治的方式，用村民的力量解决村民自身遇到的问题。因此，群众工作的重点在于通过"群评"队伍对相关诉求的调解、评议，促进相关问题的解决，或改变诉求人对问题的认知。当然，在一些复杂诉求中，还可通过"多向吹哨"下交办理，多方协同化解疑难诉求。委办局、街乡镇、村党支部之间可"多向吹哨"，联合力量化解专业性、社会性、跨区域等疑难诉求，并对长期拨打诉求反映多个问题的诉求人进行教育引导。当前，平谷区乡村社会最为集中的矛盾便是宅基地纠纷，"下交群评"工作方法在处理宅基地纠纷问题上取得了明显成效。

以东高村镇的南宅庄户村为例，该村村民李某多次拨打12345反映西院邻居老房翻盖超过自家房屋面积，反映邻居的房比自家房子宽了一米五。针对这一问题，东高村镇党委与村"两委"联系核实，李某邻居宅基地此前确实存在超高问题，镇政府已于2019年7月26日下发责令改正通知书，被反映人已经将违建部分拆除并重新翻盖，派出所已经进行一次调解，并签订和解协议，但李某又反悔，继续阻挠邻居家盖房。经过研判，镇党委将此工单下交给南宅庄户村。此次下交群评人不仅有李某周边邻居、村内德高望重的老人、党代表、村民代表，还邀请了镇农业服务中心人员与镇派出所民警等多方参与。在处理过程中，先是镇农服中心人员拿出房屋测量数据，告知李某邻居整改后已经没有超占行为，希望他不要继续阻挠，派出所也拿出当初的和解协议，希望他可以遵守承诺，村民代表也群策群力劝他邻里和睦才是和谐生活之本，参与人员从法理、情理等方面与他积极沟通，最后，李某同意调解，放下邻里矛盾，也不再拨打12345。

（三）群评结果转化形塑基层长效治理机制

平谷区"下交群评"工作实施一年多以来，在区级层面实现了万人诉求比大幅下降，而在乡镇和村级层面，也取得了良好的结果。以东高村镇为例，共开展"下交群评"595人次（2021年327人次、2022年268人次），包括宅基地纠纷类122次、村务工作类89次、邻里矛盾类63次、占地补偿类61次、污水改造类59次、环境类43次、赡养纠纷类8次、其他诉求150次，全部为不合理诉求。解决率较高的诉求有赡养纠纷类100%、环境类84.7%、村务工作类79.3%、邻里矛盾类73.3%；解决率较低的诉求有宅基地纠纷类39.1%、污水改造类38.7%、占地补偿类27.8%。其中不再拨打12345的有424人次，下交解决率达到71.3%，诉求接单量从2021年8月前月均700余件减少到月均400余件，重复诉求从月均400余件减少至月均100余件，未解决诉求从月均400余件减少至月均80余件，转化"长期多次拨打无理诉求电话"的重点诉求人21名，市级软弱涣散村前台头村工单量由每月40余件下降到每月5件左右，同比下降87.5%。

"下交群评"的关键不仅在于具体诉求的解决，而且在于群评过程中形成了解决一类问题的方式方法。通过及时总结"下交群评"办理结果，深入分析诉求背后原因，不断完善生产生活规范，厘清职责范围，以秩序规范影响群众自觉的行为习惯，形成价值引领、合法合规、群众认可、管用有效的治理模式，如黄松峪乡"三上三下三见面"①、镇罗营镇"三个一"②、山东庄镇"四民机制"③、东高村镇的网格"前置下交"④ 等。

在群评的诉求中，最难处理的便是一些无理诉求。通过村庄议事团形成对"诉求"无理的认定与"晒丑"，有助于形成良好的社会风气。如夏各庄镇、东高村镇、山东庄镇部分村庄探索通过民主程序，将"下交群评"办理结果纳入村规民约，将较为集中的不合理诉求通过村规民约加以约束，对于认定为不合理诉求仍然反复拨打电话的村民，经过村民决议，将其与村庄集体福利进行利益捆绑。⑤ 熊儿寨乡实行文明积分公示制度，推动各村通过村民代表会将解决诉求纳入村规民约，将经过"三老合议"认定为无法解决的诉求之后，仍反复通过12345热线反映的行为认定为不文明行为，按次扣分，以100分为基数，每次扣10分，每季度张榜公示一次积分。文明积分通过正向激励和反向约束，让村民全员亮相，让个别人红脸出汗，形成舆论压力，以个别案例教育大多数，倒逼诉求在基层反映，问题在基层解决，弘扬社会正能量。

---

① 三上三下三见面：第一时间了解百姓诉求，主动上门问需、主动上门问计、主动上门解难题。三下：律师、心理咨询师下村，领导班子下户，纪检监察下科室。三见面：每周下村与诉求人见面、召开下交会前与诉求人见面、下交定性后回访见面。
② 三个一：培养建设一支队伍、评议处置一类难题、教育引导一批群众。
③ 四民：民事民办、民事民调、民事民议、民事民评。
④ 东高村镇在解决前期复杂的宅基地纠纷问题的经验上，形成了网格"前置下交"工作法，在建房户提交建房申请时，村委会、网格员、调解委员会、机关干部等议事成员提前介入，及时召集建房户、四邻当面商议并签订调解协议书，对在房屋建设中可能引起的纠纷问题提前干预化解，一年来收集调解协议书50份，建房前有效调解纠纷12起，其中还化解了1起长达20的年宅基地纠纷。
⑤ 山东庄镇L村村规民约，第一章乡风文明第六条规定，对无故上访、缠访、恶意反复拨打12345、无正当理由长时间占用12345热线及其网络平台资源的（特别是由村界定为"不合理诉求"的），取消该村民的福利待遇一年，待遇恢复时间视具体情况而定。本村规民约所指的取消福利待遇由村委会视具体情况确定取消的内容。其中：农户福利待遇是指由村集体发放的子女大学补贴、过节物资等物质待遇以及由村委会对本人及其家属提供的其他待遇；非农业户口和外来租户福利待遇，是指由村委会对本人及其家属提供的其他待遇。

三 "下交群评"与新时代"三治融合"乡村治理体系的实践机制

构建自治、法治、德治相结合的乡村治理体系是新时代推进基层社会有效治理的必然要求，也是实现基层治理体系与治理能力现代化的必然路径。目前，各地的"三治"建设实践也取得一定的成效，但如何通过理论上的自治、法治、德治相结合，走向高质量的具有整体视角和体系视角的"三治融合"，在实践与理论上都有待进一步揭示。平谷区的"下交群评"工作作为党建引领多元主体参与社会治理的方法，正是通过构建党组织统一领导、政府依法履责、各类组织积极协同、群众广泛参与，自治、法治、德治相结合的治理体系，并在"接诉即办"的工作实践中取得了良好的成效。那么，以"下交群评"工作为基础的"三治融合"体系的实践机制是什么？

（一）治理主体的组织嵌入化

"三治融合"机制的有效实践首先在于治理主体的有机融合，因此如何整合不同的治理主体形成合力、共同推动基层治理问题的解决尤为关键。当前，中国社会正处于急剧转型之中，基层治理所面临的问题细小琐碎且愈加复杂，通常一些问题的解决需要协调各方力量共同参与，如在治理主体上表现为基层政府、村"两委"、村庄精英（乡贤、党员、村民代表）、普通村民和社会组织的组织嵌入，才能有效应对基层治理中的痛点难点问题。

"下交群评"工作中，基层党组织建立了一系列组织化的整合机制，使各方治理主体围绕诉求问题的解决共商共治，发挥了党建引领多元主体参与社会治理的作用。具体来说，一是将高度原子化的群众组织起来，建立了"下交群评"的队伍，发挥了老党员、老干部等乡村精英的引领作用，有效解决基层治理中群众参与不足的问题，且能因地制宜地选择相应的组合队伍。① 二是充分利用"吹哨报到"机制，多向吹哨，将条块部门整合起来，将民警、法律顾问等专业力量吸纳进来，联合化解专业性、社会性、跨区域等疑难诉求。正是以上两个机制，解决了"谁"来治理和"组团"治理的困境，通过党组织的引领统筹，实现治理主体的组织嵌入，培育了群众参与的主体性，防止基层治理主体"缺位""卡位""越位"情况的发生。②

（二）治理单元的熟人社会化

在传统时期，乡村社会通常是生于斯死于斯，社会缺乏流动，因此以血缘地缘为主要纽带联结的乡土社会被称为熟人社会。但改革开放以来，伴随着市场经济的深入发展，乡村社会的流动不断加速，乡村社会的封闭性逐渐被打破。与此同时，许多地方的村庄也进行了一系列合村并组等行政整合。乡村社会逐渐从传统的熟人社会向半熟人社会转变，村庄日益出现原子化的现象，村庄的公共舆论日渐式微，村民的集体行动能力也日益下降，村民之间的纠纷日益增多。因此，传统礼治的社会基础在行政村范围内逐步解体，新时期重构自治、法治、德治相结合的治理体系，使"情理"发挥作用，仍要建立在熟人社会的基础上。那么，"三治融合"治理体系的有效实践便在于治理主体所嵌入的治理单元相互匹配，能够在文化与利益关联度较高且农民能够直接参与的治理单元中来实现。

在"下交群评"工作中，虽然组建了多元主体参与的议事团成员库，但并非均质化地参与村民诉求的调解工作，而是根据事情的性质和所处的情境与治理单元来选择参与方。如此一来，乡村社会中的人情、面子等熟人社会资源才能获得最大化的调动。比如在李某宅基地纠纷案件中，重点

---

① 为了保障"下交群评"队伍的广泛性、代表性、权威性、关联性，区级层面对议事团成员库的 4699 名人员全部进行了严格的背景和政治审查。

② 侯宏伟、马培衢：《"自治、法治、德治"三治融合体系下治理主体嵌入型共治机制的构建》，《华南师范大学学报》（社会科学版）2018 年第 6 期。

选择的是邻居、村庄中德高望重的老人参与,通过这些熟人的参与,不仅有助于厘清真相,而且有助于确立诉求的性质。目前,平谷区不断推动"下交群评"工作与网格化工作的深度融合,其中网格便是基层治理的最小单元,也是具有熟人社会性质的治理单元。值得注意的是,治理单元的熟人社会化主要针对的是村庄范围内的诉求和纠纷,这类诉求和纠纷通常占到基层治理中的大多数。在熟人社会的治理单元中,能够更好地发挥村民自治的功能,提高村庄的德治水平。对于跨区域、诉求具有复杂性的问题,则需要跳出村庄,寻求更大的资源支持。

(三)治理规则的崇公抑私化

"三治融合"的乡村治理规则以村民自治制度和公共精神为根本,融合法治的外部规则和德治的内部规则,弥补自治、法治和德治治理规则的断层。[1] 自治、法治与德治依据不同的制度与规约,并非自然融合,个体和组织若最大化地利用这些规则,甚至可能存在一定的冲突。因此,治理规则的自洽重点在于将主要依托法律、政策的正式制度体系与非正式的以地方性共识为基础的村规民约通过自治进行有机衔接,而这一内外规则的统一性仍然在于确立村庄的公共精神或公共性,进而约束基于"原子化社会"所生产出来的只讲权利而不讲义务的"无公德个人"。[2]

"下交群评"工作的发端在于要应对"接诉即办"背景下村民诉求的扩张尤其是无理诉求增长的问题。"群评"也意在针对村民长期拨打12345服务热线的诉求让群众一起来研判,依托群众的力量,发挥村庄老干部、老党员、宗族长辈等村庄权威,以公序良俗为标准进行说理评议、定分止争,发挥社会道德、村规民约对普通群众的引导约束作用。对于一些反复拨打12345的无理诉求人进行"晒丑"教育,实现"道德的社

---

① 张明皓:《新时代"三治融合"乡村治理体系的理论逻辑与实践机制》,《西北农林科技大学学报》(社会科学版)2019年第5期。
② 阎云翔:《私人生活的变革》,龚小夏译,上海人民出版社,2017。

会权力化"①，促使正气得到弘扬。同时，充分发挥自治功能，利用村规民约、文明积分形成对村民利益捆绑的连带式制衡②，正向激励，反向约束，崇公抑私，进而形塑村民权利与义务的总体平衡。

（四）治理机制的交互整体化

自治、法治与德治相结合的治理体系建设，强调自治激发基层和群众的创造力和凝聚共识，法治合理规范群己界限和定分止争，德治强化对共同体的责任和弘扬正气。但自治、法治和德治三个维度并非平行的关系，具体实践机制并非独立运行，或者简单的治理组合，也不仅仅是一体两翼，而是一个有机交互的整体化运作，以问题为驱动，实现综合治理的目标。"三治融合"机制的交互整体化也是应对转型期基层治理复杂问题的关键。

在"下交群评"工作实践中，自治、法治、德治通常交替循环才最终实现问题的根本解决。以宅基地纠纷为例③，村干部通常首先会进行调解，但双方调解无法达成时，便会引导和协助诉求方通过法院进行判决。如果诉求方无理，法院判其败诉，并不一定可以使其息诉，可能仍然反复拨打12345热线，这时村干部会组织村民议事团对其进行评议调解，并将情、理、法相结合对双方进行劝解。因为有了法院判决这一合法性作为依据，村

---

① 郭道晖：《道德的权力和以道德约束权力》，《中外法学》1997年第4期。
② 陈锋：《连带式制衡：基层组织权力的运作机制》，《社会》2012年第1期。
③ 南宅庄户村郭某与邻居存在20年的积怨，郭某多次拨打12345反映邻居侯某阻挠翻建，而邻居侯某也多次拨打12345反映两家房之间滴水的纠纷问题，该案件于2003年经过镇政府开展了调解，并形成了协议，侯某在2003年建房时留出了40公分滴水。郭某对镇里出具的协议不认可，又于2003年向法院提出诉讼，2004年法院判决郭败诉。郭某家的房屋一直未翻建，2023年提交申请，村干部提醒其按照规定留出40公分滴水，但其未履行判决书规定。因此，侯某对其翻盖进行阻挠，而郭仍未意识到自己的问题，串联煽动亲戚朋友拨打诉求电话，一个月内打了23个电话。面对这一纠纷，东高村镇利用"下交群评"工作方法，邀请村干部、三老劝和团、网格员和左邻右舍参加此次"下交评议会"，通过话家常、解疑惑、化疙瘩，终于经过反复做思想工作，郭某与侯某签订了调解协议书，双方表示今后和睦相处。

干部的调解也就更有底气,但仍要化解诉求人心中可能存在的怨气,否则仍然无法实现息诉罢访的目标。由此可以看出,自治、法治和德治形成了交互影响,单一运行都很难实现复杂问题的解决。

四 平谷区"下交群评"工作和"三治融合" 实践的政策启示

北京市"接诉即办"改革实施以来,牢固树立以人民为中心的发展思想,通过市民诉求驱动超大城市治理变革,有效倒逼政府治理体制改革和基层干部作风转变,改善了干群关系,取得了巨大的成就,但也面临市民诉求扩张的困境。平谷区的"下交群评"工作提供了有益的创新探索,通过党建引领多元主体参与社会治理,尤其是调动基层和普通群众的积极性参与社会治理,通过治理主体的组织嵌入化、治理单元的熟人社会化、治理规则的崇公抑私化、治理机制的交互整体化等形塑了新时代"三治融合"乡村治理体系的实践机制,为系统治理和源头治理提供了重要保障,具有重要的政策启示意义。

(一)强调人民主体,引导民众有序参与

习近平总书记指出,"要树立以人民为中心的工作导向,把服务群众同教育群众结合起来,把满足需求同提高素养结合起来"。12345"接诉即办"的工作流程鼓励民众提交诉求,将民众对诉求解决的评价纳入考核,体现了人民的主体地位。面对"双低"工单的复杂诉求,如何将居民诉求还原到情境之中,在解决诉求的同时疏导诉求人的"气",引导和教育民众正确表达自己的诉求,这是平谷区"下交群评"工作法的重要启示之一。通过将"低满意率、低解决率"工单下派,运用村民自治的方式,用村民的力量解决村民自身遇到的问题。"双低"工单作为村中发生的"焦点"事件,由单一诉求人的评价过渡到村庄内部的群体评价,以讨论、评议的形式重新产生对某一事件的公共认识,借助村庄原有的治理资源如人情、面子、关系等熟人社会资源,使个体诉求人与村庄集体相连,以此抑制个人私利性的无理诉

求表达。在这个过程中，不仅是诉求主体个人受到了教育与引导，"下交群评"的群众队伍也通过对"无理"诉求的批评教育，强化了村庄共同体意识，产生了以诉求评议结果为基础的新型公共规范。同时，群评群议的形式也有利于不同利益主体的意见表达，疏解老百姓因意见不同而产生的"气"，在党组织的协调下凝聚共识，达成一致。"下交群评"工作法是新时期群众路线的重要实践，借助党组织对村庄内治理主体的再组织化，组建起一支围绕村庄诉求事件进行评议的群众队伍，在一次又一次崇公抑私式的诉求决议中，重塑村庄风气并再生出新的村庄规范，形成党组织领导、群众有序参与的治理格局，有助于实现对村民的教育与再教育。

（二）强化自主治理，提升基层自治能力

习近平总书记曾说，"践行宗旨，就是对人民饱含深情，心中装着人民，工作为了人民，想群众之所想，急群众之所急，解群众之所难"。"接诉即办"工作的进一步推进，必须要求基层治理从被动治理转向主动治理，想在群众前头，干在群众心头。"下交群评"工作法形成了依托党组织引领的群众队伍解决一类问题的"特殊"诉求解决机制，对"接诉即办"的诉求处理过程形成了有效补充，在政府回应之外，引入了村庄（社区）的地方性治理资源，增强了基层自治能力。同时，"下交群评"工作法形成的群评队伍能够以灵活的组织形式，适应复杂多变的村庄问题及其发生的情境，承担诉求调解的功能，在居民拨打 12345 之前，对矛盾发挥一定程度的预防和化解作用。正视诉求处理过程中居民不满意情况的客观存在，将处理"双低"工单、与诉求人沟通不仅仅当成挑战，还当成机会，运用适当的工作方法，引导诉求人回归村庄治理共同体的常规表达渠道，对无理诉求人进行再教育，修复诉求人与矛盾冲突对象、村庄共同体的情感纽带与社会关系。经由党组织进行再组织化的群评队伍嵌入村庄之中，在诉求评议的实践中获得了基层政府的认可，建立了村庄权威，重新供给和再生产村庄秩序，维护了村庄整体利益的合法性。基层组织能力的提升，成为推动群众问题从倒逼性治理向自主性治理转变的关键。

（三）推动三治融合，建立乡村治理体系

在乡村治理中，自治、法治和德治三个维度并非平行的关系，而是一个有机交互的整体化运作，以问题为驱动，进而实现综合治理的目标。"下交群评"工作法以双低的"无理"诉求为聚焦点，以自治为核心，不同主体在不同阶段充分运用传统地方性规范和现代法治规则，实现乡村矛盾的化解，进而建立党建引领下自治、法治、德治相结合的乡村治理体系。具体而言，"下交群评"工作法以党建引领所构建的群评队伍，借助"无理诉求"的焦点事件，使群众意见针对同一问题而展开，在评议过程中既能使不同利益主体的诉求得到充分表达，又能在村庄自治的背景下借助传统地方性规范与现代法治规则达成共识，从而生产出对同一类型事件的普遍认知，保证对诉求认定的客观性和公正性，进而抑制一些群众的不合理诉求。这种基于公平公正观念所形成的老百姓的"理"，在得到地方认可与法律认可的双重合法性保证后，便以一例诉求民主化评议过程和结果为基础，形成村庄内针对一类事件的处理经验，再生产出村庄秩序。换言之，通过评议过程，村庄范围内绝大多数人认可的规则与规范得到再一次的确认和认可，地方性规范和现代法治规则进一步深入人心，并为自主治理提供行动依据。

B.11
业主委员会参与北京老旧社区治理研究[*]

曹飞廉　张晨怡[**]

摘　要： 业主委员会是业主自治的主要组织形式，研究业主委员会参与社
区治理路径可以促进业主自治的实现。本文聚焦北京老旧社区治
理中难以达成共识和共同行动这一关键难题，从社会资本的理论
视角提出破解思路，分析当前业主委员会参与社区治理的运行状
况和作用发挥，探讨业主委员会在解决社区问题时如何运用内、
外部的社会资本推动全体业主及其他社区治理主体间的共同行动。
研究发现业主委员会参与社区治理仍存在组织结构松散、运作过
程缺少规范、连接性社会资本不充分等困境。进而，在组织建设
方面，提出培育内部运作规范、加强对业主委员会的监督、培育
业主公共精神的改善措施；在外部环境的营造方面，提出促进业
主委员会和居委会的合作关系、培育业主委员会与物业的协作关
系、深化业主委员会与业主的沟通与信任等建议。

关键词： 业主委员会　社会资本　社区治理　物业管理

一　研究背景

国家一直高度重视社区社会组织在基层治理中发挥作用。2017 年《民

---

[*] 本文系北京市社科基金一般项目"多元主体参与城市社区治理项目"（20SRB004）的阶段性
成果之一。

[**] 曹飞廉，北京工业大学文法学部社会学系副教授，北京社会管理研究基地研究人员，主要研
究方向为社区治理、社会组织；张晨怡，北京工业大学北京社会管理研究基地研究人员，主
要研究方向为社区治理。

政部关于大力培育发展社区社会组织的意见》指出，"培育发展社区社会组织，对加强社区治理体系建设、打造共建共治共享的社会治理格局等具有重要作用"。① 2003 年《物业管理条例》对业主委员会（以下简称"业委会"）的职责等进行了明确的规定。② 2021 年《中华人民共和国民法典》中的《物权法》部分也对业主大会、业委会成立的具体条件和程序等作出了相关规定。③ 2020 年《北京市物业管理条例》明确指出，"本市支持在物业管理区域内成立业主大会、选举产生业委会决定物业管理区域内的重大事项及有关共有部分利用和管理等事项"④，使物业管理更加规范化、法治化，为调解有关主体间权利义务关系提供了更加明晰的法律依据。

北京市为及时回应社会诉求建立了全市统一的线上线下"接诉即办"平台，依托 12345 市民服务热线及其网络平台，提供全时段的群众诉求接收和反馈服务，将公众真正关切的实际问题通过数据统计、公告发布等方式暴露在大众视野下，为有效解决治理难题提供了明确方向。但城市社区居民的价值观日趋多元化，其利益需求各不相同，社区自治很难找到一个均衡的支点。业委会可以推动全体业主以及社区其他治理主体在一些重要议题上达成共识并采取共同行动，从而提升了业主们参与社区治理的积极性。立足北京市社区治理压力，探讨业委会参与社区治理的路径，分析业委会在运作中的困境，并提出相应的改善措施，可以发现多数业主利益共同点，从而制定社区内部的公共决策，增强社区参与和治理效果。

---

① 《民政部关于大力培育发展社区社会组织的意见》，民政部门户网站，http://www.mca.gov.cn/article/gk/wj/201801/20180115007214.shtml。
② 《物业管理条例》，中华人民共和国中央人民政府门户网站，http://www.gov.cn/zhengce/2020-12/26/content_5574569.htm。
③ 《中华人民共和国民法典》，全国人民代表大会门户网站，http://www.npc.gov.cn/npc/c30834/202006/75ba6483b8344591abd07917e1d25cc8.shtml。
④ 《北京市物业管理条例》，北京市人民政府门户网站，http://www.beijing.gov.cn/zhengce/zhengcefagui/202004/t20200401_1781885.html。

二 P社区和业委会的基本情况

（一）P社区基本情况

P社区由北京FJ房地产开发有限责任公司于1997年建成，楼栋总数7栋，共计房屋1000余户，其中一栋由某事业单位购入作为宿舍楼。因此该社区兼具商品房社区"相见不相识"和单位房社区"熟人社会"的特点。社区居民大多为知识分子群体，其中不乏法官、律师、企业高管、单位领导等。现如今，P社区已经变成了老旧社区，一系列问题逐渐凸显，尤其是物业管理相关问题更成为老旧社区治理的"顽疾"。随着原住居民的迁出、外来人口的流入，居民构成逐渐变化，同时业主对于物业服务的需求也更加精细化，随之而来的投诉问题也逐渐增多。

（二）P社区治理主体

社区治理一般需要居委会、社区居民、社区社会组织和物业等多方参与，共同管理社区公共事务，维护推动社区的良好运转。P社区的治理主体主要由居委会、业委会和物业构成。P社区居委会共有7名委员，其中包括一名主任和两名副主任。社区主任兼任社区党委书记，行事作风雷厉风行。在其领导下，居委会牵头P社区的物业开展了社区道路修整和停车区域规划等工作。物业以代表市场主体服务业主的专业化运作形式参与社区治理活动，物业的工作主要包括改善社区环境卫生、维修和更新物业设施、排查和整改安全隐患等。与此同时，P社区的业委会也已经成熟运行，解决了许多与社区治理相关的问题，例如监督物业服务质量的提升、合理调整物业费用、协助社区停车管理等。

（三）新一任业委会的产生

P社区自2012年成立业委会以来，每五年换一届，2021年4月完成了最新一期的换届选举，业委会共五人，其中业委会主任为新任主任，上届业委会主任未能连任。业委会委员候选人可由社区党组织推荐、居委会推荐、业主自荐或者联名推荐产生，首次业主大会选举产生业委会委员和候选委员。

业委会的委员主要有以下两个来源。

一是社区各类特色活动中的志愿者。P社区的特色社区活动为"闲置集市"，定期在社区公共广场举办的"闲置集市"活动扩大了社区内居民的交往范围，增加了交往频次。闲置物品的自愿诚信交易行为，使得社区居民在交易过程中建立起初步的信任关系。除了现实生活中的实际接触外，由于微信等支付行为而产生了线上社会交往行为，大大拓展了居民线上形式的社区社交网络。并且举办活动的社区志愿者、能人以及物品分类售卖的组织者等，都能被社区居民"看见"，从而建立起一定的公信力，容易参与到社区公共事务的讨论中，得到更多人的推荐和信任，从而成为业委会的委员候选人。

二是社区各类微信群中的群主或活跃分子。社区各个楼宇在网格化治理的推动下，都建立了各自的微信群，线上互动能够在此继续推进。居民在微信群中对社区问题的反映，使得居民在冲突、矛盾、沟通、协商、合作、解决问题中增进了彼此的关系，形成了一些共识。在有序分工和合作共事过程中，群内成员的关系更加密切，社区关系网络更加畅通广泛，牵头解决问题的群内意见领袖、热心志愿者收获了成员们的信任、认可和称赞，也初步建立起居民之间以及居民与物业、社区居委会之间的协商议事平台。社区社交网络的搭建过程，也是居民塑造社区认同感的过程，并逐渐参与到社区治理中。这些微信群中各个楼宇的意见领袖都有着深厚的群众基础，与居委会联系密切、关系融洽是其能够成为业委会委员的重要基础。

新一届业委会成员信息如表1所示。

（四）新一届业委会的有序运作

新一届业委会成立之后，业委会成员积极协调居委会、居民代表、物业

表1　新一届业委会成员信息

单位：岁

姓名	性别	年龄	担任职务	职务类别	个人职业
LYJ	男	72	业委会主任	全职	某事业单位退休干部
LYK	男	68	业委会成员	全职	某国企退休职工
ZJ	男	80	业委会成员	兼职	某事业单位退休职员
SSF	女	70	业委会成员	全职	某医院退休护士
ZY	女	43	业委会成员	兼职	民营企业在职人员

工作人员、辖区单位等定期开展协商议事会。协商议事会上以投票形式把反映的问题按照急迫程度、解决难度、见效时间等指标排出优先等级。为加快推动协商议事效率的提升，每次会议选出2~3件短时间见效显著的问题加以解决，业委会成员将联合社区、物业协商解决方案，现场制定好时间安排、人员分工、具体措施、预期成效、负责人等事项，并监督后续事项有效推进。

协商议事会为居民参与社区公共事务、维护自身权益提供了平台和契机，促进了居民与社区其他治理主体的交流与信任。业委会以解决问题为导向，协调联系多方力量，集合其他治理主体的有效资源构成了社区公共事务的网络。社区社交网络的形成为居民解决社区问题提供了潜在资源和有力支撑，在社交网络不断扩大和深化的过程中，连接性社会资本也不断积累并在未来持续发挥作用。协商议事平台的良性运转需要以公平、公正、公开的议事规则为基础，在形成共识的前提下实现共同行动，在议事规则的制定和使用过程中培育和体现民主、平等、自治等公众参与的价值规范。

三　业委会参与社区治理的案例分析

（一）业委会参与电动自行车充电车棚建设过程

1.组织协商议事阶段

在协商议事会上，业委会成员与居民代表们纷纷反映了楼道卫生环境、遛狗拴绳、高空抛物、电动车管理等社区问题。在一番激烈讨论后，大多数参会成员都认可电动自行车上楼充电这一现象存在巨大的安全隐患，并且不符合相关的消防政策，社区亟须设置电动自行车充电设施和存放车棚。电动自行车棚和充电设施的设置占用的是社区公共区域且涉及建造成本以及后续收益等事项，因此这不仅是涉及物业管理方面的事务，更是涉及全体业主共同利益的社区公共事务。社区内公共区域的改造和使用、公共设施的建造和运营都需要通过业主大会的形式征询全体业主的意见，得到至少2/3的业主正式表决同意后，才能由业委会代表全体业主与施工方签订正式的书面合同进行后续施工、运营等。

针对设置电动自行车充电装置和车棚这一议题，街道、社区、物业以及业委会、居民代表等进行了多方讨论协商，并在社会组织的支持下邀请物业管理行业的专家开展相关指导，对召开业主大会和表决共同事项的流程和规定、消防规定等进行详细商讨，并初步制订了设置电动自行车充电装置和车棚的行动计划、时间安排、分工配合等具体实施方案。

2. 达成共识和推动共同行动阶段

业委会内部成员进行了充分沟通，并与物业、社区等方面进行了商议。业委会成员在自己所在的业主微信群、社区活动广场等线上线下交流场所，征集业主对方案的想法和关心的问题，最终在多个备选方案中选择一个符合业主利益也容易推行的方案。业委会制订业主大会表决方案，其中表决事项一共三项：第一项为电动自行车棚和充电设施设置选址问题征询，即将其选址为社区南侧公共空地；第二项为电动自行车充电装置和车棚的施工合同签订征询，即业委会代表业主大会委托物业服务公司与中标企业 XM 工程有限公司签订相关施工合同；第三项为设置电动自行车充电装置和车棚的成本和后续盈利方案征询，即电动自行车棚和充电设施的施工成本由物业垫付，后续充电设施的盈利在抵偿物业的成本支出和运营成本后归全体业主所有，将纳入业委会的公共资金账户。

召开业主大会并投票首先由业委会公告召开业主大会的议题、流程、工作人员等信息。业主大会成功召开后，根据业主大会的议事规则分为三种投票方式，第一种为业主现场领票，在 15 日内表决投票；第二种为志愿者上门送票、回收票；第三种为 EMS 寄出非当面送达需求的表决票并回收。业委会及时公告非当面送达的表决票数，历时一个月的投票结束后现场开票并统计结果进行公告。

为顺利推进业主共同事项表决，至少获得 2/3 业主的表决同意票，业委会成员通过自己的居民社交网络对施工方案和后续生活便利等进行宣传，动员熟人好友支持方案，社区方面提供后勤支持以及开展相关宣传工作。解决电动自行车充电这一问题是业委会、居民、社区和物业等各治理主体的共同需求，通过最初的协商议事、方案制订、分工合作到实现共同行动，是社区自治能力的一个重要表现。

3. 车棚施工及后续运营阶段

经过为期 3 个月的施工建设，电动自行车棚和充电设施已经安装完毕，设备调试完成，并通过手机 App、电卡等形式正式投入使用。因为目前充电使用的民用用电，价格与居民日常家用费用标准一致，因此在业委会、社区工作人员、物业等多方的共同推定下，居民普遍接受目前的充电价格和充电方式。

车棚的充电箱建好之后，电动车不用搬上楼去充电，停放和充电都方便了很多，而且不用担心电池爆炸的危险。充电箱的收费标准不高，在社区车棚充电又便宜又便利，我们大多数居民也都愿意接受。业委会和物业那边能够把相关情况都跟居民说清楚，充电箱维护和收益等能一直规范管理下去的话，社区内的电动自行车停放和充电问题就都能得到解决了。（居民代表 1 受访谈话）

一开始我比较怀疑他们能不能真的把车棚和充电桩建起来，虽然建起来后充电方便，但是不建也能维持现状。没想到的是社区和业委会这么快就推动大家表决通过了，物业也配合他们施工，看来这社区的事情要想得到快速解决，还是得有人组织然后业主也都积极参与表决才行。（居民代表 2 受访谈话）

尽管有业主对电动自行车棚和充电设施这一议题持质疑、观望或者反对意见，但是项目从"设计确定方案，到排除争议实现全体业主共同表决，再到施工运营"这一过程不仅是社区自治的一次成功实践，也使业主从"搭便车的人"变成"真正的参与者"，使其认识到业委会这一组织可以代表自己实现和维护相关权益。

（二）业委会与社区社会资本的发展

1. 社区信任的增强

社区内业主之间的相互信任是业委会推动全体业主形成共同决议实现共同行动的基础，也是顺利参与社区治理的关键和前提，从普通的业主到凝聚成业委会这一组织的过程中，从发现问题、提出问题、协商议事、达成共识、调动资源到实现共同行动这一过程中，都包含着业委会组织内部成员间、居民和业委会间、居民之间、业委会和不同治理主体间不同层次的信任关系。业委会成员大多是积极参与社区事务的热心居民、有号召能力的意见领袖或是由居民推荐产生的"代言人"，他们都受到不同程度的信任并最终能得到居民的选票进入业委会这一组织。随着协商议事平台的运行，社区居民加入议事会并解决了自己提出的问题。居民在交流协商和合作过程中，不仅找回了社区建成初期的信任关系，还增进了对业委会、社区居委会等治理主体的信任。

2. 社区网络的搭建

在业委会选举产生以及协商议事平台运行过程中，社区关系网络也逐渐搭建起来，这些关系网络存在于居民之间、业委会与居民之间、业委会与社区和物业等主体之间。随着协商议事平台的运行，许多不熟悉的居民在交流、议事中逐渐达成了一定程度上的理解和共识，进一步促进了社区居民之间关系网络的搭建和拓展。对于业委会成员来说，通过这一组织不仅能够反映自身诉求，也能在接收居民反映问题的时候拓展自己的社区社交圈子。与此同时，在业委会与居民、社区、物业等主体沟通对话、交换信息、协商议事、调动资源的过程中，不断拓展和社区治理多元主体之间的关系网络。

3. 社区规范的养成

业委会以及居民在协商议事会中逐渐摸索出的议事规则、工作法则等也构成了协商议事平台长效运行的制度基础，即正式规范。业主委员会和居民在处理公共事务中建立起来的规范以及工作法则也促进社区规范的形成和完善。这些建立起来的正式规范是社区治理主体间协商议事、平衡关系、协调利益的重要保障，与此同时，基于规范解决矛盾和问题的过程中，也培育了民主、平等、互惠、互利、信任、合作等行为习惯。规范与习惯又进一步促进了自发性的合作与协商，以及居民积极的社会参与行为。

四 业委会参与社区治理的困境

（一）业委会内部组织治理问题

业委会作为业主大会的执行机构，要执行业主大会的决定，接受业主大会和业主监督的同时履行职责，即具有明确的法律地位的同时也在一些事务上具备相应的权力。因此，业委会在内部组织上更应该具有明确的分工，设置监督、执行、财务等部门，将业委会的工作标准化、规范化，提高工作效率和管理水平，得到广大业主的认可。但是案例显示，业委会内部结构实际上还是松散无序的，业委会成员大多年龄在 60 周岁以上，也有部分年轻成员属于兼职人员，在组织业主共同表决事项、协同物业开展相关工作时都可能出现精力或时间难以保障等问题。

（二）业委会有效运作的外部障碍

在业委会召开工作例会和组织开展定期的协商议事会过程中，人员安排紧缺、场地条件不足等问题都影响业委会的工作进展和效率。一些重要且紧急的物业管理事项需要业委会的快速响应时，这些诉求可能得不到及时满足，居民生活也会受到影响。业委会的成立和换届过程也存在规范不足等问题，虽然有指导业委会成立的相关文件，但是在实际运作过程中，业主的自治意识、主动参与性和规范意识仍处于较弱的状态，对《中华人民共和国民法典》和相关物业管理条例的解读不够明晰，需要社区或专业物业管理人员的指导。

> 业委会的换届和运作流程方面不仅手续复杂，涉及的文件也多，指导文件的每句话都要仔细学习琢磨，不然很容易出现歧义。还有部分人在换届相关公告文件的公示位置、公示时间上有所质疑，所以这些相关文件的内容、换届的流程等都需要特别注意，所有手续都做到合法规范才能力排众议。（居委会工作人员1受访谈话）

P社区设置电动自行车充电装置和车棚这一问题虽然早就有居民反映，但是却迟迟不能推进，主要源于社区物业和业委会未能按有效的议事规则开展协商，也就是社区议事混乱、业委会管理规范不足，甚至业委会主任因为议事能力不足而未能连任。

> 为了解决电动车上楼充电这一问题，业委会多次组织开展议事协商会议，也联系了很多居民发表意见和建议，但是推进过程非常缓慢，参会成员常常坚持己见专注于自身的诉求，业委会不知道该听谁的，也不知道按照什么标准来制订解决方案。业委会还需要学习如何制定并运用详细、可操作性强的议事规则开展合理引导达成共识，并实现共同决策。（社会组织人员1受访谈话）

（三）连接性社会资本不充分的问题

此外，P社区还存在连接性社会资本仍不充分的问题，由于其目前主要是一个以陌生人为主的商品房社区，有许多外来人口后来迁入并居住在社区内。这些居民往往缺乏对社区的归属感，对社区公共事务的关注度和参与度较低。在涉及公共空间的使用、公共设施的维护等物业管理问题时，在活动中建立起来的社会资本就难以发挥显著的作用，反而会侵蚀刚建立起来的社区信任和关系网络。在协商议事会上，关于物业管理等议题的矛盾更加突出，不仅要达成参会人员小范围内的共识，也要得到全体业主范围内的统一和认可，需要建立并运用更大的关系网络来支撑共同事项的推进。

五　完善业委会参与社区治理的建议

（一）业委会的组织建设和社会资本的增长

物业管理问题属于社区公共事务，也是业委会的重点工作，与此同时物业管理不仅涉及多方主体的利益，更涉及法律法规、产权归属、财务处理、工程建设、消防安全等多领域的专业知识，业委会有些工作不仅处理起来手续烦琐，而且还要做到合法合情合理。这就要求业委会内部要进行相应的分工，设立办事、财务、监管等部门专项专办。业委会设定工作例会议程、工作流程等事务的相关规则，提高社区治理效率和专业程度。

从不同方面完善对业委会的监督机制，约束业委会工作的规范性和公正性。首先是完善业主大会对业委会的监督机制，设立专门的监督部门，在业主大会设立的管理规约上明确对业委会的监督事项、监督流程，保证业主大会对业委会工作的实时监督。其次是设置业委会内部的监督机构，建立相应的监督制度和程序，包括组织架构及职责分工等。最后是加强对业主大会工作人员的培训教育，提高其综合素质。

在业委会组建、换届与日常工作中以相关的法律法规和管理条例为指导，对办理手续、议事流程、发布公示文件等工作做到细致、周到；培养业主的自治意识、规范意识等；结合实践和具体情况尽可能对指导文件做到准确解读和实施。

激发业委会内部的行动力和外部的动员能力，培育社区居民的公共精神。公共精神是普通个体在帕特南所说的"公民共同体"中参与共同事务、维护共同利益、认同沟通规范的动力和前提。"公民共同体"中包含的对公共事务的参与、政治平等、信任、规范等都是业委会成员以及普通业主个体顺利解决社区共同问题的关键因素。社区治理要促进社区普通个体对公共事务的关注、讨论和参与，推动其以实际行动参与协商议事、形成共识做出决策，通过共同行动解决共同困境等。

（二）业委会外部环境的营造和社会资本的引入

社区中的信任、互惠、规范以及各类社会资本都是社区治理的基础。治理的过程在于协调各方，社区成员间的信任、合作以及普遍的互惠行为，也是各主体间持续的互动。业委会参与社区治理的外部环境主要涉及与居委会、业主、物业等其他治理主体间的关系、互动和合作，改善业委会与其他主体间的关系能够有效提高其参与社区治理的效能。

居委会有责任纠正业委会的不当行为，督促业委会的工作符合居民诉求和社区公共利益。针对社区绿化、停车、卫生、公共空间利用等物业管理事项需要业委会、居委会和物业等主体共同开展相关工作，业委会加强与居委会的合作有利于借助政府资源解决社区问题。

物业作为市场主体力量的代表，也作为提供物业管理服务的专业机构参与社区治理。业委会通过组织业主大会共同表决选聘物业，并代表全体业主与物业签订《物业管理服务合同》，将社区的物业管理服务委托给物业公司。业委会代表全体业主的利益和物业管理需求，监督物业的日常管理工作，并促进双方的协作关系。这有助于物业实现专业化管理，并且有效响应业主的诉求。加强与物业的紧密合作，有利于促进互相理解，解决社区问题，增进社区社会资本。

业委会倾听收集业主问题和需求，采纳业主建议和意见是保障全体业主权益的基础。除了难以解决的硬件问题外，社区问题的症结大多在于居民和业委会、物业的沟通不畅、难以互相理解。业委会通过日常生活、协商议事会、线上业主群以及其他社区活动等，与业主促进交流、拉近距离、深化信任、融洽关系，实现争议的解决和共识的达成。

业委会业已成为当代中国城市社区自治中的重要力量。业委会的建立和发展，改变了以往业主参与社区发展的模式，给社区自治带来了新的活力。本文呈现了一个业委会参与社区治理的成功案例。在这一过程中，业委会通过整合内、外部的社会资本，包括政府、企业和社会组织等各方资源，积极推动全体业主达成共识，以解决日常生活中面临的集体困境。这不仅是证明社区能够实现共同行动的一个重要事件，也呈现了社区治理中的一种有效参与模式。随着业委会参与社区治理的路径逐渐成熟，通过提高业主自治能力和参与度，将最终实现对社区公共事务的自治。这种自治模式不仅能够提高社区居民的参与度和满意度，也可以增强社区治理的公正性和有效性，还能够培养居民的公共精神，提高社区的自治、德治与法治水平。

B.12
北京市共有产权住房社区治理效能研究

李　蹊*

摘　要： 共有产权住房历经 15 年发展，被国务院明确为住房保障体系三
大支柱之一，但政策保障功能与发展功能定位的地区差异与争
论始终不减，急需试点经验与研究支撑。北京市自 2014 年被列
为国家试点，积累了大量社区治理经验。本研究基于文献法与
田野调查法，以北京市共有产权住房的社区治理效能探讨其政
策效果。研究发现，北京市实行的是发展型共有产权住房政策，
在社区治理领域存在福利损耗，社区治理能力的欠缺降低了居
民满意度。发展型政策形塑着社区邻里结构与权责结构，对社
区治理提出了更高要求。在政策探索调试期，各类治理主体之
间尚未形成统一的政策预期与认知。共治共享共建的治理平台
搭建将有助于降低福利损耗，进一步提升发展型保障房居民的
获得感与幸福感。

关键词： 共有产权住房　保障房政策　社区治理　社会融合

一　引言

2016 年底，中央经济工作会议明确我国房地产市场定位是"房住不
炒"，发展的首要目标是实现"住有所居"。共有产权住房政策是国家致力

---

* 李蹊，管理学博士，北京工业大学文法学部讲师，北京社会管理研究基地研究人员，主要研
究方向为城乡基层治理。

于让住房回归居住属性的一次重要尝试，在《国务院办公厅关于加快发展保障性租赁住房的意见》（国办发〔2021〕22号）中被明确为与公租房、保障性租赁住房并列的住房保障体系三大支柱之一。2021年底，《"十四五"公共服务规划》强调"人口净流入的大城市要继续因地制宜发展共有产权住房"。2022年，党的二十大报告再次强调"加快建立多主体供给、多渠道保障、租购并举的住房制度"。在产权型保障房中，共有产权住房针对经济适用房等早期类型中的寻租空间进行了改进，这一新型住房政策对我国住房保障体系的建设与完善至关重要。

共有产权住房政策的实施对北京市等住房需求居高不下的超大城市尤其重要。2014年，《关于试点城市发展共有产权性质政策性商品住房的指导意见》（建保〔2014〕174号）将北京市列为全国6个共有产权住房政策国家试点之一。2021年，北京市住建委表示在全市年均新增的8.5万套住房中，限竞房、共有产权住房、普通商品住房的新增数量基本稳定在5∶3∶2的供应比例。[①] 截至2023年，全市共完成了165批次的共有产权住房申购，供给房源达13.5万余套。[②]

随着共有产权住房建设的不断推进，学界对这一新型住房政策的研究不断深入。但现有研究多集中于住房建设与分配阶段，对共有产权住房政策的效率、公平性、可行性等内容进行了理论论证，对作为政策效果检验标准的政策执行后期社区治理效能的实证研究较少。而超大城市的发展成就与转型问题在保障房社区场域的集中体现和社区治理水平深刻影响着政策受惠群体的感知与行为。共有产权住房研究有待从"生产与分配"延伸至"社区治理"领域来探讨政策效果。

党的二十大报告指出，社会保障体系是人民生活的安全网和社会运行的稳定器。我国已建成世界上最大的住房保障体系，但如果仅完成住房的"硬性"供给，治理制度"软件"供给不足也会导致保障房政策出现"福利

---

① 数据来源：http：//www.gov.cn/xinwen/2021-02/26/content_ 5588961. htm。

② 数据来源：笔者对北京市住建委及各区政府官方网站与官方媒体报道相关信息的统计所得。

损耗"，即受惠群体投诉行为增多且呈工具化趋势、社区内部矛盾频发、属地政府治理任务加重的同时居民满意度下降，旨在提升居民幸福感和获得感的政策目标受损。

对此，本研究以北京市共有产权住房政策为例，基于对本市 2021 年 6 月交付使用的共有产权住房 A 小区长达 3 年的追踪调查，以及对政策文本、政府数据、媒体报道的搜集，对比北京市与其他代表性地区差异化的共有产权住房政策实践来归纳其理论类型，分析共有产权住房政策在社区治理中的福利损耗现象，最终立足社区治理效能的角度为完善共有产权住房政策建言献策。

二 共有产权住房的发展历程与政策目标

（一）共有产权住房的政策扩散与政策优势

我国共有产权住房政策起始于 2007 年淮安的地方创新。2014 年，《政府工作报告》首次提出"共有产权"的概念，表示"针对不同城市情况分类调控，增加中小套型商品房和共有产权住房供应，抑制投机投资性需求，促进房地产市场持续健康发展"。同年，住建部设立了 6 个国家试点，共有产权住房政策进入自上而下的推广阶段，但仍给地方政府留下了较大的政策制定自主权与创新空间。共有产权住房政策经历了地方创新（2007～2013 年）和中央推动（2014 年至今）两个阶段的扩散后已经涵盖了 20 余个城市，且不断有新的城市加入，在 15 年的发展历程中几经争议。政策争议焦点在于共有产权住房在保障性与商品性之间的平衡与取舍，包括如何通过设置准入门槛与交易限制来避免利用共有产权住房牟利等问题①，实现兼顾效率与公平的政策初衷。

共有产权住房作为我国探索保障房多元供给途径的重要尝试，针对早

---

① 胡吉亚：《共有产权房中的博弈分析》，《湖南大学学报》（社会科学版）2019 年第 6 期。

期产权型保障房（如经济适用房、两限房）中的寻租空间进行了改进，同时又与租赁型保障房的目标群体和供给方式相互区分、相互补充。公租房的目标群体是城镇住房、收入困难家庭，住房由政府投资建设或提供租赁补贴；保障性租赁住房的目标群体是收入较低、住房困难的新市民、青年人，住房供给由政府给予政策支持，引导多主体投资、多渠道供给；共有产权住房最初始的目标群体是户籍人口中的新市民和青年群体，后期逐步将达到社保缴纳年限的常住人口纳入其中，目标群体与保障性租赁住房相比的区别在于收入水平和购买能力，特别面向有一定经济承受能力但又难以承担商品住房的"夹心层"，住房供给由政府给予适当政策支持，企业和其他机构投资建设。

共有产权住房政策的效率优势在于："政府出地、市场出钱"的开发建设模式能够将土地使用成本和政府公共投入成本内部化，减轻直接的财政支出压力，实现保障房供给效率上的帕累托改进。[1] 公平优势在于：低于市场价格的产权住房供给能够弱化产权对新市民的挤出效应，在居住权的基础上赋予新市民发展权[2]，共有产权住房面向多元群体，能够在一定程度上弥合住房产权附属的空间权利分化与居住隔离[3]，面向新市民的政策优惠能够缓解城市青年住房的代际不平等[4]。但也有部分城市在实践中偏离了共有产权住房的保障属性，本意是保障社会公平的政策工具被异化成为新型的房地产寻租工具。[5]

---

[1] 陈思、叶剑平、薛白：《产权视角下共有产权住房模式的政策探讨及选择》，《经济体制改革》2019 年第 1 期。

[2] 樊佩佩：《从"居住权"到"发展权"：大城市住房产权多元化与新市民居住正义的实现》，《学海》2021 年第 6 期。

[3] 聂石重、刘少杰：《住房产权差异中的空间表象冲突与矛盾化解》，《新视野》2021 年第 3 期。

[4] 马秀莲、韩君实：《中国城市青年住房：代际差距扩大及影响机制》，《公共行政评论》2022 年第 4 期。

[5] 吴宾、张丽霞：《"政策扩散异化"何以发生？——以 A 区共有产权住房政策过程为例》，《公共管理学报》2022 年第 2 期。

（二）北京市共有产权住房的政策特征与政策目标

总体而言，我国共有产权住房政策仍处于探索时期，不同城市在共有产权住房的建设模式①、转让制度和资产属性②等方面仍有较大的政策差异，比其他类型保障房政策的住房属性争议更大，急需可推广的实践经验与理论支撑。现有研究将我国纷繁复杂的住房政策提炼为"解困型"和"解困与发展并重"两类模式，后者的特征在于将人才群体纳入住房保障范畴。③已有研究指出，上海、淮安等城市着重满足低收入群体基本住房需求，北京、深圳等城市则兼顾多元群体的发展需求。④

2017年住建部印发《关于支持北京市、上海市开展共有产权住房试点的意见》，"支持北京市、上海市深化发展共有产权住房试点工作，鼓励两市以制度创新为核心，结合本地实际，在共有产权住房建设模式、产权划分、使用管理、产权转让等方面大胆探索，力争形成可复制可推广的试点经验。"北京市的共有产权住房政策代表着超大城市发展共有产权住房的一种重要类型——发展型保障房政策，与解困型保障房政策相辅相成。

北京市共有产权住房侧重于发展功能，将其定位为"由政府提供政策支持、建设单位开发建设，销售价格低于同地段、同品质商品住房价格水平，并限定使用和处分权利，实行政府与购房人按份共有产权的政策性商品住房"。⑤北京市共有产权住房政策与人才政策和区域政策相结合，通过向中等偏上收入的人才群体供给郊区住房来统筹城市发展格局，放宽了对小户型的建设要求（京建发〔2021〕416号）。政府在供地环节折让部分地价，

---

① 吴立群、宗跃光：《共有产权住房保障制度及其实践模式研究》，《城市发展研究》2009年第6期。

② 宋宗宇、张晨原：《我国共有产权住房转让制度研究》，《西南民族大学学报》（人文社科版）2020年第3期。

③ 朱亚鹏、孙小梅：《重新理解中国住房模式：基于深圳住房发展的案例研究》，《社会学研究》2022年第3期。

④ 马秀莲：《在资产积累和可承担性之间：共有产权房的现状、挑战及出路》，《行政管理改革》2021年第3期。

⑤ 数据来源：http://zjw.beijing.gov.cn/bjjs/xxgk/fgwj3/gfxwj/zfcxjswwj/432910/index.shtml。

准许有限流通，使住房在匹配中低收入群体经济能力的同时满足部分发展需求。

北京市共有产权住房政策的发展特征直观地体现在京、沪两市共有产权住房的房价差距上，2021年的一项研究对比了北京市与上海市郊区的共有产权住房价格，每平方米均价分别为29000元和12000元。① 房价差距背后是不同的政策定位及与其相匹配的住房开发建设模式。不同于上海市以行政划拨供应建设用地和税费减免的方式来压低住房建设成本，北京市通过竞地价、限房价、综合招标的土地出让形式获得共有产权住房建设用地。但值得注意的是，北京市也在侧重发展的前提下试图平衡住房的发展与保障功能，对效率与公平的兼顾体现在以封闭运行的交易规则抑制共有产权住房的资产属性，依据购房者和政府间的产权比例进行收益共享，遏制产权型保障房的牟利空间。

三 北京市共有产权住房社区治理中的"福利损耗"

（一）社区治理场域的保障房政策效能分析

现有共有产权住房政策研究集中于政策前期成本与合法性分析，已经对前期住房建设与分配环节进行了扎实的理论论证，却较少回应后期的社区治理问题，对复杂社会系统中的政策运行机制仍留有研究余地。对于政策执行后期，已有研究关注到产权登记、住房使用与交易等管理成本②，但受限于新型保障房社区治理的经验材料获取难度较大，尚未将居民入住后的社区治理效能纳入共有产权住房政策的研究中。

2017年9月30日，北京市经过近3年的筹备推出全市第一个公开摇号的共有产权住房项目——朝阳区的"锦都家园"，该项目提供了427套房

---

① 马秀莲：《在资产积累和可承担性之间：共有产权房的现状、挑战及出路》，《行政管理改革》2021年第3期。

② 崔光灿：《促进共有产权住房稳健发展的思考》，《行政管理改革》2022年第7期。

源；同年，住建委宣布计划在 5 年内完成 25 万套共有产权住房供地。到 2020 年底，北京市通过"收购转化"和"新增用地"两个渠道共完成了 75 个共有产权住房项目的入市，能够提供约 7.9 万套房源，启动申购项目 55 个，供给 5.8 万套房源。[①] 可见，在近 10 年的时间里，北京市共有产权住房供给不断扩大，积累了大量社区治理的经验，为将共有产权住房政策的分析由"住房建设与分配"扩展到"社区治理"领域提供了材料支撑。

（二）"福利损耗"的表现形式

以共有产权住房为代表的保障房建设原本是维护社会稳定、提升人民福祉的重要途径。福利损耗指的是政府投入大量财政与土地资源建设保障型住房，试图兼顾居民和城市的发展需求，实现提升居民获得感与幸福感的政策目标，但在完成住房供给之后，因为社区治理过程中的服务供需不匹配，居民对共有产权住房的政策预期与居住体验之间存在落差，反而造成居民的住房满意度下降，给属地政府引致大量投诉的治理悖论。

> 以 A 小区为例，共有产权住房居民、开发商、物业、配套商业楼宇经营者等主体间矛盾频发，属地政府的群众满意度显著降低。居民有组织地针对房屋质量、小区管理等问题进行反复投诉，正当维权与不合理诉求混杂；关于车位购买与使用、物业费与公维基金缴纳等问题长期存在内部争执。与此同时，上述矛盾缺乏前置性的制度化解决渠道：居委会、业委会成立过程阻滞，社区内部缺乏沟通氛围，居民推崇以报警应对日常矛盾、以法律诉讼应对权责纠纷、以集体抗议进行施压。

共有产权住房社区治理中的矛盾积累一方面会降低保障房政策受惠群体的幸福感和获得感，通过居民之间的信息传播损害潜在目标群体的购房意

[①]《北京市住房和城乡建设委员会关于印发〈北京市"十四五"时期住房保障规划〉的通知》（京建发〔2022〕339 号），http：//zjw. beijing. gov. cn/bjjs/xxgk/ghjh/325910357/index. shtml。

愿，增加共有产权房项目弃购率；另一方面会增加属地政府和物业的治理与服务成本，损害属地政府、房地产商和物业公司对共有产权房的规划、建设与服务的积极性。反之，若能提升共有产权住房社区治理水平，服务供给与住房供给将形成"1+1>2"的福利效应，有效提升保障房政策效果，从需求端与供给端两侧共同维护我国保障房长效发展。

（三）"福利损耗"的成因分析

1.多元治理主体的政策预期尚未统一

北京市发展型共有产权住房政策形塑了社区邻里结构。发展型共有产权住房政策的目标群体是"夹心层"，即超出了享受租赁型保障房的收入水平，但又无法负担商品住房价格的群体。2021年，《国务院办公厅关于加快发展保障性租赁住房的意见》指出："我国近年来有效改善了城镇户籍困难群众住房条件，但新市民、青年人等群体住房困难问题仍然比较突出。"北京市政府通过共有产权住房与"夹心层"分担住房成本、分享住房产权，也由此形成了社区治理中多元化的邻里结构。多元居民、企事业单位入驻后形成新的地缘关系。

以A小区为例，共有产权住房居民包括某大型科研院所工作人员、非北京市户籍居民、本区户籍居民三类群体，小区内部配套有多栋商业楼宇，入驻了不同性质的经营主体。小区居民之间对于是否应该足额缴纳物业费、是否应该购买车位争论不休，部分居民持有"政策性住房的配套设施定价也应该低于市场价格"的观点。未购买车位者在被小区物业拒绝开放车库时采取堵门策略，双方多次报警处理此事。此外，居民对于商业主体对楼宇的改造与扩大占地面积极为不满，反复投诉其违规建筑一事。违建与车库漏水、保洁不到位等事项共同构成了部分居民拒缴物业费的理由，2023年物业公司对未缴费居民下发律师函宣布即将进行起诉。

可见，发展型共有产权住房政策势必引向多元化的邻里结构。各方群体存在社会资本、生产生活方式的差异以及行动逻辑的分化。人才群体在单位逻辑下对全能政府的期待、本地居民在传统逻辑下对服务缴费的抗拒、外地居民在福利逻辑下对公共品的要求、市场主体在市场逻辑下对利益的追求，在公共事务中时有碰撞。如果不能妥善引导各方形成合理的政策预期，将大幅增加发展型保障房社区的治理难度。

2. 共有产权住房社区治理的权责分配仍待明晰

在邻里结构外，北京市发展型共有产权住房政策也形塑了社区治理中的权责结构，一方面体现在纵向政府部门之间的权责分配，另一方面体现在横向部门之间的权责分配。北京市共有产权住房政策由市级政府统筹推动，市住建委负责共有产权住房的政策制定和规划编制，各区政府负责土地供应、住房建设、配售、使用和退出，各层级和各区政府间权责并不完全对等；而横向部门在共有产权住房社区各类治理问题的监督管理中，住建、民政、公安、城管、环保等部门责任和街镇属地责任之间尚且存在一定的交叉。

以 A 小区为例，居民对于保障房配套车位与物业费按照市场水平定价不满，频繁投诉开发商与物业，要求住建部门加以干预。实际上，北京市共有产权住房的地价与房价分别在土地上市前和房屋开售前由政府部门评估审定，在房屋售价之外的车位销售与租赁价格、物业服务价格则由开发商和物业公司按市场标准定价。尽管区住建委早已于 2021 年出具了《信访事项办理意见书》，截至 2023 年，该小区居民内部、居民与物业之间、居民与属地政府之间的争议仍在持续。与之类似，A 小区居民针对商业楼宇改造的投诉在住建委、城管、规划局之间也难以确定监管责任。

共有产权住房社区多元主体间权责分配模糊引发避责行为。一方面，共有产权住房建设初期，负责规划的市住建委和街镇均不具备协调条条部门的权力，直面居民诉求的居委会和服务站并不具备行政权力。另一方面，共有产权住房运行后期，城市郊区承接了中心城区单位人才和户籍人口，职住分离的情况下公共服务责任与经济发展权在城区之间分离，权责模糊地带易产生治理真空。

3. 新建社区的共治能力尚未发育完善

北京市共有产权住房的选址受到建设用地使用的机会成本限制，住房区位的分布基本覆盖了产业密集区，但在本区内部却处于地价和房价的洼地。值得注意的是，就北京市共有产权住房在全市的分布范围而言，其已经兼顾了中心城区与远近郊区的住房需求，也试图平衡"中心城区人口疏解"与"职住平衡"的发展目标。2017 年，北京市完成的首批共计 38 宗共有产权住房用地供给中，用地面积达到 207 公顷，对应着 403 万平方米的规划建筑面积，其中 75% 的地块分布于除东城、西城外的各中心城区和用于承接中心城区人口疏解的近郊新城区，包含位于朝阳、海淀、丰台、石景山的 53 公顷用地，位于大兴、通州、顺义、昌平和房山的 104 公顷用地。[①]

由于目前我国超大城市的公共服务与基础设施仍然在一定程度上附属于产权住房，而城市内部不同区域的基础教育质量、交通便利性、医疗卫生服务水平等不可避免地存在区位差异。与此同时，共有产权住房社区居委会、业委会成立流程多被搁置，住房所在地的市场和社会组织的发育水平又不足以承接外包服务，不同群体和组织的多元服务需求难以得到满足。

> 以 A 小区为例，在居民入住三年的时间内该小区始终由临近居委会代管。居民对于业委会和居委会的成立需求迫切，希望通过自治组织获得公共维修基金支配、小区内健身设施和电动车棚修建等事项的决策权。为此，几名居民代表反复向镇政府提出要求，长期未收到满意答复后居民之间出现了开发商与属地政府共谋的猜测。在 2023 年社区筹备

---

① 数据来源：http://www.bjmtg.gov.cn/mtg11J208/jggs52/201801/e1e7b630cf6b45debe82eb48 dc89a056.shtml。

组通过物业向居民收集信息开展小区入住率摸底工作时，诸多居民却出于对物业的不信任和长期积怨而拒绝提供身份证信息，只愿填写入住人数，居委会成立一事再次搁置。

随着购房者的入住和户籍迁入，居民的服务与自治需求会出现即时增长，且新迁入居民和企业比拆迁前村民的公共服务需求标准更高、事务类别更加庞杂。但共有产权住房属地政府财政、人力、经验有限，当新居民的服务需求长期难以得到满足且沟通不畅时，如果缺乏共建共治平台，公共服务的供需矛盾将难以化解且容易形成累积效应，属地政府会直面居民更为激烈的诉求表达形式并且面临公信力受损的风险。

四　政策启示

共有产权住房社区作为多元治理主体长期互动、权责交织的关键节点，是建设治理共同体的理想场域。"福利损耗"的破解实质上是以各方主体的再社会化建立社区秩序的过程，社区系统针对发生结构性变迁的外部环境进行调适，再生产出一套社区内部共享的行动逻辑和价值规范，实现社区秩序重构。共有产权住房社区结构既对治理提出挑战，也暗含着建设共同富裕社会的机遇。政策的发展完善本身需要经历一个过程，建议从以下三个方面搭建共治共享共建的治理平台。

（一）统一政策认知，明确政策预期

在各政府部门、市场组织以及社会组织已经为发展型保障房社区提供了良好公共服务的前提下，居民稳定且统一的政策认知与预期是进一步提升以北京市为代表的发展型保障房政策效果的关键。幸福感与获得感归根结底是居民的主观感受，不仅受到住房质量和治理水平的影响，也受到心理预期与现实落差的影响。在共有产权住房这类新型政策中，居民持有"与政府共有"的认知，对住房福利抱有较高期待。统一政策认知与预期，一方面需要进一步明确政策规定，另一方面需要向公众有效传播政策规定，可以借助媒体向公众展示典型案例小区的沟通过程，发挥示范与明确政策的作用。

（二）明确权责结构，激发共治意愿

从北京市共有产权住房政策的制定源头入手，不断接受实践的反馈，持续出台具有针对性的法规细则和权责清单，逐步调试明晰共有产权住房社区治理的权、责、利在各层级政府之间、各政府部门之间、共同持有产权份额的政府与居民之间、政府与市场主体之间的分配。例如，在共有产权住房居民入住之前，有效落实居委会代管制度，探索"服务先行"的群众自治组织建设模式，避免新建小区临时挂靠的居委会服务难以涵盖新迁入居民，出现治理真空。以不闹就解决的办事效率扭转居民大闹大解决、小闹小解决的认知，建构政社互信。在明确各治理主体之间权责结构之后，分阶段地进行情感建设与利益聚合，激发共治意愿。

（三）培育共治能力，搭建共治平台

共有产权住房社区在前期发展阶段已经出现了"野蛮生长"的居民自组织形态，即便是互相冲突的行动逻辑各有优势，市场逻辑有效率优势，单位和传统逻辑带有对抗社会原子化的基因，但新建社区中无论是政府、市场还是居民主体均面临着治理需求的转型。一方面，为疏解人口密集的中心城区压力，除了为承接人口的城区政府提供财政补偿外，在人力、经验等治理资源方面也可以加强支援，人口转移的同时提升所在地政府的治理能力。另一方面，可以引入社会组织为居民表达合理诉求、物业提供良好服务开展培训，帮助其提升参与社区公共事务的能力。在能力建设之外，还需搭建常态化的沟通平台，以线上线下相结合的方式开展议事会、兴趣小组等共治活动，共同约定社区规则，捋顺不同主体之间的行为逻辑。

总之，北京市共有产权住房社区治理效果的提升对完善我国住房保障和供应体系建设具有重要意义。一方面，低于市场价格的房价有助于增加新市

民拥有产权住房的机会，受限制的住房交易能够压缩市场主体与个人的寻租空间，市场作为开发建设主体可以减轻政府的财政压力，有助于"房住不炒"的制度建设。另一方面，北京市共有产权兼顾多元主体的特征有助于不同类型的家庭混合居住、相互融合，新老市民共同分享城市发展成果，有助于民生福祉达到新水平的"十四五"目标达成。

参考文献

陈思、叶剑平、薛白：《产权视角下共有产权住房模式的政策探讨及选择》，《经济体制改革》2019 年第 1 期。

崔光灿：《促进共有产权住房稳健发展的思考》，《行政管理改革》2022 年第 7 期。

樊佩佩：《从"居住权"到"发展权"：大城市住房产权多元化与新市民居住正义的实现》，《学海》2021 年第 6 期。

胡吉亚：《共有产权房中的博弈分析》，《湖南大学学报》（社会科学版）2019 年第 6 期。

马秀莲、韩君实：《中国城市青年住房：代际差距扩大及影响机制》，《公共行政评论》2022 年第 4 期。

马秀莲：《在资产积累和可承担性之间：共有产权房的现状、挑战及出路》，《行政管理改革》2021 年第 3 期。

聂石重、刘少杰：《住房产权差异中的空间表象冲突与矛盾化解》，《新视野》2021 年第 3 期。

宋宗宇、张晨原：《我国共有产权住房转让制度研究》，《西南民族大学学报》（人文社科版）2020 年第 3 期。

吴宾、张丽霞：《"政策扩散异化"何以发生？——以 A 区共有产权住房政策过程为例》，《公共管理学报》2022 年第 2 期。

吴立群、宗跃光：《共有产权住房保障制度及其实践模式研究》，《城市发展研究》2009 年第 6 期。

朱亚鹏、孙小梅：《重新理解中国住房模式：基于深圳住房发展的案例研究》，《社会学研究》2022 年第 3 期。

B.13
北京市生活垃圾分类政策工具的
居民偏好与优化建议[*]

郭施宏　杨娜娜　李阳[**]

摘　要： 考虑居民偏好的政策工具选择对于有效执行城市生活垃圾分类政策，落实北京市两件关键"小事"具有重要现实意义，通过问卷调查和深度访谈相结合的方式，本报告从代际差异的视角，分析了北京市居民对四类垃圾分类政策工具的偏好。政策类型主要包括权威型工具、激励型工具、信息型工具和能力型工具，其中，居民对能力型工具的认可度相对较高，对信息型工具的认可度相对较低；对激励型工具的支持度相对较高，对能力型工具的支持度相对较低。从代际群体来看，青年、中年和老年群体对于四类政策工具表现出差异化的偏好，且各代际人群存在不同程度的知行不一的情况，在信息型工具和能力型工具上表现出较强的知行不一致性。进一步分析发现，权威型工具未有效发挥约束作用，激励型工具未充分匹配政策属性，信息型工具未清晰传递政策信号，能力型工具未有效推动自觉行动。基于此，政府的垃圾分类政策工具选择需要充分考虑各代际人群的偏好，清晰传递垃圾分类的政策信号，发挥负向激励工具的约束作用，以及加强居民自觉行动的能力配套。

---

* 国家自然科学基金项目"行为公共治理视角下气候政策执行有效性研究"（72304024）、北京市社会科学基金规划青年项目"共建共治共享理念下垃圾分类的多元主体参与机制研究"（21SRC018）的阶段性成果。

** 郭施宏，博士，北京工业大学文法学部讲师，主要研究方向为政策过程、环境社会学；杨娜娜，北京工业大学文法学部，主要研究方向为环境社会工作；李阳，博士，北京工业大学文法学部讲师，主要研究方向为环境社会学。

关键词：　生态治理　无废城市　政策执行　政策遵从　行为科学

一　引言

习近平总书记多次就垃圾分类作出重要批示。2017 年以来，中国城市生活垃圾分类政策经历了倡导型向强制型的变迁。2017 年 3 月国家发改委和住建部发布了《生活垃圾分类制度实施方案》，要求 46 个城市率先对生活垃圾进行强制分类，并明确 2020 年底前城市生活垃圾回收利用率要达到 35% 以上。进入强制分类阶段后，前期倡导分类阶段的政策工具和动员方式面临失效的困境，亟须作出改变。[①]

2020 年，新版《北京市生活垃圾管理条例》正式实施，标志着北京市正式进入生活垃圾强制分类阶段。北京市社区（村）主要采用桶站值守指导以及悬挂宣传条幅、入户宣传指导等诸多动员方式，调动居民垃圾分类的积极性。[②] 但是，北京市统计局 2020 年 1 月和 11～12 月在全市 16 个区开展的城市居民垃圾分类调查显示，只有 35.8% 的被访者能够对四类生活垃圾（可回收垃圾、厨余垃圾、有害垃圾和其他垃圾）严格进行分类投放；59.8% 的被访者基本能做到分类投放。[③] 整体来看，目前居民垃圾分类的意识和习惯尚未形成，对政府的动员方式配合度不高，存在"官动民不动"的困境。

政策工具是促进居民遵从政策的重要手段。目前，北京市大多街道和社区采取能力型政策工具（如桶前值守指导）和信息型政策工具（如悬挂宣

[①] 宋国君、代兴良：《基于源头分类和资源回收的城市生活垃圾管理政策框架设计》，《新疆师范大学学报》（哲学社会科学版）2020 年第 4 期。

[②] 北京市统计局：《垃圾分类成效明显——北京市城乡居民垃圾分类意识及现状调查报告》，http://tjj.beijing.gov.cn/tjsj_31433/sjjd_31444/202105/t20210513_2388584.html。

[③] 北京市统计局：《北京市城乡居民垃圾分类意识及现状调查》，http://tjj.beijing.gov.cn/zwgkai/cgzdwdcxm/202204/t20220407_2655577.html。

传条幅、张贴宣传海报、入户宣传指导）。[①] 基于此开展调查研究，本研究从代际差异的视角，分析居民对垃圾分类政策工具的偏好，探析政策工具使用的困境及相应的优化建议，从而促进北京市强制型垃圾分类政策的落实，提升首都生态和社会治理绩效。

二 研究设计

（一）调查设计

本研究采用问卷调查和深度访谈相结合的方式开展调查研究。2021年5~8月，本研究对北京市垃圾分类政策工具及居民垃圾分类的自觉行动情况开展问卷调查，问卷主要分为北京市居民特征、垃圾分类状况，以及对垃圾分类政策的支持程度、认可程度三部分，问卷内容包括居民年龄、学历、工作状态、政治面貌、对垃圾分类政策的知晓度、日常垃圾分类行为、参与垃圾分类志愿活动情况、对垃圾分类动员方式的认可度以及支持度等。为了确保问卷的信度和效度，采取线上调查和线下走访相结合的方式发放问卷，共获得353个有效样本。

与此同时，2020~2022年，研究团队通过半结构化访谈的方式，先后在北京市朝阳区、通州区、东城区、海淀区等地区开展了垃圾分类的调研，访谈的对象包括街道干部、社区居委会干部、社区居民等。基于此，本研究对所收集的数据资料进行整理和分析，用SPSS统计分析软件对居民信息、居民对垃圾分类动员方式的认可度和支持度进行描述性统计，分析居民年龄与动员方式的相关性，探究居民对政策工具的偏好等内容。

（二）政策工具分类

在进行垃圾分类政策推广时，政府以及社区会采用各种举措来推动垃圾

---

① 北京市统计局：《北京市城乡居民垃圾分类意识及现状调查》，http：//tjj. beijing. gov. cn/zwgkai/cgzdwdcxm/202204/t20220407_ 2655577. html。

分类政策的实施。本研究调查了 8 种街道与社区垃圾分类动员方式，包括将屡教不改的人列入失信名单、将屡教不改的人信息在社区公开、积分兑换小礼物、个人混投垃圾罚款、设置宣传横幅、社区工作人员上门动员、配备志愿者监督、物业增加人手帮助垃圾分类。参考相关文献①，本研究将 8 种动员方式归纳为四类常见的政策工具（见表 1）。

表 1　政策工具分类

工具类型	动员方式
权威型政策工具	将屡教不改的个人列入失信名单
	将屡教不改的个人的部分信息在社区公开
激励型政策工具	个人混投垃圾将被处以 200 元罚款
	个人按照要求分类可以积分兑换小礼物
信息型政策工具	社区内设置垃圾分类的宣传横幅、海报等
	社区工作人员上门动员讲解
能力型政策工具	垃圾桶站边上配备志愿者监督分类
	物业增加人手帮助居民进行垃圾分类

第一，权威型政策工具。权威型政策工具指的是政府直接限制、禁止或采取某项行动，包括制裁和禁令、授权等，这类政策工具较为严格，需要目标群体清楚了解违反规定的后果。将垃圾分类屡教不改的人列入失信名单和将屡教不改的人信息在社区公开的方式属于权威型政策工具，能够起到威慑效果。但居民可能会对权威型政策工具产生抵触心理。

第二，激励型政策工具。激励型政策工具指的是政府通过有形的正向激励或负向激励引导目标群体遵从政策，激励型政策工具包括征税、罚款等。居民在进行垃圾分类行为后可累计积分兑换礼物符合激励型政策工具的正向

① 李燕、苏一丹、朱春奎：《公民政策遵从研究述评：基于"政策情境"与"行为特征"的二元视角》，《公共行政评论》2021 年第 4 期。

激励,通过积分兑换小礼物的形式能够激发居民主动进行垃圾分类行为。混投垃圾罚款的方式符合激励型政策工具的负向激励,能够督促居民的行为,让居民主动进行垃圾分类。

第三,信息型政策工具。信息型政策工具指的是政府为人们提供具有说服力的理由(为什么要这样做)和正确的信息(怎么去做),包括理性辩论和说服性交流、信息披露及示范项目等。在垃圾分类政策颁布后,政府需要宣传垃圾分类政策,确保居民知晓政策。社区设置宣传横幅可以快速宣传政策,让居民了解政策;社区工作人员上门动员则能够帮助社区居民更好地理解政策以及动员其加入垃圾分类行动。但这一工具只有在目标群体可以被各种信息说服,且相关信息与社会环境不冲突的情况下才能生效。

第四,能力型政策工具。能力型政策工具指的是政府通过提供咨询、技能培训等方式,使个人、团体或组织能够做出决策或行动。能力型政策工具认为目标群体在激励措施没有问题的情况下缺乏按照政策规定采取行动所必需的技能或其他资源。配备志愿者监督能够为居民开展垃圾分类行为时提供咨询,提高居民的垃圾分类能力,帮助居民正确分类。物业增加人手帮助居民进行垃圾分类,从而节约居民的精力和时间成本,但可能会增加居民的资金成本。

(三)描述性统计

本研究基于代际差异视角,将 353 个样本的居民分为三个年龄群体,如表 2 所示,青年群体为 18~35 周岁居民,共 141 人,中年群体为 36~59 周岁居民,共 104 人,老年群体为 60 周岁及以上居民,共 108 人,三个群体分别占总样本的 39.94%、29.46% 和 30.60%。

从学历、工作状态和政治面貌来看,59.77% 的受访者为本科/大专学历;工作状态多为非农工作、退休和在校学生;群众所占比例为 53.82%,中共党员所占比例为 45.90%。

表2 被调查者基本信息

单位：人，%

项目	选项	频数	百分比
年龄	18~35周岁	141	39.94
	36~59周岁	104	29.46
	60周岁及以上	108	30.60
学历	初中及以下	32	9.07
	高中/中专	67	18.98
	本科/大专(含在读)	211	59.77
	硕士研究生(含在读)	30	8.50
	博士研究生(含在读)	13	3.68
工作状态	务农	3	0.85
	非农工作	133	37.68
	在校学生	87	24.65
	无业	8	2.27
	退休	122	34.56
政治面貌	中共党员(含预备党员)	162	45.90
	民主党派	1	0.28
	群众(含共青团员)	190	53.82
合计		353	100.00

从代际人群的差异来看，青年群体对垃圾分类政策知晓度最低，青年群体中有62.4%的人尚不知晓2020年所颁发的新版《北京市生活垃圾管理条例》。同时，青年群体垃圾分类志愿者比例最少，超过一半的青年群体未参与过垃圾分类志愿者活动；老年群体参与志愿服务活动的意愿最高，超过七成的老年居民担任过垃圾分类志愿者。

三 政策工具偏好分析

政策颁布后需要通过政策工具来实现政策目标，因此政策工具的选择需要考虑居民对政策工具的偏好，以达到政策有效执行的目的。[1] 作为生活垃

---

[1] 唐贤兴：《政策工具的选择与政府的社会动员能力——对"运动式治理"的一个解释》，《学习与探索》2009年第3期。

圾分类政策的目标群体，如果缺乏对居民政策工具偏好的考虑，就会造成政策工具使用的失灵。基于此，本研究将推动垃圾分类的8种动员方式分为四大类政策工具，进一步探究不同代际人群对这四类政策工具的认可度差异、支持度差异以及知行一致性。

（一）代际人群与政策工具偏好的相关性分析

首先，本研究对年龄与居民对政策工具的认可度和支持度的相关性进行分析。认可度是指居民认为政策工具对其养成垃圾分类习惯的作用程度，支持度是指居民对垃圾分类政策工具表示支持并予以响应的程度。设定认可度以及支持度最低分为1分，最高分为4分。

表3报告了居民年龄与垃圾分类政策工具认可度的相关性检验，结果显示，居民年龄与大多数政策工具的认可度都呈现显著的相关关系。具体而言，居民年龄与权威型政策工具中"将屡教不改的个人的部分信息在社区公开"，信息型政策工具中"社区内设置垃圾分类的宣传横幅、海报等"以及"社区工作人员上门动员讲解"，激励型政策工具中"个人混投垃圾将被处以200元罚款"，以及能力型政策工具中"物业增加人手帮助居民进行垃圾分类"之间都呈现显著的相关关系。

表4报告了居民年龄与垃圾分类政策工具支持度的相关性检验，结果显示，居民年龄与大多数政策工具的支持度呈现显著的相关关系。具体而言，居民年龄与权威型政策工具中"将屡教不改的个人的部分信息在社区公开"及"将屡教不改的个人列入失信名单"，激励型政策工具中"个人混投垃圾将被处以200元罚款"，信息型政策工具中"社区内设置垃圾分类的宣传横幅、海报等"以及"社区工作人员上门动员讲解"，能力型政策工具中"成为垃圾分类监督志愿者"之间都呈现显著的相关关系。

相关性检验的结果表明，不同代际人群的政策工具偏好具有显著差异，因此，本研究进一步对这种偏好差异进行分析。

表3 居民年龄与政策工具认可度相关性分析

工具类型	动员方式	检验值
权威型政策工具	将屡教不改的个人列入失信名单	0.076
	将屡教不改的个人的部分信息在社区公开	0.140 **
激励型政策工具	个人混投垃圾将被处以200元罚款	0.148 **
	个人按照要求分类可以积分兑换小礼物	0.110 *
信息型政策工具	社区内设置垃圾分类的宣传横幅、海报等	0.328 **
	社区工作人员上门动员讲解	0.283 **
能力型政策工具	垃圾桶站边上配备志愿者监督分类	0.071
	物业增加人手帮助居民进行垃圾分类	0.167 **

注：* $p<0.05$，** $p<0.01$。

表4 居民年龄与政策工具支持度相关性分析

工具类型	动员方式	检验值
权威型政策工具	将屡教不改的个人列入失信名单	0.182 **
	将屡教不改的个人的部分信息在社区公开	0.186 **
激励型政策工具	个人混投垃圾将被处以200元罚款	0.187 **
	个人按照要求分类可以积分兑换小礼物	0.088
信息型政策工具	社区内设置垃圾分类的宣传横幅、海报等	0.178 **
	社区工作人员上门动员讲解	0.231 **
能力型政策工具	成为垃圾分类监督志愿者	0.152 **
	小幅增加物业费,让物业人员帮助进行垃圾分类	0.042

注：* $p<0.05$，** $p<0.01$。

（二）代际人群的政策工具偏好分析

1.认可度分析

认可度反映了居民对政策工具在其养成垃圾分类习惯过程中发挥作用的程度。图1显示了各代际群体对垃圾分类政策工具的认可度。通过认可度分析可以得到以下几点发现。

第一，青年群体对能力型工具的认可度最高，其次为激励型工具和权威型工具，青年群体对信息型工具的认可度最低。具体而言，由于受调查的青

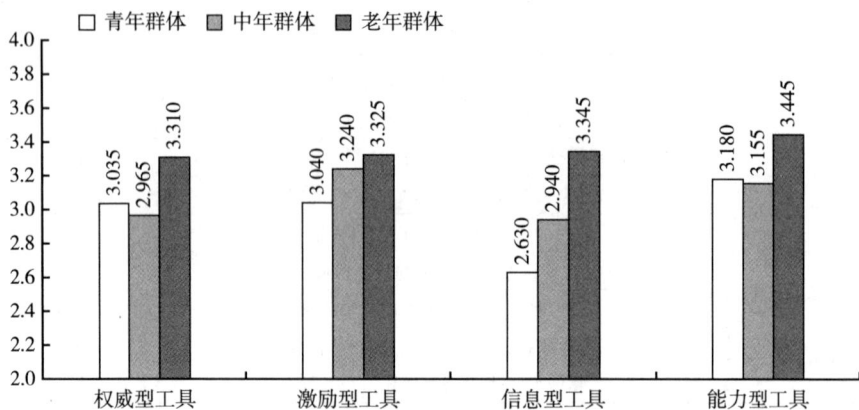

图 1　各代际人群对政策工具的认可度

年群体大多为学生群体，多在校居住，信息型工具中"社区内设置垃圾分类的宣传横幅、海报等"以及"社区工作人员上门动员讲解"的方式对于在家时间少的青年群体来说宣传作用较小。而依靠社区中的志愿者监督、物业人员协助等能力型工具对于这一群体而言具有较强的作用。

第二，中年群体对激励型工具的认可度最高，其次为能力型工具和权威型工具，中年群体对信息型工具的认可度最低。中年群体大多处于工作状态，生活压力较大，他们对激励型工具中积分兑换小礼物的动员方式认可度最高，这可以在一定程度上为中年群体提供娱乐支持，减轻他们的生活压力。值得注意的是，中年群体对信息型工具使用方式的认可度存在一定差异，他们更倾向信息的提供是在社区的公共空间中，对于"社区工作人员上门动员讲解"的方式认可度低，说明中年群体更在乎私人空间和公共空间的边界感，希望个人空间不被打扰。

第三，老年群体对能力型工具的认可度最高，其次为信息型工具和激励型工具，老年群体对权威型工具的认可度最低。受调查的老年群体大多处于退休状态，随着老年群体年龄增大其活动能力逐渐下降，志愿者以及社区帮助分类能够减轻他们的压力，因此他们对于这类政策工具的认可度较高。

整体而言，各代际人群对各种类型的政策工具存在不同的偏好，对能力型工具的认可度相对较高，对信息型工具的认可度相对较低。在权威型工具和能力型工具的认可度上，老年群体最高，青年群体次之，中年群体最低；在信息型工具和激励型工具的认可度上，老年群体最高，中年群体次之，青年群体最低。

2. 支持度分析

支持度指的是各代际人群对垃圾分类动员方式的支持程度。图 2 显示了各代际群体对垃圾分类政策工具的支持度。通过支持度分析可以得到以下几点发现。

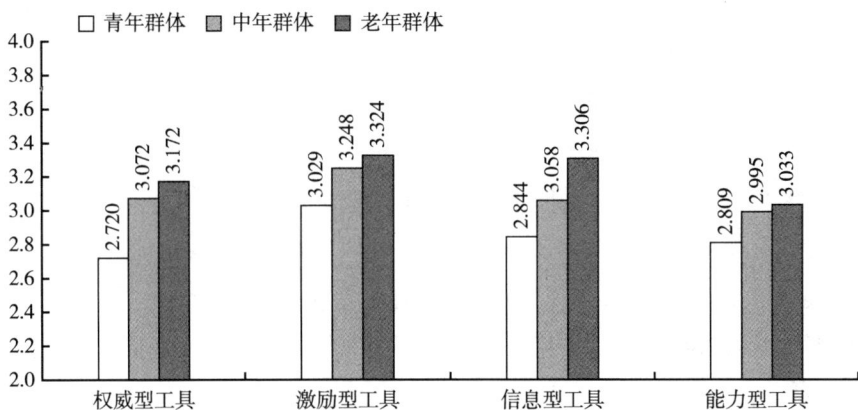

图 2　各代际人群对政策工具的支持度

第一，青年群体对激励型工具的支持度最高，对于权威型工具的支持度最低。在激励型工具中，青年群体对于负向激励的支持程度低，对正向激励的支持程度高，更喜欢获得垃圾分类的奖励，而不希望因垃圾混投受到处罚。这一结果也与垃圾分类政策知晓度调查结果吻合，青年群体是知晓新版《北京市生活垃圾管理条例》中"个人混投垃圾将被处以 50 元以上，200 元以下罚款"这一规定比例最低的群体。同时，调查结果也反映出，权威型工具较为严格，具有威慑效果，青年居民容易产生抵触心理。

第二，中年群体对激励型工具的支持度最高，对于能力型工具的支持度最低。激励型工具能够让居民在垃圾分类中获益，带给居民垃圾分类的动力，因此受到了各代际人群较广泛的支持，尤其是中年群体。与认可度类似，中年群体对信息型工具中不同动员方式的支持度也有所差异，对社区内设置宣传横幅的动员方式支持度较高，但对社区工作人员上门讲解的动员方式支持度较低。

第三，老年群体对激励型工具的支持度最高，对于能力型工具的支持度最低。受调查的老年群体大多为退休人群，对于涉及资金的政策工具较为敏感。例如，激励型工具中"个人按照要求分类可以积分兑换小礼物"的动员方式对于老年群体而言具有较强的吸引力；而对于能力型工具中"小幅增加物业费，让物业人员帮助进行垃圾分类"的动员方式，老年群体的支持程度就远低于其他群体。

整体而言，四类政策工具的支持度都是按照老年、中年、青年群体依次递减，老年群体对政策工具的支持度高于其他群体。各代际人群对政策工具的支持度有相似之处，也存在一定差异。相似之处在于，各代际人群对激励型工具支持度相对较高，对能力型工具的支持度相对较低；差异之处在于，青年群体对权威型工具的支持度较低，而中老年群体对能力型工具的支持度较低。

（三）知行一致性分析

知行一致性反映的是居民对政策工具认可度与支持度之间的一致程度，探究居民的认知与行为是否一致。图 3 显示了各代际群体对垃圾分类政策的知行一致性程度（支持度值减去认可度值）。当一项政策工具的知行一致性程度值为正时，说明居民对该政策工具的支持度高于认可度；当一项政策工具的知行一致性程度值为负时，说明居民对该政策工具的支持度低于认可度。知行一致性的绝对值越高，说明居民对该政策工具的知行越不一致；反之则说明知行越一致。通过知行一致性分析可以发现，各代际人群存在不同程度的知行不一的情况，在权威型工具和能力型工具上表现出较强的知行不一致性。

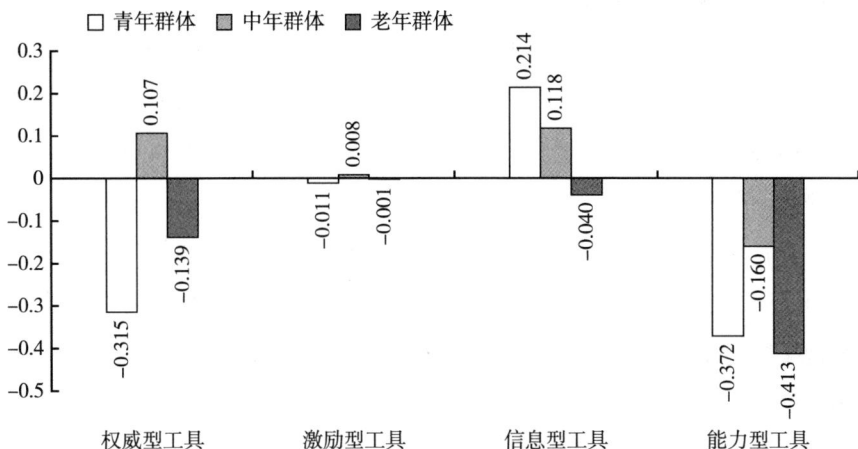

图3　各代际人群知行一致性差异分析

第一，从权威型工具来看，各代际人群表现出不同的知行差异。青年群体和老年群体对于权威型工具的认可度高于支持度；而中年群体则相反，他们对权威型工具的支持度高于认可度。这表明青年和老年群体，对于带有强制性特征的权威型工具会表现出更明显的抵触心理。这需要政府在采用这类政策工具时，重点在青年群体和老年群体中做好政策解释和情绪引导工作。

第二，从激励型工具来看，各代际人群均表现出较强的知行一致性，即对激励型工具的认可度和支持度大致相当。但值得注意的是，居民对正向激励型工具表现出"高认可、高支持"的情况，而对负向激励型工具表现出"低认可、低支持"的情况。这一现象说明，当前北京市的强制垃圾分类政策宣传并未清晰地传递强制分类或处罚性信息，即使多数居民知道垃圾混投将被处罚的规定，但对此依然不以为意。目前，社区垃圾分类的宣传标语多为倡导性和鼓励式的内容，例如"垃圾分类、低碳生活"等，鲜有明确告知垃圾混投的个人将被处以罚款的宣传信息。

第三，从信息型工具来看，信息型政策工具主要涉及垃圾分类政策的宣传内容和方式。大多数居民，尤其是中青年群体，认为信息型工具并不是很有效，但却表现出较高的支持度，即"低认可、高支持"的情况。对信息型工具的高支持度反映了居民认为垃圾分类的政策宣传具有必要性，而且这种宣传往往不会直接影响个体利益。但是，低认可度说明当前垃圾分类政策的宣传内容和宣传方式并未获得居民的共鸣，居民无法深刻认识到垃圾分类的主要目的和重要性。

第四，从能力型工具来看，三类群体均表现出较强的知行不一问题，即"高认可、低支持"的情况。对于通过志愿者监督、匹配物业人员协助垃圾分类这类能力型工具，各个群体均表现出较高的认可度，尤其是青年和老年群体。但是，一旦涉及个人参与志愿者监督，或者涉及物业费调整，青年和老年群体会表现出较高的敏感性，前者在时间上会表现出更高的敏感性，而后者在资金上会表现出更高的敏感性，随即表现出对能力型工具低支持度的情况。

四　政策工具使用的困境分析

在问卷调查的基础上，本研究进一步通过深度访谈发现，当前北京市街道和社区在垃圾分类政策工具使用上存在以下几个方面的困境。

（一）权威型工具未有效发挥约束作用

虽然权威型政策工具被认为具有较强的约束力，但其实际效果取决于两个方面。首先，工具的设计合理性和居民接受度会影响其作用发挥。权威型工具容易引起争议并激起居民的抵触情绪，例如调查中涉及的征信和个人信息公开等做法可能引发居民对滥用征信和侵犯隐私的担忧，尤其在青年和老年群体中更为明显。其次，过度依赖自愿型政策措施也会削弱权威型工具的效果。尽管已进入强制分类时代，但北京市街道社区层面的垃圾分类动员仍以宣传教育为主，难以向居民传递强制分类政策的严肃性，从而减弱了权威型政策工具的约束力。

（二）激励型工具未充分匹配政策属性

与既往倡导性目标不同的是，强制垃圾分类政策的目标强调"违者受罚"的属性和负向激励工具的使用。但是，当前垃圾分类动员过度依赖倡导时代的正向激励工具，如积分兑换、补贴等。这会进一步强化居民对正向激励工具的偏好，而抵触负向激励工具的实施。调查结果也显示（见图4），虽然居民认为积分激励的方式作用程度一般（3.18），但对积分激励方式的支持程度最高（3.36）；虽然居民认为罚款的方式较有效（3.20），但支持罚款的程度（3.07）却远低于支持积分激励的程度（3.36）。[①] 另外，罚款等负向激励工具，虽然被证明对于约束个人行为具有更好的效果，但在居民普遍接受度不高，且不被理解的情况下，容易出现"法不责众"的取证难、执法难困境。收费是另一类被广泛使用的负向激励工具，但北京市目前按户或按人固定收取垃圾处理费的收费机制还无法让居民接受为保护资源环境付费的代价，也难以激励居民进行垃圾源头减量和分类。

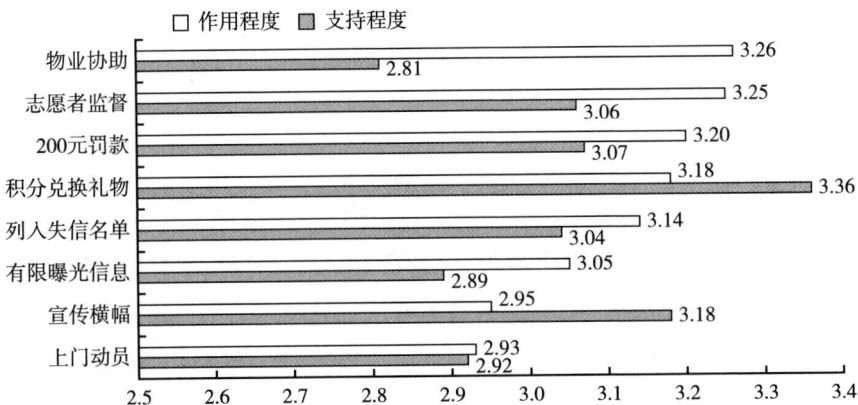

图4 垃圾分类动员举措的作用程度和支持程度的比较

[①] 括号内数值为居民认为垃圾分类动员方式的作用程度或支持程度，数值介于1~4之间，数值越高，表明作用或支持程度越高。

（三）信息型工具未清晰传递政策信号

信息型工具未能清晰传递垃圾分类的政策信号是另一重要困境。一方面，信息型工具未明确传递出强制性的政策信号。当前，垃圾分类的政策宣传主题多为"绿色""低碳""文明""卫生""幸福"等较为模糊的概念，宣传内容缺乏针对性和实效性，居民无法深刻认识到垃圾分类的重要性和迫切性，难以形成社会共鸣。另一方面，信息型工具未明确传递垃圾分类的政策目标。垃圾分类政策的主要目标和重点在于源头减量。① 但是，政策宣传却将重点只放在厨余垃圾的分离上，厨余垃圾的分出率被作为考核垃圾分类成效的主要指标之一，而有害垃圾和可回收垃圾的分离却被忽视，这与居民认知存在偏差。图 5 显示，受访居民认为垃圾分类最主要的目的是"将可回收垃圾分离出来，循收利用，节约资源"和"将有害垃圾分离出来，避免环境污染"的比例最高，分别为 87.29% 和 80.23%，而仅有 17.80% 的受访居民认为"将厨余垃圾分离出来，降低垃圾湿度，提高垃圾焚烧效率"是垃圾分类的主要目的。这一结果也使得居民对垃圾分类的政策目标缺乏了解，从而缺乏对当前主流动员方式的认同感。

（四）能力型工具未有效推动自觉行动

能力型工具是较受居民欢迎的一类政策工具，能够提升居民垃圾分类的能力或帮助完成垃圾分类。但是，这类政策工具使用不当将导致两方面的问题。一是成本较高，难以持续。无论是雇用垃圾桶站值守员、外包第三方企业，还是招募志愿者协助居民进行垃圾分类，对于街道和社区而言都具有较高的成本负担。而一旦这类成本转移给居民，居民对此的支持度将大幅下降。二是过度依赖第三方力量不利于自觉分类习惯的形成。一旦第三方组织

① 郭施宏、陆健：《城市环境治理共治机制构建——以垃圾分类为例》，《中国特色社会主义研究》2020 年第 5 期。

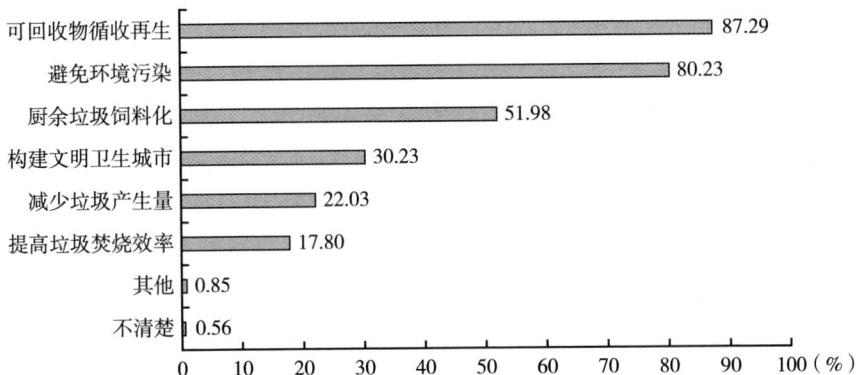

图5 受访居民认为垃圾分类的主要目的

注：该调查题目题干为"您认为垃圾分类的主要目的是什么？（限选3项）"，图中的主要目的为问卷中选项的简略版，问卷中的选项分别为"将可回收垃圾分离出来，循收利用，节约资源""将有害垃圾分离出来，避免环境污染""将厨余垃圾分离出来，用于饲料等再利用""将厨余垃圾分离出来，降低垃圾湿度，提高垃圾焚烧效率""减少垃圾产生量，减轻焚烧和填埋产生的污染""构建文明卫生城市，实现低碳绿色生活""其他""我不清楚垃圾分类有什么用，只是为了响应政府要求"。

或个人的分拣代替居民的源头分类，垃圾分类就将处于"政府出钱、居民旁观、企业分类、交差了事"的尴尬境地。[①] 第三方组织或个人甚少起到监督和教育居民垃圾分类的作用，也不可能对居民行为产生约束作用，这抑制了居民的自发意识和自觉行动的形成。

五　对策建议

针对居民的政策工具偏好，政府的政策工具选择需要充分考虑各代际人群的差异，根据群体特征，选择不同的政策工具。尤其是对一些居民知行差异较大的政策工具，政府需要通过政策解释、情绪引导、舆论宣传等方式，提高居民的认可度和支持度，从而促使居民知行合一，提高社会动

---

① 常纪文、赵凯、侯允：《在全国依法科学有效推进垃圾分类的建议》，《环境保护》2020年第22期。

员的有效性。同时，需要通过以下几个方面，化解当前出现的政策工具使用困境。

（一）清晰传递垃圾分类的政策信号

一是要向全社会清晰明确地传达垃圾分类政策目标，避免使用抽象模糊的概念，如"低碳""绿色""文明""卫生"等。政府应首先确立和贯彻垃圾处理的优先次序原则，明确垃圾分类的核心目标是从源头减量，而不是末端减量。通过立法和宣传教育，将源头减量、重复使用和回收利用的垃圾处理优先次序渗透到生产生活的各个环节，为居民的垃圾分类提供明确的指导方向。明确的垃圾优先处理次序是成功应对垃圾危机和动员垃圾分类的关键。

二是应采用"接地气"的宣传教育方式，让居民对垃圾分类产生情感共鸣和价值认同。近年来，"土味"宣传标语的普及，说明相较于"官话"式的宣传标语，居民更容易接受明确、直接、贴近生活的信息传递方式。尽管居民高度支持垃圾分类的宣传教育，但也认为当前宣传标语的作用有限。因此，垃圾分类的宣传教育需要结合居民需求和关键时机，利用新媒体等传播媒介，明确传递当前垃圾围城的严峻性和危害性、垃圾分类的必要性和紧迫性等信息，有序高效地激发和引导居民的情感意识和价值倾向，从而促进居民主动采取行动并持续参与垃圾分类。

（二）发挥负向激励工具的约束作用

一是逐步取消或减弱对一般性废弃物分类回收的正向经济激励，将财政补贴重点用于低价值、高污染、难回收的废弃物分类回收。同时，明确传达垃圾分类政策工具的强制性信号，包括个人混投的处罚规定和处罚方式，以约束居民的垃圾投放行为。为解决个人处罚执法难问题，一些城市在社区明显位置公示处罚措施，首次发现垃圾混投的个人将收到物业的警告，第二次被发现将受到居委会干部的上门教育警告，第三次被发现将由居委会向城管部门移交证据，并由其采取相应执法措施。

二是逐步实施垃圾计量收费制度，即根据垃圾种类的重量或体积进行收费。对于居民个人，应采取逐步、阶段性的方式，将当前的固定垃圾按户或按人收费制度逐渐转变为按量分类收费制度。同时，应摒弃多头收费现象，将多单位、多部门的垃圾处置相关收费整合为统一的按量分类收费制度。在垃圾桶投放计费屏、公共信息屏、个人消费票据、付费票据、手机支付信息等媒介上反映垃圾付费信息，以让居民形成"多排放多付费，少排放少付费；混合垃圾多付费，分类垃圾少付费"的意识。合理设计阶梯收费机制，兼顾效率与公平。居民对激励型工具敏感，科学的阶梯收费机制不仅能让减量分类者少付费，还能有效约束混投和过度投放的行为。针对低收入和低垃圾投放人群，可以设定垃圾投放减免额度，保障其生活不受影响，体现社会公平。

（三）加强居民自觉行动的能力配套

一是促进垃圾投放过程的去匿名化，这是阻碍居民自觉行动和社会监督的主要障碍。去匿名化将使居民的行为可追溯、可监督、可追责。目前，大多数社区采取垃圾桶撤桶并站的方法，使居民在固定时间和固定地点投放垃圾，从而降低垃圾投放的匿名化程度，降低监督难度和成本。其他措施如透明垃圾袋、实名化垃圾袋、视频监控垃圾站、智能垃圾桶等方式都可实现垃圾投放过程的去匿名化。在此基础上，各街道、社区可以根据本地情况，通过居民协商采取符合特定情况的监督方式。例如，要督促物业企业履行监督和教育居民的责任，应将垃圾分类成效和居民自觉垃圾分类行为作为考核物业的重要指标，强调居民的自觉分类行为，而不是物业人员代替居民进行二次分类。

二是促进垃圾处理过程的透明化。垃圾清运和处理过程的不透明让许多居民对垃圾分类产生挫败感。居民对垃圾是否被分类清运、分类清运的垃圾是否被正确处理等问题存在疑虑，这些疑虑可能会消耗居民垃圾分类的热情。因此，必须确保垃圾清运和处置的过程"被看见"。随着新媒体技术的进步，近年来流行的"云监工"模式受到广大网友的好评，充分展现了居民对信息公开和过程监督的热情。因此，除了传统的带领居民参观垃圾处理企业的方式外，社区可以设置信息公开屏幕，直播和回放社区垃圾分类清运的过程。垃圾处理企业可以采用"云直播"的方式公开垃圾分类处理的过程。政府部门可以直播政策执行和执法过程，以确保垃圾处理过程的透明化。①

参考文献

北京市统计局：《垃圾分类成效明显——北京市城乡居民垃圾分类意识及现状调查报告》，http：//tjj. beijing. gov. cn/tjsj_ 31433/sjjd_ 31444/202105/t20210513_ 2388584. html。

北京市统计局：《北京市城乡居民垃圾分类意识及现状调查》，http：//tjj. beijing. gov. cn/zwgkai/cgzdwdcxm/202204/t20220407_ 2655577. html。

常纪文、赵凯、侯允：《在全国依法科学有效推进垃圾分类的建议》，《环境保护》2020 年第 22 期。

郭施宏、陆健：《城市环境治理共治机制构建——以垃圾分类为例》，《中国特色社会主义研究》2020 年第 5 期。

郭施宏、李阳：《城市生活垃圾强制分类政策执行逻辑研究》，《中国特色社会主义研究》2022 年第 1 期。

李燕、苏一丹、朱春奎：《公民政策遵从研究述评：基于"政策情境"与"行为特征"的二元视角》，《公共行政评论》2021 年第 4 期。

宋国君、代兴良：《基于源头分类和资源回收的城市生活垃圾管理政策框架设计》，《新疆师范大学学报》（哲学社会科学版）2020 年第 4 期。

唐贤兴：《政策工具的选择与政府的社会动员能力——对"运动式治理"的一个解释》，《学习与探索》2009 年第 3 期。

---

① 郭施宏、李阳：《城市生活垃圾强制分类政策执行逻辑研究》，《中国特色社会主义研究》2022 年第 1 期。

北京市社会工作站建设进展报告

鞠春彦　暴志辉*

摘　要： 社会工作站建设是当前中国基层社会治理中的重要任务之一。北京市重视基层治理现代化水平的提高，北京市16区各街道（乡镇）、社区（村）的社会工作站建设经过两年多的发展已初见成效，制度化体系化建设成效明显，有经验成果也仍有提升空间。兼顾社会工作长效发展与理顺完善运行机制才能更好地助力社会工作站未来的发展。

关键词： 社工站　基层治理　为民服务　最后一米

如何实现基层社区治理的稳定有效，如何确保社区居民服务需求的精准定位，是社区治理中亟须解决的难题。2019年10月，党的十九届四中全会提出，要坚持和完善共建共治共享的社会治理制度，保持社会稳定、维护国家安全。要构建基层社会治理新格局，完善群众参与基层社会治理的制度化渠道，健全党组织领导的自治、法治、德治相结合的城乡基层治理体系，健全社区管理和服务机制，推行网格化管理和服务，发挥群团组织、社会组织作用，发挥行业协会商会自律功能，实现政府治理和社会调节、居民自治良性互动，夯实基层社会治理基础。要加快推进市域社会治理现代化，推动社会治理和服务重心向基层下移，把更多资源下沉到基层，更好提供精准化、

---

* 鞠春彦，北京工业大学社会学系副教授，北京社会管理研究基地研究人员，主要研究方向为社会思想与社会建设、社会治理等；暴志辉，北京工业大学北京社会管理研究基地研究人员，主要研究方向为社会治理与社会工作。

精细化服务。党的二十大报告进一步提出，要完善社会治理体系，健全共建共治共享的社会治理制度，提升社会治理效能。发展壮大群防群治力量，建设人人有责、人人尽责、人人享有的社会治理共同体。当前，街道（乡镇）社会工作站（以下简称社工站）建设成为基层社会治理中的重点工作之一。

一　全国社工站建设的情况回顾

就全国情况来说，街道（乡镇）社工站建设实践比较早、经验比较丰富的主要是广东、湖南、浙江等地。作为社工站建设的先行者，广东与湖南两省的实践受到的关注最多。2017~2020年，广东省民政厅分两批在粤东西北和珠三角407个街道（乡镇）共建成407个社工站，形成"'双百计划'项目办—15个地市督导中心—200个镇街社工站"三级网络支持系统。按照"双百"管理办法，社工站进行双重管理，站点活动场所、办公条件、与社工签订劳动合同等行政事务归街道（乡镇）政府负责，社工站站长一般由街道（乡镇）领导兼任；社工站的专业发展、人才队伍建设等则由"双百"项目办及地市协同督导中心统一运作，每个社工站配备专（兼）职督导，负责跟进日常工作并陪伴一线社工成长。① 社工统一招聘、统一薪酬、统一培训、统一管理、统一督导和统一监测，被称为"直聘模式"。"双百计划"社工站本着社区为本的理念和整合社会工作的策略，坚持驻村入户，与群众同吃、同住、同劳动，期望通过长期的同行过程，激活社区内生力量，并借助本土文化的力量，再造社区（村）自助、互助、共助的自治体系。②

湖南省从2018年5月启动"禾计划"。"禾计划"聚焦民政主责主业，通过政府购买服务的方式，在街道（乡镇）设站点、建社工队伍，用专业

---

① 张和清、廖其能、李炯标：《中国特色社会工作实践探索——以广东社工"双百"为例》，《社会建设》2021年第2期。
② 张和清、廖其能、许雅婷：《"双百计划"实务模式探究》，《中国社会工作》2018年第19期。

方法提升基层民政经办能力，整合搭建基层公共服务平台。①"禾计划"初心是打通社会工作和民政服务"最后一米"，提升湖南省基层民政工作水平，在"禾计划"建设过程中，经历了街道（乡镇）社工站"先有后好"的发展路径。在启动街道（乡镇）社工站建设过程中，湖南省根据不同地区基层民政力量的强弱情况探索出街道（乡镇）社工站建设参与基层社会治理的三重路径，即"内嵌式"参与路径、"下沉式"参与路径和"桥接式"参与路径。②"内嵌式"参与路径是针对广大农村地区基层民政力量薄弱又要应付日益繁杂民政事务的实际情况，街道（乡镇）社工站深度嵌入基层民政的管理与服务体系之中，作为基层政府内部的补充力量而参与基层社会治理。"下沉式"参与路径主要在经济相对发达的城市，这里基层政府力量配备比较充足，原有的民政管理服务体系也相对比较成熟，街道（乡镇）社工站建设一般不需要协助经办民政或行政事务，可以从街道（乡镇）往下直接介入社区开展服务和治理。"桥接式"参与路径主要在经济与社会比较发达的城区，这里基层民政力量比较充足，同时辖区内已经有了覆盖较广的社会组织等服务主体，有对基层社会力量进行管理、支持与整合的需求，也需要社会组织与基层政府进行沟通和协同治理，于是这些地区的街道（乡镇）社工站就成为基层政府与民众、社会组织之间官民沟通、政社互动的桥梁纽带。

2020年10月17日，民政部在湖南省长沙市召开了加强街道（乡镇）社会工作人才队伍建设推进会，总结推广粤湘等地街道（乡镇）社会工作人才队伍建设经验。会上时任民政部党组书记李纪恒部长"回顾了我国社会工作人才队伍建设取得的成果，肯定了各地近年来探索加强街道（乡镇）社会工作人才队伍建设，强化基层民政工作人才支撑和专业支撑，破解长期制约民政事业发展的基层力量薄弱这一难题的做法"，并指出：力争"十四

---

① 《社工站建设之地方实践（三）湖南"禾计划"：如何实现从1.0到3.0版本的进阶》，《中国社会工作》2021年第4期。
② 龙欢：《乡镇（街道）社工站参与基层社会治理的三重路径——基于湖南的实践》，《中国社会工作》2022年第13期。

五"末，实现街道（乡镇）都有社工站，社区（村）都有社会工作者提供服务。① 民政部明确提出"十四五"末街道（乡镇）都有社工站、社区（村）都有社会工作者提供服务的"两有"目标。民政部门文件下达后，社工站建设在全国推开，各地纷纷出台社工站建设政策文本，为社工站建设提供依据、指明方向。

二　北京市社工站建设总体情况

2021年5月，北京市委社会工委市民政局印发《北京市街道（乡镇）社会工作服务中心试点建设实施方案》（以下简称《试点方案》），指导全市社工站试点建设工作。2022年1月，《北京市加强基层社会工作服务体系和服务能力建设的实施方案》（以下简称《实施方案》）发布实施，用于指导北京市基层社会工作服务体系和能力建设。2023年2月，北京市委社会工委市民政局发布《关于统筹社会建设和民政领域基层服务站点的工作方案》（以下简称《统筹方案》）和《北京市加强基层社会工作服务体系建设指导细则》（以下简称《指导细则》），用于指导北京市基层社会工作服务体系建设。目前已经出台的与北京市社工站建设相关的文件如表1所示。

表1　北京市社工站建设相关文件

时间	文件名称	发文主体
2021年5月	《北京市街道（乡镇）社会工作服务中心试点建设实施方案》	北京市委社会工委市民政局
2021年1月	《北京市加强基层社会工作服务体系和服务能力建设的实施方案》	北京市委社会工委市民政局、市委农工委市农村农业局、市财政局
2022年5月	《北京市社区社会工作服务目录》	北京市社会建设工作领导小组办公室

---

① 《湖南｜"禾计划"获民政部部长点赞，管理系统成为展示重点》，http：//hssq. voc. com. cn/content-7723-2. html，2023年6月14日。

时间	文件名称	发文主体
2022 年 6 月	《北京市政府购买社会工作服务预算管理实施细则》	北京市委社会工委市民政局、市财政局
2023 年 2 月	《北京市加强基层社会工作服务体系建设指导细则》	北京市委社会工委市民政局
2023 年 2 月	《关于统筹社会建设和民政领域基层服务站点的工作方案》	北京市委社会工委市民政局
2023 年 5 月	《首都社会工作专业人才队伍建设行动计划(2023 年—2025 年)》	北京市委社会工委市民政局、市人才局、市委农工委市农村农业局、市教委、市财政局、市人力资源和社会保障局、市卫健委

全市按照一体建设的思路,扎实推进区—街道(乡镇)—社区(村)三级社会工作服务体系建设。街道(乡镇)在开展社会工作服务中心建设的同时,同步在辖区 30% 的社区、20% 的村设置社区(村)社会工作服务站。截至 2023 年 5 月底,全市共建成 1076 个社会工作服务平台。其中:区级社会工作指导中心 16 个,实现区级中心全覆盖;街道(乡镇)社会工作服务中心 225 个,街乡覆盖率达到 65.6%,设置社区(村)社会工作服务站 835 个。北京市社会工作服务平台建设情况详见表 2。

表 2　北京市社会工作服务平台建设情况

单位:个,%

序号	行政区	区级社会工作指导中心	街道(乡镇)社会工作服务中心	社区(村)社会工作服务站	各级社会工作服务平台建设总数	街乡覆盖率
1	东城	1	11	24	36	64.7
2	西城	1	11	74	86	73.3
3	朝阳	1	28	163	192	65.1
4	海淀	1	13	30	44	50.0

续表

序号	行政区	区级社会工作指导中心	街道(乡镇)社会工作服务中心	社区(村)社会工作服务站	各级社会工作服务平台建设总数	街乡覆盖率
5	丰台	1	5	28	34	55.6
6	石景山	1	29	47	77	100.0
7	门头沟	1	7	42	50	53.8
8	房山	1	14	77	92	50.0
9	通州	1	11	24	36	50.0
10	顺义	1	14	51	66	56.0
11	昌平	1	11	26	38	50.0
12	大兴	1	16	119	136	72.7
13	平谷	1	11	20	32	68.8
14	怀柔	1	18	0	19	100.0
15	密云	1	10	27	38	50.0
16	延庆	1	16	83	100	88.9
合计		16	225	835	1076	65.6

从以上数据可以看出，北京市16区社工站建设存在一定差异，建设进展比较好的石景山和怀柔两区已经完成"十四五"期间街乡覆盖率100%的任务，16区社工站的城乡覆盖率均已达到50%及以上。

三　北京市社工站建设中的经验总结

从现有建设实践与成效看，北京社工站建设具有明显的服务体系建设先行的特点。两年来的政策文本从《试点方案》《实施方案》到《统筹方案》《指导细则》，区、街道（乡镇）、社区（村）三级社会工作服务平台——社工站建设的职责任务等清晰了然："以推动区、街道（乡镇）、社区（村）三级社会工作服务平台建设为抓手，通过对本市社会建设和民政领域基层服务站点进行统筹，实现相关工作在基层的站点聚合、资金整合、服务融合，不断提升基层民政服务能力和水平。"《指导细则》按照《统筹方案》要求，进一步明确并细化了对基层社会工作服务体系建设工作的指导和规范，对职责任务、管理运用、人员配备、资金管理、工作督导等方面都做了细致规定。

社工站运营外包是当前北京市社工站的主要形式，社会服务机构通过政府购买服务的延伸拓展而进入基层服务体系成为社工站运营的服务主体。这既依赖制度设计的配套落实，也得益于行政体系的高效运行。相关经验可以总结为以下几点。

第一，北京市委社会工委市民政局和各区社会工委民政部门都高度重视社工站建设工作，有专门的领导小组负责社工站建设工作。通过党建引领和顶层设计，各区、街道办等通过积极挖掘、培育并整合地方社会工作资源，畅通信息沟通渠道等方式，吸引社会服务机构入驻，以政府购买服务为支撑，通过制度化、规范化等要求有序推进社工站建设。

第二，社会服务机构作为社工站建设的承接主体，承接单位积极将甲方的需求与机构的专业特长相结合，在努力推动社工站建设和社会工作服务制度体系建设中通过切实的行动履行机构职能。社工站建设的质量和服务成效往往与社会服务机构的资质及能力成正比。

第三，基层治理与居民服务的双重需求是社工站建设得以顺利推进的两大助力。缺少其中任何一方，都可能出现机构虚置或悬浮的情况，而两者的补益关系在增强居民获得感的同时也提升基层治理体系和治理能力现代化水平。

在北京社工站建设的过程中，也涌现出一些值得一提的基层经验。

第一，大兴区目前社工站建设覆盖率尽管只有 72.7%，但"打造镇街综合型社工服务平台"已成为其突出特色。镇街通过积极整合内外资源，发挥社会工作服务中心平台功能，打造统筹建设、整合资源的集散平台，建立起全方位的社会支持网络，为提供高品质社会服务注入更多力量，为社会工作服务开展奠定良好基础。在总结魏善庄镇、榆垡镇等社工站建设经验的基础上，"一站双工，带教培养"工作与人才培养模式、"区级督导+中心督导"的双督导体制、"中心指导，站点辐射"的大兴区本体社会工作专业服务民生格局已经在形成中。

第二，石景山区社工站建设中优先选择社区基础比较好的鲁谷和金顶街道作为试点，坚持"以点带面、点面结合"的有序发展推动区—街—社区三级服务体系建设，依托原有的社区组织基础，整合资源做好"社区心理服务站+"工作；推动社工专业队伍建设，利用"区级督导+中心督导"的双督导体制注重服务过程中的质量与成效评估；坚持"需求导向、问题导向"，通过"社工机构+优才团队"协作打造社区服务项目品牌。通过创新服务形式等，"花甲遇耄耋"、信号灯为老服务、"金小度"、"孙浩工作室"、"红色军心"志愿者团队等品牌服务项目已经获得很好的口碑。目前石景山区社工站建设覆盖率已达100%，提前实现"十四五"时期全面覆盖的目标。

四 关于完善北京市社工站建设的思考与建议

北京市当前已建成的社工站，属于"内嵌式"以及"内嵌式"与"下沉式"混合型的比较多。三级服务体系建设有序推进，三级站点建设不断推进，但服务站点覆盖从"有形"向"有效"的转化还需努力改进。

1. 对标政府文件的政策取向进行反思

民政部明确提出"十四五"末街道（乡镇）都有社工站、社区（村）都有社会工作者提供服务的"两有"目标。社工站建设的政策目标包括：构建区—街道（乡镇）—社区（村）三级社会工作服务体系，发展壮大一支专业化、职业化的社区社会工作者队伍，带动实施一批满足群众需求的特色项目，促进社会工作专业人才与社区、社会组织、社区志愿者、社会慈善资源协作联动（五社联动）以进一步提升基层社会工作服务质量和基层治理现代化水平。当前，"多站并行"的三级基层站点情况如表3所示。社工站统计录入的格式与基本内容如表4所示。

表3 "多站并行"的三级基层站点情况

层级	站点名称
区级	社会工作指导中心、社会组织发展服务中心、社会心理服务指导中心
街道(乡镇)	社会工作服务中心、未成年人保护工作站、社会组织培育孵化中心、慈善工作站、困难群众救助服务所、社会心理服务中心、社会捐助接受工作点
社区(村)	社会工作服务站、社区书记工作室、志愿服务站点、社会心理服务站、社会捐助接受工作点

表4 社工站统计录入的格式与基本内容

一、体系建设情况	1. 已建成中心、站数量(个)	区
		街道
		乡镇
		社区
		村
		除区级外,以上中心、站是否录入全国社会工作信息管理系统
	2. 中心、站内社会工作专业人才配备数量(人)	区
		街道
		乡镇
		社区
		村
	3. 以上社会工作专业人才总数(人)	
	4. 其中,持证人员总数(人)	
	5. 其中,吸纳毕业生总数(人)	
	6. 社会工作专业人才平均薪资(元)(区级、街乡)	

2. 基于基层居民的需求进行反思

现有社工站的重点服务人群和受益群体涵盖困境儿童、留守空巢老人、残疾人等需要特别给予关注和帮扶的群体,"专业+社区工作者"的服务模式、"社会工作者+志愿者"的联动模式等在满足居民需求方面做出的积极努力已取得一定成效,但服务体系建设先行条件下服务能力建设仍有待加强。毕竟居民需求是多元而且差异化的,"专业的人做专业的事"是精准服务精细管理的要件，但人员不足与专业团队及专业人才缺乏是不容忽视的现实，它在三级体系第三级社工站点中的"薄弱"更为突出。如何让社工站"下沉"并发挥好"桥接"功能，关系"推动落实民生保障政策，畅通服务群众'最后一米'"，是社工站建设的关键。

根据近两年社工服务体系建设过程中的实际情况，值得注意的是：在2023年《指导细则》中规定的各级社工站的主要职责，开展直接服务更强调社区（村）一级，而对于街道（乡镇）一级社工服务中心，则强调指导和督导作用。政府通过购买服务引入社会工作机构参与"区—街道（乡镇）—社区（村）三级社会工作服务体系建设"中，社工机构只落实到街道（乡镇）一级，通过政府购买资金运营社会工作服务中心建设，包括场地建设、制度建设、服务开展、督导作用发挥等，但对于社区（村）一级则出现主体模糊、权责不明、工作难以开展等情况。实地走访社区（村）社工站时发现：场地建设工作如标识、制度上墙等虽已完成，但由于社工机构普遍工作人员较少或一家机构承接的不止是一个街道（乡镇）建设等现实情况，各站点常驻社工难以落实。针对如何完善，提出如下建议。

首先，持续加强社会工作人才队伍建设，人才是关键。要通过提高待遇、畅通晋升通道等途径，吸引人留住人培养人。要在统筹考虑社会发展总体环境的大背景下，推动社会工作的人才配备与适用，特别要注重"专业社工+社区工作者"服务模式的科学化与本土化，让他们在统筹辖区社会工作资源的过程中共同开展社会工作服务。王思斌提出："乡镇社工站建设，专业化是方向和原则，本地化是基础和载体。"① 这是一个需要贯彻落实的价值引领，是一个需要通过实践总结经验，在未来加以完善的制度设计。

其次，兼顾社会发展的阶段性与全局性，进一步理顺社工站运行机制。现代社会就是充满着风险与不确定性的社会，无法谋求在预期的确定性和理想的稳定性中完成阶段性和全局性的任务。当前基层服务中对于风险评估总体上是缺少的，有些专业服务预案、方案等的程式化痕迹也比较明显，特别

---

① 王思斌：《坚持乡镇社工站建设的专业化和本地化》，《中国社会工作》2021年第34期。

是缺少创新性、淡化本土适用性的倾向更值得反思和警惕。"食洋不化"的专业化服务，即使通过推广而发展起来，也是不适合中国特色基层社会治理现代化实践的。

街道（乡镇）政府是党和国家政策得以具体落实和实施的重要一环，它上承党政决策，下连人民群众，在基层治理体系和治理能力现代化建设中肩负着主导责任。街道（乡镇）社工站建设以及社会工作队伍是关系"推动落实民生保障政策，畅通服务群众'最后一米'"成效的关键，必须持续关注其进展并为提升其效能助力。

B.15
北京市社区慈善助力基层治理的经验研究

杨荣 王悦*

摘　要： 发展社区慈善有利于落实"首善标准"，建设"慈善北京"，完善北京市基层治理体系。在社区慈善发展过程中，会遇到慈善资源不足、居民慈善意识淡漠、慈善服务不到位等问题。社区基金会是社区慈善的重要形式，通过培育服务项目、开发社区资源、引入专业人才、加强社会动员等方式可以有效整合社会力量，提高服务质量，满足居民需求，助力基层治理。

关键词： 社区慈善　社区基金会　基层治理

一　北京市社区慈善发展的背景

1.慈善事业的政策体系逐渐完善

2021年7月，中共中央、国务院印发《关于加强基层治理体系和治理能力现代化建设的意见》，要求发展公益慈善事业，创新社区与社会组织、社会工作者、社区志愿者、社会慈善资源的联动机制。2022年，党的二十大报告明确指出要引导、支持有意愿有能力的企业、社会组织和个人积极参与公益慈善事业。《中华人民共和国国民经济和社会发展第十四个五年规划和2035年远景目标纲要》强调要发挥第三次分配的作用，促进慈善事业发展，改善收入和财富分配格局。公益慈善事业是第三次分配的主要内容，对

---

* 杨荣，北京工业大学文法学部教授，北京社会管理研究基地研究人员；王悦，北京工业大学北京社会管理研究基地研究人员。

促进社会公平和共同富裕意义重大。以此为契机催生出的中国慈善第三波浪潮，让以人人慈善为内核的慈善事业主流化。[①]

近些年来，北京市陆续出台发展慈善事业的政策文件，对慈善事业的发展目标、指导原则、活动领域、工作内容有了明确的规定和要求。2019年《北京市促进慈善事业若干规定》指出，市、区人民政府支持和促进本行政区域内慈善事业发展，将慈善事业纳入国民经济和社会发展规划并组织实施，将慈善事业发展经费列入政府年度财政预算，优化慈善事业发展环境，健全慈善活动监督管理体系。明确了对慈善募捐和捐赠的要求，规定了促进慈善事业发展的重要措施，突出了对慈善组织的监督管理。2015年，《北京市人民政府关于加快推进"慈善北京"建设促进慈善事业健康发展的意见》提出"慈善北京"的发展目标，形成以"全民慈善、效能慈善、惠民慈善、诚信慈善、创新慈善"为基本特征的首都慈善特色品牌。2021年《北京市社区社会组织备案工作规则》明确社区社会组织的性质，坚持自愿申请、公开透明、简便易行、规范有序的原则，为社区社会组织开展包括公益慈善、邻里互助在内的各项活动提供依据。北京市积极贯彻和落实基层治理和慈善事业的相关决定，结合北京市社区治理和慈善事业发展的实际，出台促进慈善事业、志愿服务、社会力量参与社会救助的各类文件，完善制度建设，为慈善事业发展提供保障（见表1）。

表1　北京市在慈善领域的政策文件

年份	名称	发文单位
2015	《北京市人民政府关于加快推进"慈善北京"建设促进慈善事业健康发展的意见》	北京市人民政府
2015	《关于鼓励支持我市国有企业、民营企业积极参与"慈善北京"建设的意见》	北京市民政局、北京市人民政府国有资产监督管理委员会、北京市工商业联合会
2016	《北京市社会力量参与捐助工作管理办法》	北京市民政局

---

① 杨团、朱健刚主编《中国慈善发展报告（2022）》，社会科学文献出版社，2022。

续表

年份	名称	发文单位
2016	《北京市民政局贯彻落实〈中华人民共和国慈善法〉工作方案》	北京市民政局
2016	《北京市慈善信托管理办法》	北京市民政局
2019	《北京市促进慈善事业若干规定》	北京市人民政策
2021	《北京市社区社会组织备案工作规则》	北京市民政局

2. 基层治理与慈善的关系愈加密切

随着城市社区的快速发展，基层社区治理面临着诸多现实困境。在这种情况下，国家不断强调基层治理体制创新，一方面形塑多元主体共同参与社区治理的新格局，将社区居委会作为社区治理的枢纽，同时动员多元主体共同参与社区治理；另一方面调整社会资源配置，下沉社区治理资源。[①] 社区治理是基层政府、社会组织、社区居民基于公共利益和社区认同的互动合作，共同参与管理社区公共事务、满足社区需求、优化社区秩序的过程。《中国慈善发展报告（2020）》指出，2019 年，中国慈善事业"治理吸纳慈善"的总体特征继续强化，慈善正在被全方位吸纳到新时代治理体系和治理能力现代化潮流中。[②] 北京市积极推进基层治理体系和治理能力现代化建设，到 2025 年要率先形成党组织统一领导、政府依法履责、各类组织积极协同、群众广泛参与，自治、法治、德治相结合的基层治理体系。基层治理与慈善事业在社区层面的互相嵌入与融合就是社区慈善。

3. 社区慈善的重要性日益凸显

"社区慈善"的概念较早出现在 2015 年民政部印发的《关于指导村（居）民委员会协助做好社会救助工作的意见》中。其在"协助做好社会力量参与社会救助有关工作"部分提出"大力发展社区慈善"。之后，2016 年

---

① 黄家亮、郑杭生：《社会资源配置模式变迁与社区服务发展新趋势——基于北京市社区服务实践探索的分析》，《社会主义研究》2012 年第 3 期。
② 杨团主编《中国慈善发展报告（2020）》，社会科学文献出版社，2020。

十二届全国人大四次会议表决通过的《中华人民共和国慈善法》规定"城乡社区组织、单位可以在本社区、单位内部开展群众性互助互济活动"。2022年,《中华人民共和国慈善法(修订草案)》第一百零一条,"国家鼓励发展社区慈善,培育社区慈善组织,加强社区志愿者队伍建设,支持有条件的地方设立社区基金会、慈善信托,开展慈善活动。鼓励社区与社会组织、社会工作者、社区志愿者、社会慈善资源建立联动机制"。2023年6月8日,"北京慈善发展论坛"首次聚焦"社区慈善",梳理具有首都特色的社区慈善发展经验,探索新时期慈善分配体制下社区治理发展新模式,探讨首都社区慈善品牌。① 社区慈善立足社区,有利于社区资源本土化,容易解决居民身边复杂和细微的问题,满足不同居民群体的需求。

4. 社区慈善的形式更加多样

社区慈善作为慈善事业发展的重要组成部分,主要满足社区内居民和群体的需求,为他们提供服务,因此社区慈善应该成为基层治理的重要组成部分。社区慈善是以社区为基础、向社区居民提供社会服务的慈善活动。社区慈善的形式多样化,主要包括捐助帮扶、慈善超市、志愿服务和社区基金会等。② 社区基金会、慈善超市、社工站、慈善工作站等作为基层治理多元主体中的组成部分,立足基层社区的多样化需求,为基层治理创新提供动力。北京市在购买民办社工机构服务、培育志愿者队伍、加强社会工作人才队伍建设等领域,出台相关政策,明文规定了关于提供社区慈善公益服务,实施慈善服务项目,开展慈善公益活动的要求。例如,2022年《北京市政府购买社会工作服务预算管理实施细则》明确规定,"慈善资源整合"作为项目绩效评估的因素之一。总的来说,社区慈善可以依托具体的社区慈善组织开展服务,也可以依托某个慈善平台或组织,通过扎根于社区的社会服务机构开展服务。③

---

① 《首次聚焦"社区慈善"→北京慈善发展论坛·社区慈善分论坛举办》,《北京社区报》2023年6月8日。

② 杨荣:《社区慈善:我国慈善事业发展的新方向》,《东岳论丛》2015年第10期。

③ 《谢琼:精准激发各类慈善主体活力》,慈善公益网,https://www.csgyb.com.cn/comment/guandian/20210925/30928.html,2021年9月25日。

二　北京市社区慈善发展的现状①

1. 完善慈善体系，促进社区慈善发展

北京市逐渐搭建起在市政府领导下的市、区、街道（乡镇）社区（村）四级慈善工作体系，建立以慈善会体系为载体、基层慈善站点为骨干、慈善救助专项基金为支撑、广大捐赠站点为网络的基层慈善框架。自 2020 年起，北京市建立试点社区（村）基层慈善站点，截至 2021 年底，全市共建立起 54 个社区（村）基层慈善站点，累计募集互助金 545 万元，开展各类公益活动 200 余次，惠及市民 7000 余人次。2022 年，北京市试点建设 35 个街道（乡镇）慈善工作站，在开展互助互济、助力基层治理、参与疫情防控、服务居民群众等方面发挥积极作用。

2. 发动社会力量，不断开发慈善资源

从全国的数据来看，2020 年全国社会公益慈善资源总量（修正）为 4113.84 亿元，2021 年增加到 4466 亿元，较 2020 年增长 8.6%。② 慈善资源总量快速增长，标志着我国客观上已经步入社会价值引领经济价值的"善经济"时代。③ 北京市慈善资源稳步增长，截至 2022 年 7 月底，各慈善工作站共设立慈善互助基金 35 个，基金规模达 971.48 万元，惠及 7000 余人次。截至 2021 年底，北京市共有社会捐赠接收站点和慈善超市 2153 个。以慈善会系统主导的市、区、街乡慈善会工作体系在北京市基层慈善服务中也发挥着重要作用。街乡慈善分会依托北京市各区慈善协会设立街乡慈善救助专项基金，动员辖区内社会力量参与慈善救助。

截至 2021 年底，北京市共有慈善救助专项基金 263 个，慈善救助专项

---

① 北京市民政局慈善工作处、北京师范大学中国公益研究院：《2021 北京市慈善事业发展报告》，2022 年 9 月。
② 杨团、朱健刚主编《中国慈善发展报告（2022）》，社会科学文献出版社，2022。
③ 尤方明：《专访王振耀：步入"善经济"时代，投身公益慈善事业成为企业必选》，《21 世纪经济报道》2021 年 9 月 8 日。

基金总规模达 2.47 亿元，累计救助 39 万人次。北京市慈善信托近年来快速发展，新增财产规模位列全国第一，累计备案财产规模增速排名全国第一。2023 年最新数据显示，北京市慈善信托在全国处于领先地位。目前，全市已设立慈善信托 112 单，信托总规模达到 7.3 亿元。全市共有 11 家国家认定的信托公司，悉数参与了慈善信托的业务工作。①

3. 培育社会组织，扩大慈善载体规模

截至 2021 年底，北京市累计认定登记慈善组织 844 个。全市慈善组织中基金会、行业性组织、枢纽型组织和专业服务机构类型齐全，专业化程度相对较高。2021 年，北京市慈善组织年度总收入达 129.76 亿元，年度总支出达 111.31 亿元。2021 年，北京市 745 个慈善组织共开展 4354 个慈善项目，项目总支出 90.01 亿元，超过 80% 投入教育、医疗卫生、扶贫与社区发展、灾害救助等领域。

4. 拓展服务领域，丰富慈善服务内容

北京市慈善服务内容不断丰富，逐步从助医、助老、助学、助困等传统救助领域拓展到新农村建设、法律援助、心理援助、公益项目孵化等领域，基本形成了结构合理、门类齐全、层次丰富、覆盖广泛的慈善服务体系。社会各界通过捐赠、志愿服务参与慈善事业，为北京市慈善事业的持续发展提供活水源头。慈善捐赠呈现基层化、品牌化、多元化发展趋势。

5. 推广志愿精神，增加志愿服务类型

2021 年，北京市慈善组织共接收捐款 117.20 亿元，约占慈善组织收入的九成。北京市志愿者规模不断扩大。截至 2021 年底，通过"志愿北京"信息平台实名注册的志愿者人数已达 449.31 万人，志愿服务团体达 8.10 万个，累计开展志愿服务项目 52.44 万个，累计志愿服务时间 5.74 亿小时。志愿服务内容更加多样化，主要内容包括赛会服务、应急救援、文化教育、关爱服务、社区服务、绿色环保等多种类型。

---

① 《北京社会慈善捐赠额连续三年超百亿元》，公益时报数字报刊平台（gongyishibao.com），2023 年 6 月 13 日。

三　北京市社区慈善的主要形式

北京市社区慈善的形式比较多样，包括志愿服务、公益服务、时间银行、慈善超市、慈善救助专项基金、社区基金会等。各类慈善组织和慈善服务发展程度不一，发挥的作用有所不同。

1. 慈善救助专项基金

北京市街乡慈善救助专项基金是各街乡慈善分会依托区慈善协会设立的，主要发挥鼓励动员辖区内社会力量参与慈善救助并拓宽资金募集渠道的作用。截至 2021 年底，北京市共有慈善救助专项基金 263 个，总规模达 2.47 亿元。对于突发性、紧迫性的救助以及个性化的救助，街乡慈善救助专项基金以其在地优势发挥了独特的作用。

2. 慈善超市

慈善超市又称阳光超市、扶贫超市、爱心超市等，慈善超市在提高城市弱势群体生活水平、促进物质再利用等方面发挥着积极作用。[①] 根据北京市民政局出台的《关于进一步深化慈善超市创新建设的指导意见》，慈善超市是以社会公众自愿无偿的社会捐助为基础，借助超级市场的管理和运营模式，为困难群众提供物质帮助的公益慈善机构。截至 2021 年底，北京市共有街乡级和社区级捐赠站点和慈善超市 2153 个。2011 年，北京市第一家慈善超市开始营业，高峰时期共有慈善超市 200 多家。截至 2021 年 4 月，正常运营的慈善超市有 100 多家。[②] 近年来，北京市捐赠中心改革过去以捐赠物资为主导的捐赠模式，明确了以接受善款为主、捐款和捐物相结合的捐赠方式，并进一步拓展线上线下相结合的捐赠渠道。

3. 社区基金会

1914 年，全球第一家社区基金会在美国俄亥俄州克利夫兰市成立，至

[①] 李雪萍、陈伟东：《社区慈善超市：慈善为本 市场为径》，《社会主义研究》2006 年第4期。

[②] 《慈善超市运行困难重重，半数门店关闭，上年的捐款还没收走》，京报网，https://www.bjd.com.cn/deep/2021/04/14/69153t115.html，2021 年 4 月 14 日。

今，社区基金会的发展已走过百年历史。社区基金会在我国起步较晚，2008年11月18日我国第一家社区基金会——桃源居公益事业发展基金会经民政部批准成立，2009年9月，中国第一家以社区命名的筹款型基金会——千禾社区基金会在广州成立。近年来，随着公益慈善事业的发展，社区基金会也迎来了发展机遇，相关统计数据显示，截至2022年12月底，我国共有各种类型的社区基金会278家，主要集中在北京、上海、深圳、广州、成都、杭州、南京、苏州等地。[1]

社区基金会作为回应社区问题、助力社区发展的创新型组织形式，以其特有的资源整合等优势，在基层社区治理实践中取得了显著成效，是推动我国基层治理创新的重要力量。社区基金会是社区慈善的重要抓手之一，截至2021年末，北京共有5家注册成立的社区基金会。据统计，2018～2021年，北京市5家社区基金会的捐赠总收入超过2210万元，用于慈善事业的总支出超过2550万元。[2]北京市社区基金会通过在社区开展项目回应社区居民的需求，项目涉及培育社区社会组织、培育社区志愿者、关爱一老一小、帮扶弱势群体等。

四 思诚社区基金会参与基层治理的经验

1. 北京市思诚社区基金会发展现状

北京市思诚社区基金会是2015年在北京市民政局登记注册的非公募社区基金会，由中国民间组织合作促进会与两家基金会共同出资发起，是北京第一家社区公益基金会。思诚社区基金会经过几年的发展，逐渐形成自己的发展模式。一是内部治理结构比较完善。社区基金会现有14名理事、2名监事，理事会作为决策机构由名誉理事长、理事长、副理事长、理事构成。

---

① 原珂：《社会治理视阈下社区基金会"资金池"创新举措探究》，《甘肃社会科学》2023年第3期。
② 北京市民政局慈善工作处、北京师范大学中国公益研究院：《2021北京市慈善事业发展报告》，2022年9月。

秘书处作为执行机构，负责项目执行、资金筹集、人事管理等具体事务。秘书处下设秘书长、副秘书长、出纳、会计等岗位。二是积极探索规范化专业化的服务模式。建立"资助培育+社工服务"的"双支撑"模式，形成项目化的服务和管理风格。建立包含社区基金会、社区发展基金、社区服务项目的社会资本管理体系。三是社区基金会的功能定位清晰。北京市思诚社区基金会既是直接提供服务的社区基金会，也发挥着为社区和第三方社会组织之间搭建平台的枢纽功能。笔者在基金会实习期间，调查了解到，基金会多年来在参与社区治理、支持社区公益事业、建立社区发展专项基金、培育社区组织、开展社区服务等方面进行了有益探索。有学者总结，思诚社区基金会的"本地资助者"角色最为突出，"集合公益财产"的组织特色鲜明。[①]

从筹资对象上看，目前思诚社区基金会的资金来源包括政府购买、基金会、公益伙伴机构、企业、大额捐赠人等主体，以政府购买服务、参加公益创投和企业捐赠为主。

2. 北京市思诚社区基金会参与社区治理的策略

第一，发挥在地优势，回应社区需求。政府购买服务是当前基层公共服务的主要供给方式，政府在购买服务过程中具有治理与权力延续的双重逻辑，因此政府购买服务的项目要求和评估指标经常以行政目标为导向，使得作为承接方的社会组织在服务项目的实施过程中不得不受制于政府评估指标，导致服务项目偏离社区的实在需求。[②] 社区基金会在一定程度上能够达到补充政府购买服务项目的效果，以其熟悉社区、贴近社区居民的优势精准对接居民需求，开展专业服务。

以思诚社区基金会针对社区困难老人家庭的适老化改造项目为例。街道和社区在了解到社区困难群体的需求后，积极对接基金会，希望获得资金和人力等方面的支持。思诚社区基金会了解基本情况后对社区居民开展调研，

---

① 南方：《社区基金会的角色定位及发展策略研究——基于北京市四个案例的比较》，《同济大学学报》（社会科学版）2019 年第 5 期。

② 周晓梅、任雷：《社区基金会的兴起与基层社会治理共同体的建构：从参与主体多元到资源渠道多元》，《华东理工大学学报》（社会科学版）2019 年第 6 期。

经过调研和评估后通过动员周边企业、联动社区志愿者共同为社区居民开展适老化改造并获得了良好的反馈。

第二，整合社会资源，提供社区服务。政府购买服务的方式造就了多元化的公共服务供给主体，但并未改变政府作为服务资源唯一供给主体的现实。突破这一困境的关键在于开拓多元化的资源供给主体，这也是构建社会治理共同体的重要目标之一。社区基金会作为基金会的一种类型，打破了政府作为单一资源方的限制，在政府资源之外，积极拓展企业、基金会以及个人等多元化的资源供给渠道，将合作治理由"参与主体多元"进一步向前推进到"资源渠道多元"的深度。思诚社区基金会积极引进外部资源，动员社会力量参与社区服务，2017~2021年，共支持建立了11个社区专项基金，在社区的大病救助、助学、养老、助残等方面发挥了积极的作用。

在调研中，笔者发现思诚社区基金会在基层治理中直接提供服务的功能凸显。与其他类型的社会服务机构相似的是，思诚社区基金会也在承接政府购买服务的过程中获得资金来源，近年来在社区党建联建、关爱一老一小、助残等服务领域积累了丰富的经验，与社区居民建立了良好的关系，凭借其多年开展项目的专业经验获得社区良好的反馈。

第三，设立公益项目，支持社区照顾。除承接政府项目外，思诚社区基金会根据社区需求自行开展公益项目，为社区提供服务，支持社区的养老、助残等服务。以思诚社区基金会于2023年5月开启的助餐项目为例，在了解到社区的空巢独居、因病致困等老年群体的就餐需求后，计划在某全国性为老创新项目的资金支持下开展社区助餐公益项目，思诚社区基金会在引入这一为老创新项目的资金以外，还通过向企业筹款等方式为社区老人持续提供助餐服务。

思诚社区基金会与社区爱心餐饮企业合作，由爱心餐饮企业提供服务。在助餐项目中，思诚社区基金会承担的角色比较多元，首先是资源整合者，为提升项目持续性，通过引入大项目和向企业筹款等方式解决资金问题；其次是社区服务的直接提供者，除合作的餐饮企业提供的服务外，其他事项均由基金会工作人员完成，在项目运作期内由基金会工作人员和基金会的社会工作者直接面向居民开展活动以完成资助方的活动指标。

第四，培育社区志愿者，赋能社区组织。完善社区服务体系、增强社区服务功能仍是当下中国社区治理的重点，也是当前社区基金会主要的工作内容。① 培育社区志愿者组织，促进社区居民的自我服务是思诚社区基金会目标之一，2018~2021 年，思诚社区基金会共动员志愿者 842 人，直接服务10031 人，服务人群涵盖社区困境老年人、大病患者、贫困学生等。基金会扎根社区，与社区志愿者形成良好的合作关系，首先对于社区内原有分散的尚未形成组织化形态的志愿者队伍，思诚社区基金会通过社工的专业指导和培训促进社区志愿者队伍的成长并助力其达到组织化的形态；其次，思诚社区基金会通过资助社区志愿者组织开展项目和社区帮扶活动的方式赋予志愿者组织持续运转的能力。除项目支持外，思诚社区基金会还通过开展线上志愿服务平台聚合社区公益资源、整合社区志愿者队伍，构建了较为完整的社区志愿服务生态链条，志愿者在完成志愿服务后在平台积累积分，通过兑换积分获取奖励。笔者在调研过程中发现，在思诚社区基金会线上志愿服务平台支持下，其培育的社区志愿服务队和志愿者组织已经具备自我运转的能力。

第五，聘用专业社会工作者，提升慈善服务质量。思诚社区基金会发挥社会工作专业优势，坚持走公益慈善工作规范化道路。在开展社区服务项目的过程中，思诚社区基金会将公益项目与社会工作方法相融合，用社区慈善推动社工服务社区，优化社区服务，提升项目服务的质量。比如，在开展残疾人社区服务项目中，思诚社区基金会的社会工作者以优势视角深耕社区服务模式，培育残疾人自组织和残疾人志愿者队伍，取得了较好的成果。在助力解决社区的集中问题时，基金会也融入了社会工作专业方法，通过培育社区组织，引导居民理性认识并解决社区问题。笔者了解到，基金会于 2017年开始为朝阳门街道、东华门街道的社区工作者培训社会工作专业知识和工

---

① 胡小军、朱健刚：《社区慈善资源的本土化——对中国社区基金会的多案例研究》，《学海》
2017 年第 6 期。

作方法，提升社区工作者参与社区治理的工作水平。培训形式有集中培训、主题工作坊等，根据社区需求分阶段、递进式为社区工作者开展社会工作专业培训，培训提升了社区工作者开展社区服务的胜任力，取得显著的成效。

第六，传播慈善文化，激发社区活力。思诚社区基金会秉持构建和谐社区的愿景，以中华民族优秀传统文化为价值取向。"德不孤必有邻""己欲立而立人，己欲达而达人"一直是基金会秉持并传播的价值理念。"助人自助，自助助人"是其面向社区居民时的服务理念。在与受助对象的直接互动过程中，思诚社区基金会并不局限于简单的帮扶，而是通过专业的社会工作方法为受助群体赋能。

笔者在实地参与助餐项目实施的过程中发现其价值理念和服务理念融入其日常工作开展之中。项目受益群体中部分是非失能的贫困者，思诚社区基金会通过开展数字课堂、节日活动等搭建受助群体的情感桥梁，让受助群体摆脱孤立的生活状态，找到自身的价值，并致力于消除社区隔阂，提升社区居民的认同感和归属感。无论是在独立开展的项目中还是承接政府购买的项目中，思诚社区基金会都致力于传播中华民族优秀传统文化理念与基金会的价值理念，传播公益慈善文化。

五　北京市社区慈善参与基层治理的问题和建议

在政策引导、资金支持和培育、创新实践探索下，北京市社区慈善在各个方面取得了显著成效。社区慈善的发展扩大了慈善资金体量，营造了"人人公益"的氛围，北京市社区慈善的发展已经有了较好的基础。但笔者以调研社区基金会为切入点，发现近年来北京市慈善事业取得丰硕成果的同时，基层慈善生存和发展仍存在一些问题，主要体现在以下几个方面。

第一，社区慈善组织囿于资金紧张很难开展社区服务，没有资金就无法开展服务，不少社区慈善组织举步维艰，逐渐变成"僵尸"组织；第二，很多社区慈善组织缺乏公益慈善相关人才，不了解北京市社区治理的要求，无法准确识别社区资源、居民需求，难以开展符合慈善理念的专业活动；第三, 社区慈善组织公信力不足, 内部治理结构松散, 在开展服务过程中举措失当, 难以取得居民信任; 第四, 慈善组织登记门槛较高, 同时面临着双重管理的问题; 第五, 社区慈善氛围不够浓厚, 居民对日常慈善不够重视, 参与公益慈善的意识比较单薄。对此, 结合北京市思诚社区基金会参与社区治理的经验, 笔者提出以下几点建议。

1. 拓宽社区慈善组织筹资渠道

资金短缺是大部分社区慈善组织面临的瓶颈, 尤其对于数量较多的非公募组织来说, 除接受来自企业和政府的捐赠外, 很难通过动员社区居民获得捐赠。多样化的筹资渠道是社区慈善组织生存的保障, 在慈善组织确保自身透明度和公信力的前提下, 应该广泛整合社会资源, 通过多元化的方式和渠道提升自身筹款能力。

2. 进一步宣传社区公益慈善文化

针对现有的社区居民慈善意识较弱、个人捐赠较少的情况, 应该积极培养居民对社会的公益慈善精神, 以更贴近群众实际需求的公益宣传内容, 多形式、多层面、多角度开展公益宣传。社区慈善文化的培育不仅仅在于资金的筹措, 社区慈善是较为具体的精准的工作, 慈善资源取之于人、用之于人, 让慈善成为社区居民的生活方式、生活理念, 通过社区慈善的形式解决社区问题, 实现慈善工作与社会和谐稳定的有效结合。

3. 引入社会工作人才, 提升慈善服务专业性

近年来, 北京市公益慈善发展迅速, 对公益慈善相关人才有较大需求, 但囿于我国公益慈善类学科建设存在一定的空白, 人才匮乏成为公益慈善发展的瓶颈。面对当前慈善专业人才供给不足、专业人才数量没有保障的情况, 需要构建合理、持续的慈善专业人才培养模式, 培养兼具专业知识和专业技能的慈善人才。社会工作专业与公益慈善的价值理念、服务人群高度重合, 有天然的亲和性, 在工作策略和服务方式方面容易融合, 双方互为补充, 可提升慈善服务的专业品质。北京市设置社会工作专业的高校较多, 有充足的社会工作专业人才储备, 应积极引导社会工作专业人才进入公益慈善领域, 发挥专业优势。

4.注重社区慈善的数字化发展

互联网以及数字化技术对公益慈善发展产生重大影响，公益慈善组织的宣传、筹资、运营等工作有了跨越式发展。社区慈善在参与基层治理的过程中具有需求多样、参与人数多、资源分散等特点。基于居民慈善理念，利用移动互联网技术及慈善募捐信息平台，建立社区居民小额捐赠机制，为居民日常捐款、捐物提供便捷的渠道。[①] 通过"线上+线下"的运作模式，将社区居民和社区志愿者等整合到基层社区治理体系中，为居民进行慈善捐款、捐物开拓更加便捷的渠道，推广"指尖慈善"模式。同时，社区困难群体也可通过线上平台及时获得需要的帮助。信息化和数字化是慈善未来发展的方向，积极推动社区慈善数字化平台建设，有利于降低管理成本，提高社区慈善组织运行效率。

[①] 胡小军、朱健刚：《社区慈善资源的本土化——对中国社区基金会的多案例研究》，《学海》2017年第6期。

B.16
北京社会组织参与社区垃圾分类
经验与对策探讨*

邢宇宙　李　涛　杨玳瑁**

摘　要： 在我国"五位一体"总体布局中，生态文明建设融入社会建设
各方面和全过程。近年来在政策引导和资源支持下，北京社会组
织参与社区可持续环境建设不断发展，并在参与社区治理、链接
社会资源、赋能社会组织成长和推动社会创新方面发挥着重要作
用。本报告基于万科公益基金会和北京市协作者社会工作发展中
心联合推出的绿缘计划资助项目及其实践，在社会组织赋能资助
和支持性社会组织发展视角下，剖析该项目的运行经验，提出相
应的政策建议。

关键词： 社会组织　社区可持续环境　资助　赋能

一　引言

在"五位一体"的总体布局中，生态文明建设和社会建设是互相融合、

---

* 本文系北京市社会科学基金基地项目"社会组织参与北京社区垃圾分类治理的机制研究"
〈18JDSRB008〉的阶段性成果。

** 邢宇宙，北京工业大学文法学部副教授、北京社会管理研究基地研究人员，主要研究方向为
社会组织与社会治理；李涛，北京市协作者社会工作发展中心主任，主要研究方向为社会组
织与社会工作；杨玳瑁，北京市协作者社会工作发展中心专业支持部主任，主要研究方向为
社会组织与社会工作。北京市协作者社会工作发展中心绿缘计划课题组，成员还包括李真、
单焱斌、刘倩。在此感谢资助方万科公益基金会等机构的支持。

共同促进的关系，因此政社协同、多方共治是推进我国环境治理体系和治理能力现代化的重要方向，社会组织无疑在其中扮演着重要角色。与此同时，在实践层面，社会组织在社区可持续环境建设领域也持续开展探索。新修订的《北京市生活垃圾管理条例》指出：本市坚持党委领导、政府主导、社会协同、公众参与、法治保障、科技支撑，遵循减量化、资源化、无害化的方针和城乡统筹、科学规划、综合利用的原则，实行全市统筹和属地负责，逐步建立和完善生活垃圾处理的社会服务体系。垃圾分类和可持续环境建设是环境治理和社会治理兼而有之的议题，因而也有着治理的难度和复杂性，具体表现为从政府内部层级和部门的协同难题，到社会群体意识和公众行为的改变困境。为此，社区垃圾分类和可持续环境建设迫切需要政社协同和多方参与。

2020年开始，万科公益基金会和北京市协作者社会工作发展中心（以下简称"北京协作者"）联合实施的"公益1+1"绿缘计划，项目采取万科基金会提供资金支持、北京协作者作为支持性社会组织提供赋能型支持的资助方式，为一线社会服务机构提供资金支持、开展赋能培训，探索了基金会、支持性社会组织、一线社工机构协同行动的若干经验，营造了社会组织参与的良好氛围，在首都社区垃圾分类行动中发挥着示范和引领作用。

二　社区垃圾分类研究评述

实践表明，政策推行不仅与政策制定和执行主体紧密相关，也与实施对象和具体场域有着重要关系，因而政策实施必定遭遇现实社会中的复杂场景。围绕社区垃圾分类问题，已有研究从微观、中观、宏观不同的层次，依据政府、社区与居民不同的主体，从政策执行、社会动员、多元共治等不同层面探讨了存在的困境、解决思路与路径。

首先，在城市生活垃圾分类和可持续环境建设中，社区是废弃物产出与回收的重要场域，同时社区作为社会治理的基本单元，在城市社区环境治理中有着非常重要的作用。我国城市社区作为国家治理的基础性单元，其治理经历了从单位制到街居制的转变，伴随着单位制解体和住房制度改革，无论是外在表征，还是内在构成都呈现多样的形态。而在微观层面居民个体在垃圾分类和可持续环境建设中处于基础地位，没有居民参与垃圾分类工作无法进行。现有研究表明城市居民在参与生活垃圾分类时，存在意愿与行为相悖离的现象，较高的参与意愿并不会必然产生较多的分类行为。① 这也意味着影响城市居民垃圾分类行为的因素较为复杂。

因此，面对"城市社区垃圾分类推进难"的种种问题，多数研究重视从宏观上加强制度设计、政策实施和政府干预，强调法治手段和政府主导作用。回顾我国城市推行垃圾分类制度的历史，虽然较早就在制度层面有过设计，也有一些成功的典型案例，引起社会广泛关注和各方参与，但是总体上实施效果并不理想。一些城市局部试点因为行政或其他社会力量撤出后，居民参与垃圾分类的行动未能持续。因此在政策实施和居民参与过程中，难免会在一些地方出现"运动式"的情形，未能建立起持续而有效的路径和机制。因此，有研究认为在面对垃圾分类法律法规不健全，激励性手段无法从根本上解决城市社区垃圾分类问题时，可以采取政策强制性主导下的"强制+激励+教育"模式②，以及法治框架下的政府主导社区垃圾分类模式③，其中也强调社区层面的重要性和作用。

其次，社区生活垃圾分类本质上属于社会治理范畴，强调解决"居民参与不足"问题，从行政单中心治理转向政社协同的多中心治理。已有研究表明，以政府及其推行政策为主的单中心介入治理模式存在公民参与不足等问题，认为社区垃圾分类应提高居民参与的话语权，弥合政府与居民之间的断裂与分歧④，政府也可以培育与支持居委会、社会组织

---

① 陈绍军、李如春、马永斌：《意愿与行为的悖离：城市居民生活垃圾分类机制研究》，《中国人口·资源与环境》2015 年第 9 期。
② 钱坤：《从激励性到强制性：城市社区垃圾分类的实践模式、逻辑转换与实现路径》，《华东理工大学学报》（社会科学版）2019 年第 5 期。
③ 秦祥瑞、沈毅：《垃圾分类试点的社区参与分化与政府主导定位——基于 BN 市的实证分析》，《学海》2020 年第 6 期。
④ 毕学成：《城市生活垃圾分类困境与摆脱：基于居民社区参与视角》，《宁夏社会科学》2020 年第 4 期。

等非政府主体进行基层政策动员以推动居民参与垃圾分类①；也有学者认为若居民不能成为垃圾分类参与者，而是治理对象，这反而使政策难以推行，因此在政策非强制状态下，需要通过社会机制即政府、市场、社会各方主体协同共治社区垃圾分类②；在这一点上，也有学者认同去行政主导型、改善居民自治不足的协同共治是当前垃圾分类最佳运行逻辑③；还有学者提出"党建引领+居民自治+政府治理+社会组织参与"的社区善治模式④。

尽管如此，在实践层面推动社会组织参与仍然有很大的提升空间。在政府垃圾分类政策制定和实施方面，迫切需要建立政府职能部门与基层居民、社会组织之间有效和常态化的沟通渠道和联动机制。虽然目前垃圾分类政策推行的重点已经从基础设施建设逐步转为意识提升和行为改变，但是垃圾分类进入"强制时代"后仍然面临着一系列监管困境。如由于执法成本过高，无论是对企事业单位还是居民个人，某些处罚举措都难以落实。反之，也影响以倡导和正向激励为主的社会组织参与。与此同时，社会组织对环境议题的赋能和资源的支持方面，仍然有待政府和社会共同努力。近年来由于制度和社会环境的变化，社会组织在政策环境、人才和资源等方面存在不稳定性，也影响了项目实施过程中的人员配置、任务分工、组织协调、监测评估等环节，进而影响社会组织的专业性发展。

总之，社区垃圾治理是部门协同、多元参与的场域，也是不断沟通协商和塑造共识的过程，不仅要发挥党和政府的主导作用，使得各个利益相关主体所应承担的权责义务关系逐渐通过相关法律政策予以明确，并通过监督和管理推进相关法律条文和政策规定的落地实施。与此同时，《生活垃圾分类制

---

① 王诗宗、罗凤鹏：《基层政策动员：推动社区居民参与的可能路径》，《南京社会科学》2020 年第 4 期。
② 王诗宗、徐畅：《社会机制在城市社区垃圾分类政策执行中的作用研究》，《中国行政管理》2020 年第 5 期。
③ 陈毅、张京唐：《探寻社区常规化治理之道：三种运行逻辑的比较——以上海垃圾分类治理为例》，《华中科技大学学报》（社会科学版）2021 年第 4 期。
④ 刘建军、李小雨：《城市的风度：城市生活垃圾分类治理与社区善治——以上海市爱建居民区为例》，《河南社会科学》2019 年第 1 期。

度实施方案》也明确提出，"引导社会力量参与垃圾分类治理，研究出台支持专业化企业和社会组织参与垃圾分类的措施，充分调动社会力量参与垃圾分类治理的积极性"。社区场域需要内生居民自组织或外部社会组织，扮演中介角色，发挥催化作用，对垃圾分类政策落实进行倡导，提升居民意识并推动行为改变，形成动员路径，构建引导机制，从而逐步达致系统性变革。

三 绿缘计划的探索与实践

2020年5月，新版《北京市生活垃圾管理条例》正式实施后，北京市社会组织管理中心发出《关于北京市基金会参与生活垃圾分类工作的通知》，从加强党建引领、广泛宣传动员、开展专业服务、加强信息报送等四个方面对基金会提出具体要求，引导基金会加大对垃圾分类相关科普、宣传、研究、实践等公益项目的资助。其中北京市社会组织管理中心动员北京市企业家环保基金会、滴滴公益基金会等8家基金会，募集111万元，联合成立"垃圾分类专项基金"，为社会组织进社区开展活动提供资金支持，属于"首都社会组织进社区"系列活动之一。与此同时，北京市社会组织发展服务中心及其运营方北京协作者开始了支持社会组织参与垃圾分类工作的探索。

（一）项目的基本情况

在北京市社会组织管理中心指导下，北京协作者最初联合自然之友、联动北京市区街三级社会组织支持平台开展"社会组织参与垃圾分类助力计划"，为社会组织提供了开放式的课堂培训指导、经验交流与信息对接等服务支持。2020年9月，北京协作者与北京市企业家环保基金会、阿拉善SEE华北项目中心、零废弃联盟合作发起"公益1+1——北京社会组织参与垃圾分类试点资助项目"，为北京市社会组织参与垃圾分类提供小额资金支持。

在此基础之上，"公益1+1"资助行动是由北京市社会组织管理中心指导，北京协作者联合多家基金会发起的全新的资助模式。该模式认为，如果社会组织得到政策、资金和技术等良性公益生态环境的支持，那么将在垃圾分类等可持续社区发展中发挥重大的作用，还能带动更广泛持久的环境改变。基于该假设，2020年12月，北京协作者联合万科公益基金会启动"公益1+1"资助行动之绿缘计划，由万科公益基金会出资、北京协作者提供专业支持，支持社会服务机构参与垃圾分类工作，旨在充分发挥社会组织专业功能，促进首都垃圾分类工作深化，推动可持续社区环境建设。

（二）项目的实施路径

一是开展基线调研与社会倡导。项目组面向153家社会服务机构开展基线调查，了解社会服务机构参与垃圾分类等促进社区环境建设领域的现状与问题需求，社会服务机构发布倡议书，倡议各方理解并支持社会服务机构在该领域的参与。

二是项目征集过程中前置赋能。面向社会服务机构开展项目征集、评审，筛选出需要资助的社区环保项目，并采用前期赋能方法，为社会服务机构提供社区环保政策、理念与方法、项目设计与申报等培训，提高社会服务机构介入社区环保领域的相关能力。

三是项目监测实施与赋能结合。一方面，以资金支持与支持性监测评估为主，通过圆桌辅导会、一对一督导、实地走访、服务评估等形式，持续了解社会服务机构参与社区环保项目实施的进展、经验、问题、挑战和需求，有针对性地给予支持性回应，持续赋能社会服务机构。另一方面，针对社会服务机构的项目实施情况，开展成效评估，推动社会服务机构总结项目的成效、经验与教训，发现专业支持无法解决的痛点和难点，总结形成政策层面的建议，开展倡导，进一步赋能社会服务机构。

（三）项目的成效分析

在绿缘计划中，首先，基金会扮演着价值引领和资源供给的角色，支持性组织发挥平台作用提供专业支持，赋能社会服务机构的组织发展和能力提升。具体表现为：一是机构对参与社区环保的专业认知的转变。起初，很多社会服务机构因疫情下筹资难而申请加入绿缘计划，而在项目结束时，很多社会服务机构认识到垃圾分类等社区环保是社区服务的重要抓手，进而从被倡导者转变为积极的参与者。二是社区环保专业能力的提升。社会服务机构环保领域专业能力的提升是多方面的，21家社会服务机构伙伴均提到其"社区环保工作理念和方法认知""社区环保项目设计能力""社区环保组织动员能力"得到提升，90.48%的社会服务机构的社区环保志愿者骨干培养能力得到提升。三是可持续发展理念的增强。社会服务机构提高了社区工作的可持续发展意识，在服务策略中增加了社区营造等社区可持续发展的行动策略。其中，76.19的社会服务机构的关系协调能力、90.48%的社会服务机构的资源链接能力得到不同程度的提升。

其次，一线社会服务机构主要通过深入社区，探索不同场景下推动居民参与垃圾分类工作的行动策略和方式。绿缘计划一期共资助21家社会组织，其中20家为非环保领域的社会组织，项目服务范围覆盖北京市昌平、朝阳、大兴、东城、海淀、西城、通州等7个区的47个小区。开展多形式多主题的服务活动超610次，服务38090人，培育志愿者队伍47支。通过对评估资料的分析发现，项目所服务社区的环境、居民的环保认知和行为、社区的整体氛围都有不同程度的改变。其中，71.43%的项目落地社区的环境得到改善，38.1%的社区环境通过绿化带与花园共建、垃圾净滩、改善垃圾处理设施等服务措施得到美化。21个项目落地社区居民的环保认知和行为均有改变。其中，67%的项目落地社区居民的垃圾分类知识和参与社区垃圾分类意识得到了提高，绿缘计划的实施带动社区儿童、青少年、家长、老人、居委会、物业、商户、企业、学校、媒体、游客等各类社区人群和单位的环保参与行为。

最后，随着政府相关部门在政策指导和机制建设等方面的推动，基金会、支持性社会组织等主体的协同行动，一线社会服务机构的积极参与，初步构建了支持社会组织参与社区垃圾分类的组织生态体系，提升治理水平的同时，体现了社会组织在构建社区可持续环境方面的相对优势。随着绿缘计划项目的实施，61.90%的落地社区借由社区环保活动，增强了社区人文关怀和互助氛围。社区居民对社区事务的参与度和主人翁意识逐渐提升，居民之间的关系也逐渐发生积极变化，居民的社区归属感和凝聚力得到加强，友爱、互助、和谐的社区文化氛围显著增强。与此同时，社会服务机构不仅认识到自身参与的主体性，也认识到社区居民参与其中的主体性，注重在项目实践中挖掘社区居民的内生力量，培育居民骨干和志愿者带动居民持续参与。评估显示，90.48%的社会服务机构的社区环保志愿者骨干培养能力得到提升；51.74%的社会服务机构在社区环保议题自组织培育与协商机制共建方面能力得到提升。

在多元主体协同共治社区垃圾分类大环境下，社会组织作为社会治理体系的主体之一，具有社会政策没有的柔性，社区居委会在实际运行中常常需要借助社会组织的力量[①]，社会组织能够基于不同社区类型通过说服、认知、参与、赋能、塑造共同体的行动策略让居民充分参与社区垃圾分类[②][③]。总之，绿缘计划的设计与实施在"公益1+1"资助行动的框架下展开，初步探索出以社区为服务平台、以社会服务机构为组织载体、以社会慈善资源为支持动力、以社区志愿者为重要力量、以社会工作为专业支撑的"五社联动"社区环保工作模式。这是支持和促进社会服务机构参与社区环保，尤其是推动非环保领域的社会服务机构参与社区环保的有效方法，证明实现"环保破圈"是可行的。

四　存在的问题与对策建议

实践表明，以政府单方面行政命令为手段，或是通过社会组织和个人努

---

① 秦祥瑞、沈毅：《垃圾分类试点的社区参与分化与政府主导定位——基于 BN 市的实证分析》，《学海》2020 年第 6 期。

② 高丽：《行动者与空间生产：社会组织参与城市社区绿色治理何以可能——以 W 组织为例》，《社会工作与管理》2019 年第 3 期。

③ 李健、李春艳：《政策介入、社区类型与社会组织行动策略——基于上海爱芬环保参与社区垃圾分类案例的历时观察》，《上海大学学报》（社会科学版）2021 年第 5 期。

力来推进社区垃圾分类，难以实现居民参与的常态化和长期性目标，而且动员工作容易陷入资源不断投入、效果却不明显的"内卷化"困境。因为单一主体的宣传动员和参与，在给垃圾分类进程带来新的发展动力的同时，也面临着内部组织和外部环境的诸多问题。在打造共建共治共享的社会治理格局下，社会组织作为社会中介力量，在链接各参与主体中发挥着重要作用，从而避免治理过程中的"内卷化"困境。正如日本环境社会学家鸟越皓之所说：对于循环再利用的开展，需要考虑文化背景（共有的价值观）、循环再利用的机制、个人活动的动机，才能使得循环再利用活动顺利开展。① 为推动社会组织更好地参与社区垃圾分类，必须充分理解各个主体内部及其相互之间的关系，以开放的视角去审视社区共享价值、治理机制与行动系统。在社会协同和多元共治的背景下，无论是政府部门的行政推动，还是社会力量的动员和参与，垃圾分类工作的推进都需要不同主体之间广泛而全面的互动，构建资源共享、协同行动和互信互赖的组织场域，共同营造和推动社区可持续环境建设的良好生态环境。

绿缘计划在"公益1+1"资助行动的逻辑框架下开展探索，以构建良性的公益生态，支持社会组织参与社区可持续环境建设为出发点，在良性的公益生态中，政府部门发挥政策指导作用、基金会发挥资源支持作用、支持性社会组织发挥支持赋能作用、社会服务机构发挥优势专注服务行动，施展各自优势、彼此协作才能更持续有效地发挥社会组织在社区可持续环境建设中的价值。

首先，现有政策更好的落实，需要跨部门跨层级联动。绿缘计划的行动研究发现，要推进社会组织有效参与社区环保工作，除了与社会组织相关的民政部门的支持，还需要作为政策落地"最后一米"的镇街基层政府部门的推动。比如，有关政策提到需要基层社区党组织牵头联同社会组织、志愿者、物业、业委会等成立工作小组，协同实施社区垃圾分类工作，但在绿缘计划的实践中，社会组织与社区相关部门的联动比较困难。在基层的联动，

---

① 〔日〕鸟越皓之：《环境社会学——站在生活者的角度思考》，宋金文译，中国环境科学出版社，2009。

需要市级、区级层面先联动起来，并建立上下贯通的协作机制。其中，市级层面负责牵头垃圾分类与减量等相关工作的城管委系统与负责社会组织管理工作的民政系统的联动，对于更好地促进区级、镇街和社区的跨部门联动，发挥社会组织在垃圾分类、减量等工作中的优势作用，加强政策在基层的落地和执行，具有重要的指导作用。

其次，加大政府购买服务力度，引导社会组织持续参与社区可持续环境建设。目前的政策虽然鼓励社会组织在社区环保工作方面发挥作用，但落实到具体有效的支持行动，还需要进一步完善。最为直接的是加大政府购买服务力度，将市场化的资源配置机制引入社会组织服务领域，将社会组织参与社区环保纳入政府采购目录，建立公开透明、稳定持续的常态化购买机制，一是提高服务效率和效果，二是引导支持社会组织持续稳定的参与，在参与中培育发展社会组织，提升其社区环保专业能力和可持续发展能力。

再次，拓宽民意收集和反馈渠道，鼓励社会组织参与政策改革。在绿缘计划资助的社区环保项目实施中，有社会组织反馈居民参与认可度低的原因包括家庭空间小设置投放受限、社区投放设施不足、社区垃圾前端后端的处理不匹配，社区居民对于垃圾分类的参与意义存在质疑。也有社会组织反馈，目前北京市垃圾分类政策有约束企业或单位的措施，但对于居民的约束并不明确，希望改善相关政策，促进居民参与。社会组织在一线实践中所了解的政策偏离、政策不完善等情况，如何更高效地传递到政策制定与落实的相关部门，需要政府相关部门建立和畅通政策反馈的渠道，在政策建议收集方面加大宣传力度，主动征求社会组织对社区环保工作的建议，如组织调研或者座谈征求意见等，搭建更为便捷的政策建议渠道，更好地完善社区环保相关政策。

复次，建立社区环保资源配置机制，促进社区和社会组织的双向对接。政府相关部门可以组织或委托支持性社会组织开展社区环保资源对接会、项目合作洽谈会等活动，并形成长效推介机制。民政部门应向街镇和社区推送社会组织名录，动员社会组织到属地社区居委会报到，促进社区和社会组织的双向对接，建立社区需求和社会组织供给对接机制，动员社会组织结合自身优势，积极参与本社区垃圾分类等社区治理工作，通过建立双向对接机制，积极畅通社会组织的参与渠道。

最后，政府相关部门搭建平台，鼓励和支持更多社会慈善资源协同行动。在绿缘计划的实践中，政府部门不仅对社会服务机构参与社区环保行动给予肯定、鼓励和引导，其积极态度对于社会慈善资源的投入也同样具有重要的指导和激励作用，建议政府相关部门更多地参与到类似"公益1+1"这样的项目和行动中，通过政社协作促进"第三次分配"的实现。

总之，社会组织在推动城市社区垃圾分类和可持续环境建设进程的同时，仍然面临诸多制度变革层面的挑战。对垃圾分类问题的思考不应止步于垃圾分类问题本身，应以此为契机开始新的参与方式的探索，而且重要的是以社会制度本身的变革为前提。[①] 从宏观层面来看，此次党和国家机构改革中设立社会工作部，同时多个政府部门和领域都在积极推进社会工作岗位设置和人才培养，这势必影响和带动微观层面本土社会工作的发展，因而绿缘计划的实践作为样本拓展了社会工作的生态社会路径，即"社会工作的环保意识"，实施了生态运动的理念，如对自然的保护、循环再利用和小规模项目[②]，未来有待进一步的经验总结和模式研究。

参考文献

爱芬环保编著《城市社区生活垃圾分类工作解析与指南》，中国社会出版社，2020。

李涛：《共创公益新生态："公益1+1"资助行动的实践研究报告》，载黄晓勇主编《社会组织蓝皮书：中国社会组织报告（2022）》，社会科学文献出版社，2022。

〔日〕鸟越皓之：《环境社会学——站在生活者的角度思考》，宋金文译，中国环境科学出版社，2009。

赵一红主编《生态社会工作与社会工作实践》，迟红等译，社会科学文献出版社，2019。

---

① 〔日〕鸟越皓之：《环境社会学——站在生活者的角度思考》，宋金文译，中国环境科学出版社，2009。

② 赵一红主编《生态社会工作与社会工作实践》，迟红等译，社会科学文献出版社，2019。

社会结构篇
Social Structure

B.17
北京市居民消费状况分析报告

赵卫华　王子豪*

摘　要： 根据北京市统计局数据以及其他数据，本报告分析了近年来北京城镇居民家庭消费状况。研究发现：北京居民消费水平波动下行，居民消费倾向呈下降趋势，2023年以来居民消费恢复态势不及预期；2022年消费结构受疫情和政策影响出现了新变化，如恩格尔系数上升、教育消费占比下降等；居民消费受消费者信心、收入、就业以及社会保障等多种因素的影响，疫情导致居民消费者信心波动、更加理性；收入增长慢、差距扩大影响居民消费能力提升，就业困难影响居民消费预期，消费风险意识增强；社会保障不足、居民消费压力大阻滞了居民消费等。根据研究数据，提出如下政策建议：着力扩大就业，关注重点人群的就业问题；多措施切实提高中低收入群体的收入，"扩中提低"；加强社会保障和公共服务，推动居民消

---

* 赵卫华，北京工业大学文法学部社会学系教授，北京社会管理研究基地研究人员，主要研究方向为社会结构、消费社会学、社会建设与社会政策；王子豪，北京工业大学北京社会管理研究基地研究人员。

费合理升级；以国际消费中心城市建设为契机，释放更大消费活力。

关键词： 居民消费 扩大内需 北京

近年来，我国经济发展进入新常态，从重视速度转向重视质量，发展速度从高速发展转向中高速发展，伴随着 GDP 增长速度变缓，居民收入增长速度也相应下降。2015 年以来，北京 GDP 增速降到 7% 以下，之后逐渐下降，特别是 2020～2022 年新冠疫情对经济社会发展和居民生活都产生巨大影响，居民收入增速下降，消费下滑。2023 年新冠疫情结束，北京经济发展迎来新的阶段，消费作为推动构建新发展格局的关键环节至关重要。本研究关注近年来，特别是疫情发生以来居民消费状况及发展态势，探讨居民消费变化的影响因素以及扩大居民消费的政策选择。

一 居民消费的基本状况

衡量居民消费的指标很多，本文关注居民消费对于居民生活和宏观经济的影响，对于居民消费基本状况，关注的主要指标是居民消费水平、消费结构和消费倾向，这些指标近年来的变化一定程度上反映了居民消费的走势。

（一）居民消费水平波动下行

受收入增长速度下降的影响，居民消费支出增速也有所下降，而且居民消费受其他因素影响大，波动较大，特别是 2020 年疫情发生以来，消费受影响很大，居民消费增速剧烈波动。疫情导致人均消费支出从 2019 年的 43038 元下降到 2020 年的 38903 元，下降 4135 元，下降了 9.6%；2021 年又增长了 12.2%，居民消费基本恢复到 2019 年的水平；2022 年，疫情反复，对居民消费影响非常大，导致 2022 年居民消费反而达不到 2021 年的水平。2022 年，北京市居民人均消费支出为 42683 元，同比下降了 2.2%（见图 1）。

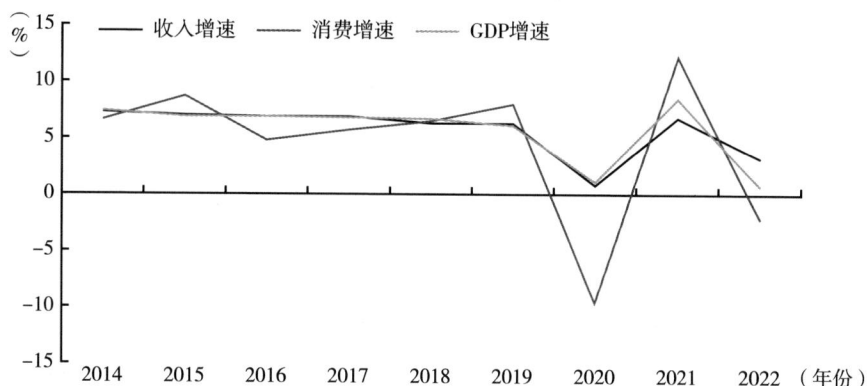

图1 北京市居民收入、消费和GDP增速的变化情况

具体到各类消费支出，其波动幅度有所差异，非生活必需品波动较大（见表1）。疫情期间，作为生活必需品的饮食和居住波动较小，2022年居民家庭食品烟酒支出下降了0.9%，下降幅度较小，居住支出小幅上涨，人均居住支出上涨了1.9%。交通通信支出2020年下降幅度很大，达到23.9%，2021年回调，2022年又下降了2.3%，降幅相对较小。居民的衣着、生活用品及服务支出受疫情影响较大，消费波动幅度较大，2020年下降19.1%和10.1%，2021年上升16.6%和19.3%，2022年又分别下降了11.5%和14.3%，上下波动较大。教育文化娱乐支出也剧烈波动，受疫情和"双减"政策的影响，2020年下降35.8%，2021年上涨了21.0%，2022年又下降10.2%。人均医疗保健支出波动也比较大，2020年下降了6.1%，2021年上涨22.0%，2022年又下降7.1%。其他用品及服务支出在经历2020年较大幅度的下降后，2021年和2022年都有较大幅度增长，分别增长了20.3%和16.1%。

表1 2019年以来北京居民家庭消费增长状况

单位：元，%

项目	2019年	2020年	2021年	2022年	2020年增速	2021年增速	2022年增速
人均消费支出	43038	38903	43640	42683	-9.6	12.2	-2.2
食品烟酒支出	8489	8734	9307	9223	-1.4	11.1	-0.9
衣着支出	2230	1804	2104	1861	-19.1	16.6	-11.5

项目	2019 年	2020 年	2021 年	2022 年	2020 年增速	2021 年增速	2022 年增速
居住支出	15751	15711	16847	17170	-0.3	7.2	1.9
生活用品及服务支出	2387	2146	2560	2193	-10.1	19.3	-14.3
交通通信支出	4979	3789	4227	4129	-23.9	11.6	-2.3
教育文化娱乐支出	4311	2766	3348	3008	-35.8	21.0	-10.2
医疗保健支出	3740	3513	4285	3982	-6.1	22.0	-7.1
其他用品及服务支出	1151	800	962	1117	-30.5	20.3	16.1

资料来源：北京统计局统计信息网，月季度统计数据。

（二）居民消费倾向下降

居民消费倾向反映了居民收入与消费的关系，指消费与收入之比。从表2来看，2015 年以来，北京市居民消费倾向呈下降趋势。居民收入中用于消费的比例从 2015 年的 70% 下降到 2022 年的 55%，2023 年第一季度有所回升（56%），但仍然远低于国际平均水平。与疫情前相比，消费倾向仍然较低，2022 年比 2019 年低了 9 个百分点。居民消费倾向低，三年疫情的影响是主要原因。2023 年第一季度，居民消费倾向有所上升。

表2　2015 年以来北京居民消费倾向的变化

单位：元，%

项目	2015 年	2016 年	2017 年	2018 年	2019 年	2020 年	2021 年	2022 年	2023 年一季度
家庭人均收入	48458	52530	57230	62361	67756	69434	75002	77415	21367
家庭人均消费支出	33803	35416	37425	39843	43038	38903	43640	42683	12045
消费倾向	70	67	65	64	64	56	58	55	56

（三）居民消费结构有明显变化

从统计部门的八大类消费项目看，相比于往年，2022 年北京市居民消费结构中食品烟酒、居住、交通通信、医疗保健支出占比上升，衣着、生活用品及服务、教育文化娱乐支出占比下降。

第一，恩格尔系数略有上升。2022 年北京居民恩格尔系数为 21.6%[1]，比 2021 年上升了 0.3 个百分点[2]，比 2019 年上升了约 2 个百分点。

第二，居民居住支出占比上升。2022 年居住支出的比重是 40.23%，比 2021 年上升了 1.63 个百分点，比 2019 年上升了 3.63 个百分点。北京自有住房率高达 85.6%，租赁住房只有 11.8%（其中租赁私房 5.8%，租赁公房 6.0%），还有 1.9% 的免费借住租房以及 0.7% 的其他来源住房。[3] 居住相关支出，包括房租、水、电、燃料、物业管理等方面的支出以及自有住房折算租金。对于自有住房来说，现金居住支出远低于折算的租金支出，所以居民的现金居住支出要远低于统计支出水平。

第三，交通通信支出占比上升。交通通信是居民消费升级的重要领域。2022 年北京居民的交通通信支出占比为 9.67%，较 2019 年下降，与 2021 年基本持平。然而，交通通信的绝对支出水平相较于 2021 年有所下降，反映了居民消费升级的趋势因疫情而受到较大影响。

第四，医疗保健支出占比上升且居高不下。2022 年医疗保健支出的占比是 9.33%，比 2019 年上升 0.64 个百分点，比 2021 年下降了 0.49 个百分点。疫情反复，一方面居民增强了保健意识，另一方面也推动了相关医疗保健消费支出。医疗支出刚性很强，健康消费又具有发展性消费的特点，疫情使居民更加重视医疗保健，增加此方面的支出，导致医疗保健支出占比上升。

第五，衣着、生活用品及服务支出占比下降。2022 年衣着支出的比重是 4.36%，比 2021 年下降了 0.46 个百分点，较 2019 年下降了 0.82 个百分点；生活用品及服务支出的比重是 5.14%，比 2019 年下降了 0.41 个百分点，比 2021 年下降了 0.73 个百分点。衣着和生活用品及服务既有满足基本

---

① 根据国家统计局网站公布的家庭消费数据计算而得。

② 《北京市 2022 年国民经济和社会发展统计公报》，http://tjj.beijing.gov.cn/tjsj_31433/sjjd_31444/202303/t20230320_2940009.html，2023 年 3 月 20 日。

③ 《北京市 2021 年国民经济和社会发展统计公报》，http://tjj.beijing.gov.cn/tjsj_31433/sjjd_31444/202202/t20220228_2618115.html，2022 年 2 月 28 日。

需要，又有满足享受性需要的性质。疫情期间，由于收入减少、社交减少，具有享受性质的衣着和生活用品方面的消费下降。

第六，教育文化娱乐支出占比下降。2022 年北京居民家庭消费中教育文化娱乐支出占比是 7.05%，比 2019 年下降了 2.97 个百分点，比 2020 年下降了 0.06 个百分点，比 2021 年下降了 0.62 个百分点（见图 2）。居民消费中教育和文化娱乐消费支出是一起统计的，无法区分教育支出和文化娱乐支出，但从宏观数据看，教育文化娱乐支出中大部分属于教育支出，如在北京 2022 年地区生产总值中，教育占了 4.6%，文化体育娱乐业只占了2.0%。[①] 也就是说，教育文化娱乐支出中教育支出约占 70%，由此推测，在居民家庭教育文化娱乐支出占比中，最主要的是教育支出。2021 年 5 月"双减"政策颁布，校外辅导机构和课外辅导班大量减少。居民教育文化娱乐支出占比下降很大程度上是"双减"政策实施的结果。虽然教育文化娱乐支出占比是衡量居民消费升级的重要指标，但是从减轻居民消费负担的角度来说，这一占比的下降无疑是居民消费结构的积极变化。

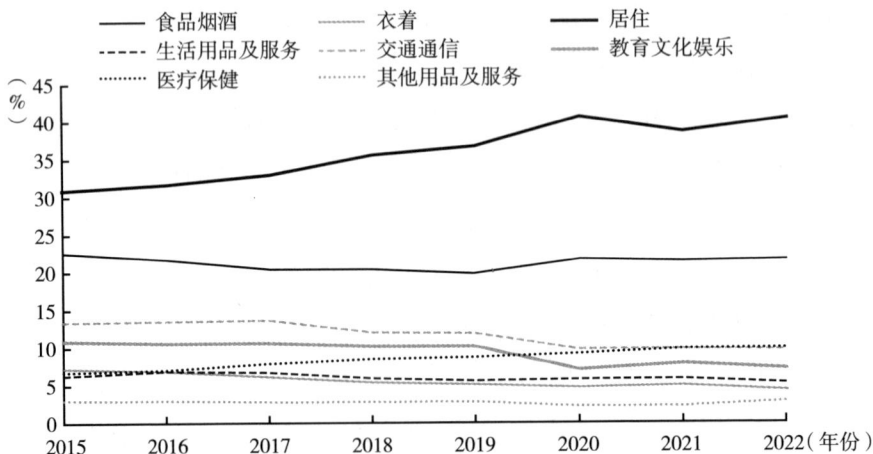

图 2　2015 年以来北京居民消费结构的变化

数据来源：根据北京市统计局发布的月季度数据计算而来。

---

① 《北京市 2022 年国民经济和社会发展统计公报》，http://tjj.beijing.gov.cn/tjsj_31433/sjjd_31444/202303/t20230320_2940009.html，2023 年 3 月 20 日。

二　居民消费的主要影响因素分析

当前，居民消费水平波动下行，居民消费倾向呈下降趋势，其原因是多方面的，从短期来看，新冠疫情直接影响是主要原因，但从长期来看，疫情也导致居民消费更加理性和保守，就业和收入作为消费的基础是影响居民消费更根本的原因。

（一）消费者预期不稳，消费渐趋理性

2022年疫情对消费者信心有明显影响，从北京市统计局发布的月季度数据看，消费者信心指数在2022年第一、第二季度都是下降的，第三季度开始回升，第四季度又下降了5.2点，为106.3。2022年新冠疫情反复，影响消费者信心，特别是12月新冠疫情席卷下多数人感染，对消费信心产生较大影响。2023年以来，消费者信心逐渐回升，2023年第一季度消费者信心明显回升，信心指数上升到115.1，比上季度上升了8.8点，但仍然低于2022年第一季度的水平。

从消费者满意度看，消费者满意指数增幅由负转正，从2022年第四季度的104.5上升到2023年第一季度的110.8，上升了6.3点。从具体指标看，2022年家庭收入状况满意指数相对是最高的，就业状况满意指数居中，消费意愿满意指数最低。2023年第一季度，消费意愿满意指数大幅度上升，比2022年第四季度上升12.4点，达到了113.2，超过了2022年的最高水平。家庭收入状况满意指数和就业状况满意指数也小幅上升，但上升幅度相对较小，仍然没有达到2022年第一季度的水平，特别是就业状况满意指数，远低于2022年第一季度的水平。

从预期看，消费者预期在好转，但还不稳。2023年第一季度，消费者预期指数是118.0，上升了10.4点，但仍然不及2022年第一季度119.4的水平。反映消费者预期状况的具体指标有两个，即就业状况预期指数和家庭收入状况预期指数。2023年第一季度，这两个指标都有明显好转，其中就

业状况预期指数上升幅度较大，上升了 14.1 点，预期指数达到了 119.0，接近 2022 年第一季度 121.5 的水平，家庭收入状况预期指数是 117.0，在经历 2022 年的波动后，基本恢复到 2022 年第一季度的水平（见表3）。

表3　2022 年至 2023 年第一季度北京居民消费信心指数变化

项目	第一季度		第二季度		第三季度		第四季度		2023 年一季度	
	指数	比上季增减	指数	比上季增减	指数	比上季度增减	指数	比上季度增减	指数	比上季增减
消费者信心指数	118.7	−5.1	108.9	−9.8	111.5	2.6	106.3	−5.2	115.1	8.8
消费者满意指数	117.5	−6.0	107.9	−9.6	109.7	1.8	104.5	−5.2	110.8	6.3
就业状况满意指数	128.9	−9.5	110.3	−18.6	103.5	−6.8	102.9	−0.6	106.1	3.2
家庭收入状况满意指数	113.2	−5.2	108.3	−4.9	118.3	10.0	109.7	−8.6	113.0	3.3
消费意愿满意指数	110.5	—	105.2	−5.3	107.5	2.3	100.8	−6.7	113.2	12.4
消费者预期指数	119.4	−4.6	109.5	−9.9	112.7	3.2	107.6	−5.1	118.0	10.4
就业状况预期指数	121.5	−9.0	108.7	−12.8	105.3	−3.4	104.9	−0.4	119.0	14.1
家庭收入状况预期指数	117.3	−0.1	110.3	−7.0	120.2	9.9	110.2	−10.0	117.0	6.8

资料来源：北京统计局统计信息网，月季度统计数据。

就业状况预期和家庭收入状况预期不高，影响了居民消费。虽然居民收入仍然在增长，但居民消费却更加理性和谨慎。如"双十一""6·18"这些消费狂欢节期间，消费者的购物热情下降了。2023 年第一季度，房地产市场经历了一个短暂的小阳春后，出现疲软态势。虽然消费市场中出现住宿餐饮、升级消费的小热点，但是总体趋势却不及预期。人们的消费更加理性，贷款消费的热情下降，提前还贷成为很多购房家庭的理性选择。据统计，2023 年上半年，提前还贷额达到了 2.5 万亿元，收入和就业预期不稳，人们的消费态度变得保守。

（二）居民收入增速下降影响居民消费能力

1.居民收入水平缓慢提高

2015 年以来，北京居民收入增长速度在 7% 左右，略高于或者与 GDP 增长速度保持一致，但 2018 年以后居民增速变缓，且 2018 年、2020 年、2021 年，居民可支配收入的增速都略低于 GDP 增速。特别是 2020 年以来，受新冠疫情影响，居民收入增长缓慢。刚刚过去的 2022 年，在经济发展较为困难的情况下，居民收入增长了 3.2%，殊为不易。2023 年第一季度，北京经济增长摆脱了新冠疫情影响，总体向好，GDP 同比增长 3.1%，居民收入增速达到了 3.6%，再次超过了 GDP 的增长速度（见表 4）。

表 4　2014 年以来北京市人均收入增速与 GDP 增速状况

单元：元，%

项目	2014 年	2015 年	2016 年	2017 年	2018 年	2019 年	2020 年	2021 年	2022 年	2023 年一季度
全市人均可支配收入	44489	48458	52530	57230	62361	67756	69434	75002	77415	21367
收入增速	7.3	7.0	6.9	6.9	6.3	6.3	0.8	6.8	3.2	3.6
GDP 增速	7.7	6.9	6.9	6.8	6.7	6.1	1.1	8.5	0.7	3.1

资料来源：北京统计信息网数据。

2.居民收入差距持续扩大

长期以来，我国居民收入差距过大问题突出。从全国来看，我国居民收入差距扩大的趋势短暂缓解，基尼系数有所下降，但近年来又有扩大的趋势。就北京的情况看，也是如此。近年来，居民收入差距扩大的趋势并没有逆转，总体趋势是收入越高，收入增长的速度也越快，无论是收入水平还是收入增长速度，高低收入组的差距都在扩大。具体来看，从五等分分组看，2015~2021

年，低收入组人均年收入从 18343 元增长到 27057 元，增长了 48%，高收入组人均年收入从 99621 元增长到 157816 元，增长了 58%，二者之间的收入差距也有所扩大，人均年收入差距从 81278 元扩大到 130759 元，高收入组的收入与低收入组的收入比也从 2015 年的 5.43 上升到 2021 年的 5.83（见表 5）。

表 5　2015 年以来北京市不同收入组收入情况

单位：元

组别	2015 年	2016 年	2017 年	2018 年	2019 年	2020 年	2021 年	2021/2015
低收入组	18343	20204	22170	23926	25723	25394	27057	1.48
中低收入组	32963	36277	38452	41886	44971	44855	50226	1.52
中等收入组	45239	49342	53023	57864	62596	63969	70453	1.56
中高收入组	60627	65555	71451	77910	85170	88026	94678	1.56
高收入组	99621	105425	116018	126970	139296	145915	157816	1.58
高-低	81278	85221	93848	103044	113573	120521	130759	1.61
高/低	5.43	5.22	5.23	5.31	5.42	5.75	5.83	—

资料来源：历年《北京统计年鉴》。

从五等分分组的各组收入差距看，2016 年以来，收入越高，收入增长的平均速度越高。具体地，从 2016 年以来的平均增速看，低收入组的平均增速是 6.76%，中低收入组是 7.34%，中等收入组是 7.70%，中高收入组是 7.73%，高收入组是 7.99%。不同收入组的收入增速依次加快，高收入组最快，低收入组最慢，收入差距明显扩大（见表 6）。

表 6　2016 年以来北京市不同收入组的收入增长情况

单位：%

组别	2016 年	2017 年	2018 年	2019 年	2020 年	2021 年	6 年平均增速
低收入组	10.15	9.73	7.92	7.51	-1.28	6.55	6.76
中低收入组	10.05	6.00	8.93	7.37	-0.26	11.97	7.34
中等收入组	9.07	7.46	9.13	8.18	2.19	10.14	7.70
中高收入组	8.13	8.99	9.04	9.32	3.35	7.56	7.73
高收入组	5.83	10.05	9.44	9.71	4.75	8.16	7.99

资料来源：根据《北京统计年鉴》数据计算而来。

3.经营净收入和财产净收入受疫情影响下降幅度较大

从北京市居民的实际收入来看，2022 年北京市居民人均可支配收入仍然是增长的，全年全市居民人均可支配收入为 77415 元，比上年增长 3.2%，扣除价格因素，实际增长 1.4%。从四项收入构成看，全市居民人均工资性收入 47758 元，增长 4.6%；人均经营净收入 903 元，下降 3.9%；人均财产净收入 12418 元，下降 0.3%；人均转移净收入 16336 元，增长 2.6%（见表 7）。工资性收入占比大且不断增长，是未来居民消费信心和消费增长的基础，但是居民经营净收入、财产净收入受影响较大，疫情以来经营净收入下降幅度较大，至今没有恢复到疫情前的水平。

表 7　2019~2022 年北京居民人均可支配收入增长状况

单位：元，%

收入状况	2019 年	增速	2020 年	增速	2021 年	增速	2022 年	增速
人均可支配收入	67756	8.7	69434	2.5	75002	8.0	77415	3.2
工资性收入	41214	9.4	41439	0.5	45675	10.2	47758	4.6
经营净收入	1201	0.0	812	−32.4	940	15.8	903	−3.9
财产净收入	11257	6.1	11789	4.7	12460	5.7	12418	−0.3
转移净收入	14084	9.5	15394	9.3	15927	3.5	16336	2.6

资料来源：北京统计局统计信息网，月季度统计数据。

2020 年以来居民收入增长变缓；低收入群体收入增长慢，收入差距持续扩大；经营净收入和财产净收入受新冠疫情影响下降，这些因素都不利于居民消费的较快增长。

（三）就业困难导致居民收入预期不稳、风险意识增强

近几年，就业日益困难，特别是新冠疫情期间，很多企业经营困难，甚至倒闭，导致就业岗位减少，部分人失业。新增就业岗位不足，大学生就业困难，失业率高。2023 年以来，随着新冠疫情过去，整体经济发展形势好转，就业情况也有明显改善，但是青年失业率仍然比较高。国家统计发布的

数据显示，2023年5月，16~24岁青年失业率上升至20.8%，比上个月提高了0.4个百分点，创下2018年有该数据以来的新高。① 智联招聘5月发布的《2023大学生就业力调研报告》显示，在2023届毕业生中，选择"慢就业"的人数占比从15.9%提升到18.9%。② 就业预期不好，消费观念也在发生变化，有学生表示，以前同学的朋友圈晒的是奢侈消费，现在大家晒的是谁买得更划算，大家以前比谁消费更高，现在比谁更会省钱。也有人表示，要把房贷还了，不再欠银行钱了，安安稳稳过日子。

（四）居民民生消费负担较重对其他消费有挤出效应

2022年，北京市全年实现地区生产总值41610.9亿元，按常住人口计算，全市人均地区生产总值为19.0万元，③ 人均GDP达到了发达国家的水平。就发达国家居民消费结构升级的规律来看，服务消费超过商品消费占主导地位是一般规律。如美国1970年就进入了居民服务消费超过消费总值的一半占主导地位的阶段，2016年居民服务消费占比为67.85%；韩国1992年居民服务消费占比首次超过50%，2016年占比为56.47%；日本居民服务消费占比1999年之前的统计数据缺失，但是进入21世纪以后多年来占比超过50%，近年来维持在50%附近窄幅波动。④ 从发达国家居民消费结构的情况看，虽然服务消费是消费升级的基本方向，但是不同国家服务消费占比存在较大差距。如美国和日本，服务消费占比相差10多个百分点。消费结构的演变与社会体制、社会福利和消费文化等都有很大关系，消费结构的合理性不能简单地通过服务消费占比来判断，而应该利用民生发展的质量来衡量。

---

① 《青年失业率突破20%，00后切换成"慢就业"模式》，澎湃新闻，https：//www.thepaper.cn/newsDetail_forward_23639776，2023年6月27日。

② 《青年失业率突破20%，00后切换成"慢就业"模式》，澎湃新闻，https：//www.thepaper.cn/newsDetail_forward_23639776，2023年6月27日。

③ 《北京市2021年国民经济和社会发展统计公报》，http：//tjj.beijing.gov.cn/tjsj_31433/tjgb_31445/ndgb_31446/202203/t20220301_2618672.html，2022年3月1日。

④ 潘红虹：《消费升级的国际经验与我国消费升级路径分析》，《企业经济》2019年第3期。

　　首先，从北京市居民消费结构看，相对于发达国家和地区，其教育、医疗、住房消费支出的占比都比较高。虽然学者们把教育、医疗这些服务消费归属于发展性消费，但是其占比并非越高越好。教育、医疗占比过高，一定程度上是增加了居民消费的压力而降低了生活质量。北京市居民的恩格尔系数与发达国家相差不大，甚至比有些国家还低。消费结构的显著不同之一是北京居民家庭居住消费支出占比远高于其他发达国家。其他发达国家居民家庭居住支出的比重一般都在20%左右，而北京居住消费支出占比达到了40%以上。当然，由于居住支出是住房折现后的支出，实际现金支出并没有这么高。北京住房自有率达到85%以上，租住私房者的比重只有5.8%，居住占比高反映的是房租支出高，租房者的居住支出占比高。租房者的居住支出水平高、占比高、压力大，会挤占其他消费。而对于自住房居民来说，如果没有贷款，则真实居住支出的水平并没有这么高，也就不存在消费挤出效应。

　　其次，就服务消费升级来看，北京居民消费结构中服务消费的比重目前只有34%左右，总体偏低，但是教育、医疗保健的支出比重却偏高。从国际上来看，除了美国的医疗保健支出占比较高外，其他很多发达国家居民家庭医疗保健支出占比都是较低的。如日本2021年居民家庭消费结构中医疗保健支出占比是5.09%，新加坡2018年医疗保健支出占比是5.47%，丹麦2021年健康消费占比为2.83%。① 这些国家医疗保健支出占比都低于北京2022年的9.33%。

　　最后，居民消费中教育消费支出占比偏高，文化娱乐消费支出占比偏低。北京的教育文娱支出合计占比为7.05%，其他国家则是分开统计，其教育支出占比比较低，而文娱支出占比则比较高。如2021年日本居民家庭消费结构中教育占比是3.27%，文化娱乐支出占比则达到了9.6%；新加坡2018年居民家庭消费结构中教育支出占比是5.74%，文化娱乐支出占比是6.41%。② 丹麦2021年教育消费占比只有0.545%。③ 比较而言，北京居民

---

① 根据该国国家统计局网站公布的家庭消费数据计算而得。
② 根据日本、新加坡国家统计局网站数据计算而来。
③ 根据该国国家统计局网站公布的家庭消费数据计算而得。

家庭消费结构中教育支出占比偏高，而文娱支出占比则偏低。

因此，从消费升级的角度来说，虽然服务消费继续增长是基本趋势，但是就具体升级的方向来看，并没有唯一的标准。如医疗保健、教育消费支出占比并非越高越好，富裕国家中其占比也并非一定高，一切都应该以实际民生福祉的改善为准则。目前来看，北京市居民房租、房价高，居住负担重，教育、医疗负担相对较重，这对于居民其他消费来说无疑是有挤出效应的。

三　扩大居民消费的政策建议

消费是经济增长的三驾马车之一，对经济增长至关重要，特别是在新发展阶段，消费对于构建新发展格局来说是关键。消费健康发展也是民生发展和实现人民美好生活需要的途径。疫情发生以来，消费剧烈波动下行，无论是对于经济发展还是对于民生改善来说，都有较大影响。

"十三五"以来，北京居民消费的增长动力明显减弱，对 GDP 增长的贡献率有所下降，居民消费率低于同等发展水平经济体 14 个百分点左右。[1]在北京市的支出法 GDP 构成中，近年来消费占比下降幅度较大，从 2018 年最高点的 61% 下降到 2021 年的 57%。消费对 GDP 增长的贡献率下降较大，2018 年消费对 GDP 增长的贡献率是 72.4%，2019 年下降到 56.15%，2020 年拖累经济增长，贡献率是 -327.2%，2021 年又上升到 60.1%。从全国的数据看，根据《中华人民共和国 2022 年国民经济和社会发展统计公报》，消费对 GDP 增长的贡献率是 32.8%，根据其他指标推测，北京的数据低于 2021 年。

2023 年以来，虽然居民消费恢复的态势明显，但恢复的速度仍然低于预期。从前述分析看，消费恢复整体不及预期，一方面与新冠疫情对居民消费影响较大有关，另一方面也与居民收入消费的长期趋势相关。随着中国经

---

[1]　李珊珊：《北京居民消费结构演进趋势和政策选择》，《中国国情国力》2020 年第 3 期。

济发展进入新常态，经济增长的速度下降，居民收入增长的速度下降、差距扩大，则是居民消费渐趋理性的深层次原因。当前，对于扩大居民消费问题，很多专家提出了很多有益的观点，如改善消费环境、补贴消费等。但是应该看到，从个体来说，居民消费不足，还是与收入、就业、生活负担等因素相关。从根本上来说，扩大居民消费，要标本兼治，刺激与涵养并重，刺激手段虽然需要，但提高居民消费能力更加重要。因此，关于推动居民消费增长、扩大内需，本报告提出以下政策建议。

（一）着力扩大就业，关注重点人群的就业问题

就业是民生之本，就业预期不稳影响消费信心。在群体方面，要重点关注中低收入家庭和大学生的就业问题，提升就业率。当前，大学生就业率不高，与就业岗位的供需结构不匹配有较大关系，就业市场中中高端人才的岗位供应不足，不符合很多大学生的就业期待，所以很多大学生只能延迟就业，考研、考编，这是大学生失业率高的重要原因。解决就业问题，主要还是要靠市场。要特别关注和扶持中小微企业的发展、创新性企业的发展，创造更多中高端人才就业岗位，增加就业机会，扩大就业范围。

（二）多措施缩小收入差距，"扩中提低"

收入是消费的基础，扩大消费从根本上来说还是要提高收入。当前，收入差距不断扩大，中低收入群体收入增长缓慢，限制了其消费能力。要针对不同群体采取多种政策措施，规范高收入群体的收入，切实提高中低收入群体的就业保障和收入水平，不断扩大中等收入群体的规模，夯实消费的基础。可以通过减税、降费、适度补贴等方式，对低收入人群适度发放消费补贴，缩小收入差距。

（三）加强社会保障和公共服务，推动居民消费合理升级

要切实解决广大民众关心的教育、医疗、住房保障、养老等民生问题，减轻家庭教育负担，推动居民消费合理升级。要进一步完善"双减"政策，

提升学校教育质量，降低居民家庭教育负担；改革和完善医疗保障制度，降低居民医疗负担；加强政策性住房建设，扩大住房保障受惠面，提高公租房普适性，为低收入人群和租房群体减轻住房负担，同时，降低购房成本（如住房税费、房屋交易费等），鼓励并满足中高收入群体的改善型住房需求。

（四）以国际消费中心城市建设为契机，释放更大消费活力

北京目前正在向"率先建成具有全球影响力、竞争力和美誉度的国际消费中心城市"的目标迈进。到2025年，将在国际知名度、消费繁荣度、商业活跃度、到达便利度、消费舒适度、政策引领度等关键指标方面显著提升，基本建成国际消费中心城市。[①] 要以此为契机，带动更多高端消费，大力推进新消费，推动消费的国际化、本地化和多元化，培育新的消费增长点，使消费释放更大活力，以居民消费扩大推动经济增长和居民消费的转型升级。

参考文献

《北京市 2022 年国民经济和社会发展统计公报》，http：//tjj. beijing. gov. cn/tjsj_ 31433/sjjd_ 31444/202303/t20230320_ 2940009. html，2023 年 3 月 20 日。

《北京市 2021 年国民经济和社会发展统计公报》，http：//tjj. beijing. gov. cn/tjsj_ 31433/sjjd_ 31444/202202/t20220228_ 2618115. html，2022 年 2 月 28 日。

《青年失业率突破 20%，00 后切换成"慢就业"模式》，澎湃新闻，https：// www. thepaper. cn/newsDetail_ forward_ 23639776，2023 年 6 月 27 日。

潘红虹：《消费升级的国际经验与我国消费升级路径分析》，《企业经济》2019 年第 3 期。

李珊珊：《北京居民消费结构演进趋势和政策选择》，《中国国情国力》2020 年第 3 期。

《中国潮、国际范、烟火气 北京迈向国际消费中心城市 》，https：//baijiahao. baidu. com/s？ id＝1748888645018599260&wfr＝spider&for＝pc，2022 年 11 月 8 日。

---

① 《中国潮、国际范、烟火气 北京迈向国际消费中心城市 》，https：//baijiahao. baidu. com/s？ id＝1748888645018599260&wfr＝spider&for＝pc，2022 年 11 月 8 日。

B.18

城市化进程中转居农民职业变化调查报告

宋国恺　陈奕霖*

摘　要： 北京市要率先基本实现社会主义现代化，走在全国前列，最艰巨最繁重的任务依然在农村，最突出的短板依然是农业农村的现代化。通过对朝阳等3区5村（社区）的实地调研，从城市化的视角分析了转居农民职业变化情况，研究发现：①"农村"内涵已发生了重要变化；②农民"转居"后其职业发生了重要分化；③转居农民就业总体以服务业为主；④就业渠道不平衡不充分。这进一步反映出北京市内部空间城镇化发展不平衡不充分，保洁、保安、物业等服务领域就业在一定时期会成为转居农民就业的常态。随着时间的推移，由转居工作而产生的问题逐步显现，针对这些问题提出了建设性建议。

关键词： 城市化　首都农村　转居农民　职业分化

北京市促进共同富裕并要率先基本实现社会主义现代化，走在全国前列，最艰巨最繁重的任务依然在农村，最突出的短板依然是农业农村的现代化，全市农业农村发展仍面临着一系列新旧交织的问题和挑战。北京市城市化水平2022年达到87.6%[①]，位居全国前列，但农民增收难度不断加大，

---

* 宋国恺，北京工业大学文法学部教授，北京社会管理研究基地研究人员，社会学博士；陈奕霖，北京工业大学文法学部，北京社会管理研究基地研究人员。

① 《北京市2022年国民经济和社会发展统计公报》，http：//tjj. beijing. gov. cn/tjsj_ 31433/tjgb_ 31445/ndgb_ 31446/202303/t20230321_ 2940951. html，2023年3月21日。

2020 年城乡居民收入比为 2.51：1，排在全国第 22 位，收入绝对差距由 2015 年的 32290 元扩大到 2020 年的 45476 元。①

　　农业、农村、农民问题是一个整体问题。进入"十四五"时期，北京市站在建设国际一流的和谐宜居之都的高度，将城市和乡村建设作为有机整体统筹谋划，推动乡村基础设施与农村现代化建设需求有机衔接，优化生产生活生态空间，建设具有北京韵味的山水乡村，实现城乡居民生活基本设施大体相当。农村发展与农民职业变化息息相关，尤其是北京市的农村与大城市自身的城市化、与农村城镇化紧密相关，不同的城镇化水平、发展水平对农民职业发展变化有着重要而深远的影响。因此要求我们准确把握首都发展的新特征新要求，深刻认识农业农村发展面临的新机遇新挑战，统筹处理好"都"与"城"、"城"与"乡"的关系，立足城乡互为需求、平等互惠，做好农业农村现代化与城市现代化的衔接，写好城乡互补这篇大文章。基于以上认识，本文在阐述北京市农村发展变化的基础上，讨论转居农民职业变化及其面临的问题。

一　城镇化视角下北京市农村

　　北京市农村是一个动态概念。"大城市小农业""大京郊小城区"的概括既呈现了北京市的市情和农情，也体现了北京市农村的总体特征和发展格局。随着城镇化发展以及人们对城镇化的认识不断深化，"北京市农村"或"首都农村"已不仅是一个整体性概念，而成为一个更加清晰、更加具体、更加符合实际的认识。这一认识有助于更科学地规划建设乡村，从实际出发推动农村发展。为了更加清晰认识北京市农村发展问题，本文将根据已有政策文件以及有关学者的研究成果，对"北京市农村"或"首都农村"进行分类研究（见表1）。

---

① 《北京市"十四五"时期乡村振兴战略实施规划》，http://fgw.beijing.gov.cn/fgwzwgk/zcgk/ghjhwb/wnjh/202205/t20220517_ 2712025.htm，2021 年 8 月 12 日。

表1　对城镇化不同角度的分析

分类依据	分类		
乡村空间布局	城镇建设区	生态保护红线区	乡村风貌区
与中心城市的空间距离	城乡接合部	近郊	远郊
城镇化水平	城镇化的村	半城镇化的村	城镇化滞后村

　　根据《北京市"十四五"时期乡村振兴战略实施规划》，按照乡村发展演变规律将乡村生产生活空间划分为城镇建设区、生态保护红线区、乡村风貌区。按照以往人们对城市发展的认识，以城市中心为圆点，空间向外延伸，可以将农村空间划分为城乡接合部、近郊、远郊。这类划分不论是在学术界还是实际工作部门，都是普遍比较熟悉且广为接受的。

　　城镇建设区是以推进城镇化改造、提升生产空间效率、改善生活空间品质为导向，推动乡村人口空间相对集聚与优化。城镇建设区支持近郊区加快城市化进程，积极探索城乡融合发展新路径。生态保护红线区以加强生态保护与恢复、提升生态功能、完善生态格局为导向，维护提升区域生态功能及其服务价值。乡村风貌区以推进乡村全面振兴为导向，分类推动村庄发展，保护乡村特色风貌。这三类乡村空间既体现了空间位置和发展情况，也反映了各自的功能及与城市化的关系。

　　从空间角度分析，"城镇建设区"属于城乡接合部，是城市化的前沿地带。2010年北京市在总结推广北坞村、大望京村等成功经验的基础上，整体启动了50个重点村的城乡一体化建设，加快城乡接合部改革发展。这50个重点村是《北京市"十四五"时期乡村振兴战略实施规划》中所指的"城镇建设区"，主要分布在三环至五环之间，五环之外也有部分行政村。城镇建设区是发展活力最强、人口资源环境矛盾最突出、城乡一体化要求最迫切的地区。城镇建设区是积极探索城乡融合发展新路径的最前沿，旨在提升城乡接合部生产空间效率、改善生活空间品质。本课题组调研中的北京市朝阳区十八里店地区（乡）、金盏地区（乡）属于城镇建设区。而从城镇化水平角度分析，城镇建设区则属于城镇化的村，朝阳区十八里店地区

（乡）、金盏地区（乡）、昌平区 Z 村属于城镇化的村。

"生态保护红线区"要求推进生态涵养区绿色发展，挖掘"两山"转化模式，从生态、社会、经济效益方面推动生态保护红线区发展。根据《北京城市总体规划（2016 年—2035 年）》，生态涵养区包括门头沟区、平谷区、怀柔区、密云区、延庆区，以及昌平区和房山区的山区，是北京的生态屏障和水源保护地，是保证北京可持续发展的关键区域。北京市将加强这个区域的生态环境保护与建设，引导自然资源的合理开发与利用，成为首都坚实的生态屏障和北京市民休闲的理想空间。

如密云区属于生态保护红线区，是首都重要饮用水源地和生态屏障，要求把保水作为重要政治责任、作为密云立区之基，通过"上游保水、护林保水、库区保水、依法保水、政策保水"，多措并举，保障水质安全、水环境安全。这类地区相对于城镇建设区，城市化水平总体要低一些。

生态保护红线区情况相对复杂，因为以上区域中含有大量的乡村风貌区，这类区域发展目标是要以推进乡村全面振兴为导向，分类推动村庄发展，保护乡村特色风貌。理论上讲，生态保护红线区为近郊，乡村风貌区为远郊。但实际情况相对复杂，生态保护红线区以近郊为主，但也包含部分远郊，乡村风貌区则为远郊。

从另一个角度分析，乡村风貌区又多是集体经济薄弱村，是北京市农村发展最薄弱的地方，是北京市乡村振兴中重点工作区。《北京市"十四五"时期乡村振兴战略实施规划》提出推动农村集体经济薄弱村增收，缩小农村内部发展和收入差距，到 2025 年基本消除经营收入小于 10 万元的集体经济薄弱村。按照这个表述，村集体经营性收入低于 10 万元为集体经济薄弱村，目前北京市共有 590 个集体经济薄弱村，主要集中在生态涵养区，低收入群体大多也集中在此。

按照城镇化水平，生态保护红线区属于半城镇化的村，而乡村风貌区则属于城镇化滞后村，也是促进共同富裕任务最艰巨最繁重的地区。

从以上分析可以看出，城镇化视角下的"北京市农村"或"首都农村"

是一个非常复杂的概念，一方面其内涵非常丰富，另一方面不同的分类依据中，相互交叉重叠，很难截然分开。不管怎样划分，从城镇化角度看，"北京市农村"或"首都农村"城镇化水平或质量有待进一步提升；从共同富裕的角度看，"北京市农村"或"首都农村"在全面建成小康社会并迈向共同富裕征程中，还有大量的工作要做，任务更重，难度更大。

二　城镇化进程中的转居工作

（一）调研点基本情况

朝阳区有 24 个街道办事处，19 个建制乡，544 个社区居委会，144 个村民委员会。本次调研了朝阳区十八里店乡、金盏乡和小红门乡。2022 年底，十八里店乡下辖 11 个社区和 8 个行政村，有户籍人口 42600 多人。金盏乡是朝阳区面积最大的乡，下辖 6 个居民委员会和 13 个村民委员会，户籍人口 28948 人。小红门乡下辖 10 个社区和 4 个行政村，有户籍人口 30386 人，目前仅有农田面积 194.61 亩。

昌平区史各庄街道下辖 4 个社区 5 个村，Z 村是其中之一，常住人口约 900 户 3300 人，其中户籍人口 330 户 1011 人。2007 年以举办奥运会为契机开始拆除平房，启动了旧村改造，2008 年回迁上楼，不断分期推进整建制转居工作。2023 年计划完成全部转居工作。

檀营地区是密云区唯一一个少数民族乡，2002 年整体转制，2005 年成立地区办事处，两块牌子、一套人马。2006 年整体安置工作开始，下辖 3 个居委会。2020 年人口普查显示，常住人口 15466 人，其中户籍人口 5384 人。①

以上 3 区 5 乡（村）是本次调查研究的选点，具体调研点则为其中所辖一个村（见表 2）。

---

① 注：文中数据资料除特殊说明之外均来自作者调研访谈资料。

表 2　调研点信息汇总

调研区	基本信息	具体调研点
朝阳区十八里店乡	11 个居委会和 8 个村委会	S 村
朝阳区金盏乡	6 个居委会和 13 个村委会	C 村
朝阳区小红门乡	10 个居委会和 4 个村委会	P 村
昌平区史各庄街道	4 个居委会和 5 个村委会	Z 村
密云区檀营地区办事处	3 个社区居委会	2 个新社区

（二）城镇化进程中的转居工作进展

转居是指在城镇化进程中本市行政区内因国家或单位建设需要，征用农村集体土地后将原来农民身份转变为居民身份的工作，是城镇化的产物和必然要求。农转居人员是在这个过程中由原来农民身份转变为居民身份的人。

1. 近七年约 22 万农民实现了身份转化

根据统计，2016～2022 年，北京市乡村人口减少了近 22 万人（见表3），其中大部分是城镇化进程中转居的结果。

表 3　2016～2022 年北京市常住人口及城乡人口

单位：万人，%

年份	常住人口	城镇人口	乡村人口	城镇人口比重	乡村人口比重
2016	2172.9	1879.6	293.3	86.5	13.5
2017	2170.7	1876.6	294.1	86.5	13.5
2018	2154.2	1863.4	290.8	86.5	13.5
2019	2153.6	1865.0	288.6	86.6	13.4
2020	2189.0	1916.4	272.6	87.5	12.5
2021	2188.6	1916.1	272.5	87.5	12.5
2022	2184.3	1912.8	271.5	87.6	12.4

数据来源：根据相关年份统计公报整理。

2. 不同调研点反映了该地区城镇化处于不同发展阶段或水平

朝阳区十八里店乡、金盏乡、小红门乡等地区在 21 世纪初期展开"村改居"工作，尤其是曾经一段时间北京市在总结推广北坞村、大望京村等成功经验基础上，2011 年整体启动了 50 个重点村的城乡一体化建设。其中包括朝阳区这 3 个乡。目前，这些地区转居工作还在持续推进，十八里店乡按照相关规定分配转居名额，继续推进转居工作。金盏乡已制定了整建制转居工作的方案及有关配套文件，稳步扎实推进整建制农转非工作。昌平 Z 村未转居的农民仅有 40 余名，提出 2023 年底计划完成整建制转居工作。密云区檀营地区 2006 年整体安置工作开始，现已全部实现转居，所辖 3 个居委会，实际上已没有农民了。由此可以发现这样一个现象，北京市城市化水平很高，但是类似十八里店这样的地区城镇化水平并不高，也就是说总体水平下其内部差异较大。

3. "北京市农村"或"首都农村"内涵发生变化

目前，将朝阳区十八里店地区称为京郊、城乡接合部已不合时宜，事实上其已成为城区，但是这个城区与东城区、西城区还是有区别的。一方面，离城市中心区有一定的空间距离；另一方面，尽管这里的农民已经不再从事农业生产，生活方式也已经城市化了，但是这里的农民并没有完全城市化，部分成员依然是农民身份。土地作为重要资源已由乡政府（地区办事处）统一经营管理，农民从中分红或由政府为其提供就业岗位。由此可见，"北京市农村"或"首都农村"，不论是从空间其角度看，还是空间内主体看，其内涵已发生了重要变化。

三　北京市转居农民职业变化

在城镇化进程中，北京市农民转居后，职业发生了重要变化，并呈现地域性、时代性的特征。下文结合调研材料，分析转居农民职业变化及其重要特征。

（一）转居农民职业的变化

农转居的意思是从农民身份转变为非农身份，也就是居民身份。在转居之前，虽然他们是农民，但大多数农民并不从事农业生产，只有少部分从事农业生产。随着城镇化的推进，以及城市空间的发展变化，农民从事农业生产的空间也发生了重要变化。朝阳区十八里店乡、金盏乡、昌平区Z村已经没有农业了，小红门乡仅有不到200亩的耕地。这些地区农民转居后，在原有空间和体制内，职业已发生了重要变化。不同的年龄段，转居农民有不同的安置办法。转居时已到了退休年龄的超转人员，直接办理退休手续，退休后根据不同工龄计算，领取2000~3000元/月不等的工资，这笔费用由民政部门发放。

适龄劳动力就业情况相对复杂。主要划分为两类，一类是单位安置，征地单位安置或者由村集体或乡集体统一安置；另一类是自谋职业，也就是不用村或者乡集体安置。

1. 保洁、保安、管理员类工作

朝阳区S村调研发现，适龄劳动力只要有劳动意愿，一般情况下，都会得到妥善安置。他们一般都在村集体企业或者乡集体企业从事就业，这些就业岗位通常都是保洁、保安、管理员类工作。十八里店大洋路市场经营蔬菜水果批发业务，属于乡集体企业。本地转居农民只要愿意，会被安排到十八里店大洋路批发市场做保洁工作，一般女性较多。男性一般从事保安、市场管理员、协管员等工作。其他还包括由村或乡集体安排的绿植维护、社区卫生或公共区域卫生保洁、协管员等岗位。在访谈中了解到，多数人对安排的工作还是比较满意的，因为这些工作量不是很大，也不需要费多少体力脑力，完成自己的任务即可。在访谈中了解到，他们对目前的生活状况，以及幸福感和获得感都评价不错。

密云区檀营地区2006年开始整体安置工作，专门组建了"北京首政集团公司"，实行政府主导、企业运作，主攻檀营地区的城市化建设。公司收编人员3800人，16岁以上非在校生全部安置，50岁以上超转，享受最低生活费，村干部选择居委会；其他人员安置保洁、保安、护卫队、物业公司、收费员、野生公园就业等。在当地调研发现，当时就业的多数人大多已经退休，只有少量的适龄人口还在坚持，仍然从事保洁、保安、护卫队、物业公司等工作。近年来，北京首政集团公司不再大规模招人，只是招聘少数岗位，而且不再面向檀营地区，而是面向全社会。

相对十八里店地区的居民而言，檀营地区的居民对未来没有那么乐观。这是因为十八里店地区由于天然的优势，当地居民拆迁安置后，手头多数都有 2 套或以上的楼房，这些房子除了自己居住外，多数都出租出去。保守估计每个月最低也有 1.2 万元以上的房租收入。对他们而言，衣食无忧，生活不愁。而檀营地区的居民，即使有可以出租的楼房，但出于各种原因，房屋出租不出去，也就没有这笔收入，相反还得倒贴"养房"的费用，如水电费、物业费、卫生费等。原来不用承担或者很少承担的水费、物业费、卫生费，现在也成为一笔开支。

金盏乡 C 村转非劳动力就业坚持征地单位优先招用，也就是谁征地谁优先安置转非劳动力就业人口。转居村民选择单位安置，医疗保险、养老保险则由单位缴纳，退休后也有保障，但是不能领取一次性就业补助。选择单位安置的人数尽管在 C 村不占多数，但是这部分人群还是以年龄偏大者为主。他们在就业市场上不再具有竞争力或者竞争优势，以平安稳妥过渡到退休为目标。C 村选择单位安置，多数也是从事保洁、保安、物业、绿化维护等工作，工资约为 3000 元/月，比 S 村少一些。

昌平区 Z 村由集体安排就业的人数就更少了，除了村委会 5 名管理人员之外，安置了 30~40 人，多从事绿化、保洁、物业等工作，工资为 2700~2800 元/月。比 S 村、C 村更少一些，这与 Z 村自身收入来源密切相关。调研中了解到，Z 村每年收入有 200 万~300 万元，其来源为物业管理费和底商收费所得收入，没有其他经营收入。

2. 自谋职业

北京市农民转居过程中，自主择业是农民就业的重要途径之一。自主择业是指在当时转居进程中，符合转居条件的农民，如果不愿意接受集体安排的工作，可以选择自谋职业，而选择自主择业的，则享受相应的待遇。总体来说，自谋职业者随着地方的不同而有变化。

朝阳区十八里店乡的村民转居过程中，如果选择自谋职业，集体不再安排就业岗位，每个月发放 1000 元就业补助。十八里店乡农民每户都有房屋出租，如果出租则每月至少有 1.2 万元的租金收入，因此即使不去工作，加上每个月 1000 元的自主择业费，就可以达到每月有 1.3 万元的收入，这也导致不少年轻人不愿找工作。还有一部分人，在外面工作一阵子，感觉累或者出于各种原因不能正常上班，就休息一段时间，这段时间也享受 1000 元/月的自主择业费。密云区的檀营地区，自主择业费是一次性的，享受一次后不再享受。朝阳区十八里店地区和密云区檀营地区自谋职业的人数总体不多，但金盏乡则人数较多。

调研数据显示，截至 2019 年 8 月，金盏乡 C 村转非劳动力就业登记坚持征地单位优先招用、劳动者自主选择、政府促进就业的方针，共登记劳动力 1444 人。其中自谋职业者人数为 1217 人，原单位安置 128 人，选择单位安置 75 人。其中自谋职业者约占登记劳动力总数的 84.3%，成为主体。这与朝阳区十八里店地区和密云区檀营地区有很大不同。

自谋职业大多数以年轻人为主，例如十八里店地区的转居村民在汽车修理店从事修理工作，在超市打工做收银员。大红门地区的转居村民则在城外诚家具城、商场做服务员，推销家具、服饰等，这部分人的收入相对于在乡村集体企业做保洁、保安等工作的收入要高一些。

3. 个体自雇佣者

转居后部分劳动者自主创业，这部分也是极少数。在几个调研点中，都是个位数，且多数都以开个小商店或小餐饮业为主，没有其他领域的经营业务。而且这些小商店或者小餐饮业都是依托家庭所在小区或者社区经营业务。金盏乡 C 村部分农民选择自谋职业，这样他们能够领取一次性就业补助，这笔就业补助为部分人自己创业发展提供了启动经费，但这部分人仅仅是少数人。多数领取一次性就业补助后，走向了劳动力市场，寻找适合自己的工作。

4. 打工群体

打工群体与自谋职业者略有区分，前者多数是男性 50 岁以上，已经接近退休年龄或者刚退休，在劳动力市场上不具有优势，只能去打工，做一些自己力所能及的工作。金盏乡的农民有些自主择业，基本上是体力劳动，符合他们的劳动能力。

5. 无业失业群体

转居后出现了无业失业者，这部分人群的重点是年轻人。由于乡村集体企业安置的工作（如保洁、保安等岗位）并没有达到他们心目中的预期，加上家庭条件尚可，多数都不愿意出去工作。久而久之，越是不愿意出去找工作，越是找不到自己满意的工作，最后干脆在家闲待着，逐步成为典型的"啃老族"。在调研过程中，一些访谈人员认为这是一个很严重的社会问题，指出存在"啃老族"的家庭关系并不和谐。

6. 毕业生群体

这个群体主要是指当初启动转居工作的时候，他们都不到16岁，到2023年，他们中不少已经超过18岁，最大的也接近30岁。他们大多数通过中考或者高考，走上了与父辈完全不同的道路。他们未享受转居的待遇，也完全不再从事农业劳动生产。这个群体是转居过程中职业、阶层分化最大的群体，可以称他们为"蝶变"的一代。

（二）转居农民职业变化特点

"转居"或"转非"是本地农民城镇化进程中实现市民化身份转变具有地域性、时代性特征的产物，转居农民职业变化主要体现在以下方面。

1. 转居让农民实现了非农领域就业的转变

在城市化进程中，通过转居或转非，北京市农民实现了从农民身份向市民身份的转变，其就业领域已完全脱离了农业领域。S村、C村的农民原来还从事很少的农业生产，转居后土地被征用或交由集体统一经营，不再有机会从事农业生产活动，其就业领域转向了非农领域。在转居过程中，原来的房屋和宅基地被拆迁后安置上楼，基本具备了现代生活条件，生活方式也城市化了。

2. 转居农民就业总体来说是以服务业为主的就业

不同区域、不同阶段农民转居或转非后，从事的职业总体以保洁、保安、物业、绿化维护、协管员等岗位为主，多以单位安置或者乡、村两级集体企业安置为主。其从业者多数都是适龄劳动人口，在劳动力市场中不具有竞争优势或者缺乏竞争力，从而选择了这类职业。这类职业为就地解决转居农民就业提供了重要机会，对保持当地社会稳定发挥了不可替代的作用。

3. 转居农民就业渠道不平衡不充分

农民转居后，大多数实现了就业，但是却体现出不平衡不充分的特点。这种不平衡不充分主要是由两个方面造成的。一是由城市功能定位决定的。密云区檀营地区由于城市功能定位，农业比重下降，同时一般制造业企业动态调整退出，大大限制了农民的就业渠道。二是转居农民所在的乡村是否有集体企业并具有一定的规模。十八里店地区既有乡办企业，也有村办企业，这些企业都为转居农民提供了重要的就业路径。当然，该地区如果有其他企业，也可以为转居农民自谋职业提供重要机会。如位于小红门乡的北京城外诚家居广场，为当地自谋职业的转居农民提供了重要的就业渠道。昌平区Z村主要产业有科研、医药、信息、办公等，转居农民无法胜任，就业渠道大大受限。由此可见，不同地区转居农民就业渠道呈现不平衡不充分的特点。

四　建议与预测

城镇化水平是指一个国家或地区非农业人口占总人口的比重，这是反映城镇化总体水平的一个重要指标，但不是唯一指标。即使按照这个指标衡量，也是整体城镇化水平，一旦涉及局部区域或地区，就会发现城镇化水平存在发展不平衡不充分的问题。北京市城镇化水平达到了87.6%，这个数据仅仅反映了城镇化整体水平，并不能完全反映城镇化质量问题。

（一）针对性解决部分转居农民实际问题的建议

各级政府在推进农民转居过程中付出了巨大努力，总体来说平稳有序推动了城镇化进程。随着时间的流逝以及城镇化的发展，一些问题也逐步显现。一是原来的集体企业本身遇到了发展问题，不再有能力吸纳更多的本地转居农民就业，造成部分转居农民失业无业，或收入减少。二是部分转居农民原来在集体企业就业，收入有一定的保障，但近年部分转居农民退休后，收入与之前相差接近一半，造成巨大心理落差。三是由于城市功能定位，生态涵养区限制低端制造业的发展，农业也受到多方面的限制，就业渠道非常有限，同时原有的工资水平较低，总体收入偏低，搬迁到楼房居住后，生活成本增加，生活压力较大。

针对上述实际问题，建议政府实施转居农民充分就业工程，推动城市服务管理岗位、城乡公益性就业岗位，吸纳更多包括转居农民在内的本地农村劳动力就业。加大鼓励用人单位招用政策力度，引导各类企业等用人单位吸纳更多转居农民就业。严格落实"零就业家庭"动态清零政策，增加转居农民就业岗位。分类施策探索生态保护补偿机制试点改革，以生态保护成效为基础，进一步健全跨区域生态保护补偿机制，加强区域生态共建共享，探索建立生态补偿与产业发展联动机制，增加转居农民收入。

（二）北京市转居农民职业分化预测

第一，转居农民在保洁、保安、物业等服务领域就业将持续相当一段时间。调研资料和数据显示，转居农民总体上在乡村集体企业就业，从事的是保洁、保安、物业等服务业岗位，这与就地就近就业有关，更多的是与转居农民本身适应就业市场的能力有关。调研显示，越是早期转居的农民，越倾向于从事保洁、保安、物业等职业。到转居后期，这种状况有所改变，但是总体而言，多数转居农民愿意到集体企业中从事类似工作，尤其是年龄偏大的转居农民。只要集体企业能够提供足够的岗位，未来在类似保洁、保安、物业等服务领域就业，将成为转居农民就业的常态。随着时间的流逝，转居农民这代人逐步退出历史舞台，城镇化将迎来新的发展阶段。

第二，未来北京市内部空间城镇化发展不平衡不充分问题将得到缓解。朝阳区"十四五"规划明确指出，积极探索城市化新路径、新模式，加大政策创新力度，大力推广王四营减量发展试点经验，纵深推进绿隔地区城市化建设。实现 19 个村搬迁上楼，推动 29 个村城乡一体化改造，探索金盏、崔各庄、黑庄户三乡城市化新形态，全区基本实现城市化。到 2025 年，实现剩余 8.4 万农民全部转居转工。推进条件成熟的乡向街道体制转变，推动 40 个村撤村建居。

金盏乡提出要稳步推进整建制城镇化，坚定不移推进农村城市化。制定整建制转居实施方案和有关配套文件，明确转型升级方向，谋划剩余城市化任务，梳理剩余土地资源，创新实施模式。

昌平区"十四五"规划提出加快集中建设区开发节奏，推进镇域范围内的城镇化进程。因地制宜有序发展小汤山、十三陵等特色小城镇。有序培育特色小镇，将文化旅游、生态康养、休闲观光农业等产业作为主要发展方向。

由此可见，北京市内部空间城镇化发展不平衡不充分，未来发展方向的不平衡不充分问题将逐步缓解，农村城市化将取得全面决定性突破。

城市更新篇

Urban Renewal

B.19
城市更新背景下北京市老旧小区
改造研究报告[*]

葛灵　马婉婷[**]

摘　要: "十四五"规划要求实施城市更新行动,推动城市空间结构优化和品质提升。北京市随即发布了《北京市城市更新条例》,包括老旧小区等居住类城市更新。经过多年探索,北京市积累了不少老旧小区改造经验。因此,本报告结合住建委等统计数据,通过案例研究及访谈,分析了"十二五"以来北京市老旧小区改造状况。报告发现,北京市通过优化改造政策,鼓励多元主体参与,促进了老旧小区综合整治创新,包括改造观念、改造主体以及改造内容和模式的转变。但仍存在三方面问题,建议一是把握价值导向,推进操作性政策的落地和推广;二是

---

* 北京市教工委 2020 北京高校师生服务首都四个中心建设"双百行动计划"(046000523303),北京工业大学"2022 年国家级大学生创新创业训练计划"(GJDC-2022-01-45)资助。

** 葛灵,北京工业大学文法学部讲师,北京社会管理研究基地研究人员,主要研究方向为社会政策、老龄政策;马婉婷,北京工业大学北京社会管理研究基地研究人员。

拓展资金渠道，探索可持续的社会参与方式；三是推动居民深
度参与改造全过程，从而加快宜居城市建设，推动首都高质量
发展。

关键词： 老旧小区改造　城市更新　北京

据住建部统计，全国共有老旧小区近 17 万个，涉及居民上亿人，体量
巨大。在中国城镇由增量发展向存量更新转变过程中，老旧小区的改造更新
需求迫切。随着时间的推移，老旧小区还将持续增加，从国家层面到各个城
市都在积极探索老旧小区改造更新。国务院办公厅发布的《关于全面推进
城镇老旧小区改造工作的指导意见》，对改造制度框架、政策体系和工作机
制等提出要求，开创了老旧小区改造的新局面。《中共中央关于制定国民经
济和社会发展第十四个五年规划和二〇三五年远景目标的建议》也明确提
出要"实施城市更新行动，加强城镇老旧小区改造和社区建设，完成改造
任务目标"。北京市在围绕"七有""五性"，以"六治七补三规范"为重
点，结合居民需求，创新推动"十三五"时期老旧小区综合整治工作的基
础上，坚持首都战略定位，以改革思维统筹推进"十四五"时期老旧小区
综合整治，要求更加突出以人民为中心的发展，切实改善人居环境和社会空
间，完善公共服务配套设施。

老旧小区改造不仅是重大民生工程，可以通过改善居住环境和生活品
质，提升群众的满意度和幸福感；也是推动经济和投资增长的方式，能够带
动建筑改造等大批产业发展，拉动内需；还有助于完善城市功能和服务，优
化城市社会空间结构，促进城市发展。因此，本研究结合北京市老旧小区改
造的全面推进，探讨"十二五"以来老旧小区改造政策的转变以及不同时
期改造发展状况，对比典型改造模式在改造主体、资金来源、推进策略和改
造成效等方面的差异，并针对其中的问题提出优化北京市老旧小区改造的对
策建议。

一 老旧小区改造的政策背景分析

通过梳理相关政策可以发现，老旧小区改造的内涵和实施机制都呈现新的变化趋势，内涵更加多维度、综合化；实施机制也更加注重多元主体的社区参与和社会公平。北京市老旧小区规模大、分布广、社会属性复杂，近年来陆续出台了一系列老旧小区改造政策，并实施了大量的改造项目。本研究将北京市作为政策和实践的地方代表进行研究，回顾"十二五"以来老旧小区改造政策的转变过程，总结分析其转变的特点及原因。

（一）全国老旧小区改造工作从政策试点到全面推进

全国老旧小区改造政策可以追溯到 2015 年，中央城市工作会议开始提及"加快老旧小区改造"。2016 年中共中央、国务院发布《关于进一步加强城市规划建设管理工作的若干意见》，提出"有序推进老旧住宅小区综合整治"。2017 年住建部确定在 15 个不同经济体量的城市进行老旧小区改造试点，包括 1 个一线城市、6 个二线城市和 8 个三四线城市，之后老旧小区改造工作开始全国试点。截至 2018 年底，15 个试点城市共改造老旧小区 106 个，惠及 5.9 万户居民。2019 年《政府工作报告》进一步强调"要大力推进城镇老旧小区改造提升"，首次提出"柔性化"治理。并规划新开工改造城镇老旧小区 1.9 万个，惠及居民近 352 万户；截至 2022 年增至 5.6 万个，惠及居民近 965 万户。

（二）北京市老旧小区改造政策的转变

随着中央政策文件相继出台，北京市也颁布了老旧小区改造文件，从试点、扩大试点到推广和全面推广，通过探索和实践因地制宜地确定改造计划、改造范围、改造内容和改造标准等，制定和完善与之配套的政策体系和加强改造工作的保障措施。北京市"十二五"到"十四五"时期相关政策按政策工具类型可以分为供给型、需求型和环境型[①]，考虑到还有大量提出战略目标、引导改造工作而不实施具体政策行为等情况，可以归为引导型政策[②]（见表1）。北京市老旧小区改造政策呈现三个方面的转变趋势，即改造理念从单维物质环境更新向多维综合治理转变；改造主体从公私合作的政府主导型向多元合作的社区参与型转变；改造内容从建立适应年轻型社会的社区管理机制和服务体系向适应老龄化社会转变。

表1　北京市出台的相关政策文件梳理

政策类型	政策名称	相关部门	发布时间
引导型	《关于印发北京市老旧小区综合整治工作实施意见的通知》	北京市人民政府	2012年
	《老旧小区综合整治工作方案（2018—2020年）》	北京市人民政府办公厅	2018年
	《2020年老旧小区综合整治工作方案》	北京市七部门	2020年
	《2021年北京市老旧小区综合整治工作方案》	北京市住建委	2021年
	《北京市"十四五"时期老旧小区改造规划》	北京市住建委	2021年
供给型	《关于引入社会资本参与老旧小区改造的意见》	北京市八部门	2021年
	《关于建立我市实施综合改造老旧小区物业管理长效机制的指导意见》	北京市住建委、社工委、社会办、民政局	2018年
需求型	《关于开展2016年老年人家庭适老化改造工作的通知》	北京市民政局、老龄委办公室	2016年
	《关于老旧小区综合整治实施适老化改造和无障碍环境建设的指导意见》	北京市住建委	2021年

---

① Rothwell, R. & Zegveld, W., *Industrial Innovation and Public Policy*. Westport：Praeger, 1981.
② 冉奥博、刘佳燕：《政策工具视角下老旧小区改造政策体系研究——以北京市为例》，《城市发展研究》2021年第4期。

政策类型	政策名称	相关部门	发布时间
环境型	《北京市 2016 年既有多层住宅增设电梯试点工作实施方案》	北京市住建委	2016 年
	《北京市进一步促进无障碍环境建设 2019—2021 年行动方案》	北京市人民政府办公厅	2019 年
	《北京市老旧小区综合整治工作手册》	北京市五部门	2020 年

资料来源：笔者根据北京人民政府、北京市住建委、北京市民政局政策文件绘制。

1. 改造理念的转变

"十二五"时期，老旧小区改造开始成为北京市城市政策的重要议题，北京市开始改善大量 1990 年以前建成的、建设标准不高、设施设备陈旧、功能配套不全的老旧小区，主要注重物质环境的改造，包括房屋建筑本体和小区公共部分，如墙体加固保温、老化管线入地、外楼加装电梯等。在此过程中也难免伴随各种社区问题，比如持续施工产生的噪声、改变原有小区格局、日常管理制度不健全等问题引起群众的强烈反映。因此，政府在进行物质环境改善的同时，也需要兼顾社区发展问题。

"十三五"时期，财政部和住建部出台《中央财政城镇保障性安居工程专项资金管理办法》，老旧小区改造被纳入"中央财政城镇保障性安居工程专项资金"支持范围。但随着每年需新增投资总额上涨，且北京市改造资金主要依靠财政预算内投入，形成了巨大资金缺口和财政压力。所以《老旧小区综合整治工作方案（2018—2020 年）》指出要"加大资金支持"，合理确定市、区两级政府资金负担比例。此外，2019 年中央政治局经济工作会议提出将城镇老旧小区改造作为稳增长的重要内容。2020 年，在新冠疫情影响经济增长背景下，中共中央政治局会议强调将"老旧小区改造"作为"双循环"背景下稳定经济、拉动投资、扩大内需、促进消费的重要组成部分。自此老旧小区改造也被看作一个经济范畴的问题，具有扩大城市建设中的经济效益和社会效益的重要意义。

当前，对于老旧小区改造本质的认知，逐渐转变为用一种综合的、整体性的方式解决社区问题，从经济、社会、物质环境等各方面对社区作出长远的可持续的改善和提升。比如相关资金筹集的政策变化，《北京市"十四五"时期老旧小区改造规划》提出"鼓励社会资本在微利可持续盈利模式下以多种方式参与老旧小区改造"，同时还提出"培养居民家园意识与受益付费意识"。此外，相关政策规定的改造内容也有所体现，《2021年北京市老旧小区综合整治工作方案》除基础类①、完善类②工作外，还有提升类内容，立足小区及周边实际条件，推进丰富社区服务供给、提升居民生活品质，如养老、托育等社区专项公共服务设施配套建设。"十四五"规划还指出："注重改造与历史文化名城保护相结合。贯彻绿色发展理念，以简约适度、绿色低碳的方式，推进社区整治和人居环境建设。"这也与国家实现"双碳"战略目标相契合。综上，北京市逐渐形成多维综合治理的老旧小区改造理念，以物质环境改善为最基础目标，以人为本满足社会需求，促进社区参与和社区发展，且做到财务上可行的可持续发展，做到经济、社会、环境的协调发展，努力打造"民生改善综合体"。

2. 改造主体的转变

"十二五"时期，改造的实施机制是通过政府主导，以公共资源为基础。2012年《关于印发北京市老旧小区综合整治工作实施意见的通知》提出成立"北京市老旧小区综合整治办公室"，由市住建委、发改委、市政市容委等组成，形成基于政府各相关部门的公—公合作。比如资金筹集方面明确了"由市财政局牵头，制定市财政补助的比例、规模、方式及对应项目，落实综合整治年度市级补助资金计划"。因此，改造初期以政府及公共部门的拨款补助为主要资金来源。公私合作仅仅体现在以社区为改造对象以及改造福利接收对象，而不是改造的主动参与者。这一时期主要是自上而下的工作机制。

---

① 基础类改造包括抗震加固、节能改造、楼体清洗粉刷和线缆规整、完善公共照明及安防和消防措施、维修完善垃圾分类投放收集站、完善小区治理体系和实施规范化物业管理等。
② 完善类改造包括增设电梯、楼体抗震加固、增加阳台、多层住宅楼房平改坡、增建养老服务设施和社区综合服务设施、补建停车位及电动汽车充电设施等。

　　"十三五"时期,北京市发现仅仅依靠有限的政府拨款、公共部门实施,改造效果并不理想,开始逐步探索多元主体参与的局面。更多公共部门也参与其中,如民政局、卫健委、扶贫办和残联等。同时放松制度管制,鼓励社会资本参与到老旧小区综合整治中,为其投融资活动逐步放宽营商环境。此外,相关政策考虑的社会元素也越来越多,对社区大众的实际意愿和需求也越来越重视,强调其在改造中参与决策的权利。《老旧小区综合整治工作方案(2018—2020年)》明确在改造的过程中要注重听取群众的意见,引导居民参与决策和监督。《关于建立我市实施综合改造老旧小区物业管理长效机制的指导意见》也明确了业主参与决策的机制,为各方利益团体提供交换观点、建立共识的平台。

　　"十四五"时期,北京市参与老旧小区改造的主体逐渐向政府、社会资本和社区居民三方合作转变,还增加了社区社会组织的参与,社区治理能力培养也被纳入北京市改造政策中。当前从老旧小区改造名单的确认开始,就通过"任务制"与"申报制"鼓励居民参与和表达意见。在综合整治中,《2021年北京市老旧小区综合整治工作方案》"鼓励社会资本根据居民意愿以市场化方式参与老旧小区综合整治。激发居民参与改造的主动性、积极性。充分调动小区关联单位和社会力量支持参与"。《关于引入社会资本参与老旧小区改造的意见》就社会资本的参与形式内容进行了说明;市政府也会定期开展老旧小区综合整治项目"接诉即办""申请类"诉求集中小区的通报,这些政策意在增加改造过程的横向协调和公众问责性。此外,被忽视的弱势群体也被纳入改造政策的主流,如卫健委、体育局、残联等部门参与,更加注重养老、孝老、敬老文化宣传和无障碍改造等,也使老人、残疾人有机会在改造决策中表达自己的观点,参与方案的制定和实施。综上,多元主体在改造决策中的地位、作用及其相互关系,以及由此产生的决策模式对于北京市形成自下而上的新机制尤为重要。改造方案也具有更广泛的代表性,在各方权利平衡的过程中逐步构建"共建共治共享"的社区治理体系,以保证社会、经济及环境多维改造目标的可实现性。

3. 改造内容的转变

随着人口老龄化程度的不断加深，《北京市 2021 年国民经济和社会发展统计公报》显示，截至 2021 年末，北京市常住老年人口约为 441.6 万人，占全市常住人口的 20.2%；65 周岁及以上常住人口 311.6 万人，占比 14.2%。根据北京"9073"和"三边四级"的养老服务布局，居家和社区成为养老的主要地点，因此，老人居住环境的适老化规划和建设显得尤为重要。而北京老旧小区改造呈现"双老一痛"特征，即人口老龄化、建筑老旧化、社会治理之痛。为防止老人意外摔伤等安全隐患，他们的居家以及公共生活区域安全保障需求越来越突出，适老化改造意愿强烈，因此"适老化改造"逐渐成为老旧小区改造工作的重点。

于是，改造内容也呈现适应老龄化社会需求的转变。《关于开展 2016 年老年人家庭适老化改造工作的通知》将无障碍环境建设的适用群体扩大至老年人群，并且要求充分考虑老年人在自理期、半自理期、介护期和终末期各阶段对居家适老化改造需求的差异性。《关于老旧小区综合整治实施适老化改造和无障碍环境建设的指导意见》中"清单式"适老化改造内容不仅是扶手、减少地面高差等基础设施的安装和改造，还增加了老年餐桌、专用服务区等完善类备选项目。此外，改造还融入了积极老龄化、敬老、孝老等价值观。而政策倡导下的社会资本参与也更关注老年群体的需求和认可，相应地提供或调整自身服务内容。因此，当前改造需求也逐渐转变为适应老龄化社会发展，不仅为老年群体提供生活便利，还要提升其生活质量，打造老年友好型社区。

二 北京市老旧小区改造规模

（一）整体改造规模

北京市自"十二五"时期开始老旧小区的综合整治工作，其间共完成约 5500 万平方米老旧小区综合整治。"十三五"时期，共实施约 2000 万平方米的老旧小区综合整治，完成老楼加装电梯 1843 部。据统计，全市老旧小区多数集中在地理位置较好的中心城区，自 2017 年启动新一轮老旧小区改造工作以来，已累计完工 295 个小区 1062 万平方米；在施 364 个小区 1567 万平方米；加装电梯累计完成 2261 部；纳入改造范围的小区惠及居民 53 万户，完工的小区居民满意率达 90% 以上。①"十四五"期间，北京市按照《北京市城市更新专项规划》要完成全市 2000 年以前建成的需改造的 1.6 亿平方米老旧小区改造任务；根据建成年代、产权关系、管理现状等不同要素分类摸清底数，建立全市统一的老旧小区改造数据库；并以"任务制"与"申报制"结合的方式，编织年度任务计划。

（二）各区改造规模对比

下面选取 2021~2022 年下达的老旧小区综合整治工作任务单，通过全市 16 个区全年新确认和新完工任务指标的数据对比各区改造成效。图 1 对比了 2021 年和 2022 年北京市老旧小区综合整治新确认任务单，并按照 2022 年新确认小区数由左向右升序排列，横坐标以上条形图显示为小区数，横坐标以下对应改造建筑面积。2022 年，东城区新确认 76 个老旧小区，小区数量任务最多；门头沟区新确认 1 个，小区数量最少。但这并不代表改造的建筑面积与之正相关（对比横坐标以下数据），比如朝阳区、丰台区、大兴区 2022 年新确认的建筑面积总计 660 万平方米，约占全市一半。东城区虽然改造面积不大，但有改造需求的小区数量最多，这跟区域地理位置、历史文化环境、住宅权属、居民个体差异等息息相关。因此，各区的改造任务难度和成效也不能单从小区数量或改造面积来衡量。此外，不论从小区个数还是改造面积都能看出，这两年主城六区的老旧小区问题突出，相应的综合整治任务也大多在主城区开展，并且整治力度呈现从中心城区向外弱化，这也受城市核心用地减量发展和城市边界限定的双重压力影响。

图 2 对比了 2021~2022 年北京市老旧小区综合整治新完工任务单，并按照 2022 年新完工小区数由左向右升序排列。2022 年有 5 个区计划新完工 20 个

---

① 《北京市"十四五"时期城市管理发展规划》新闻发布会。

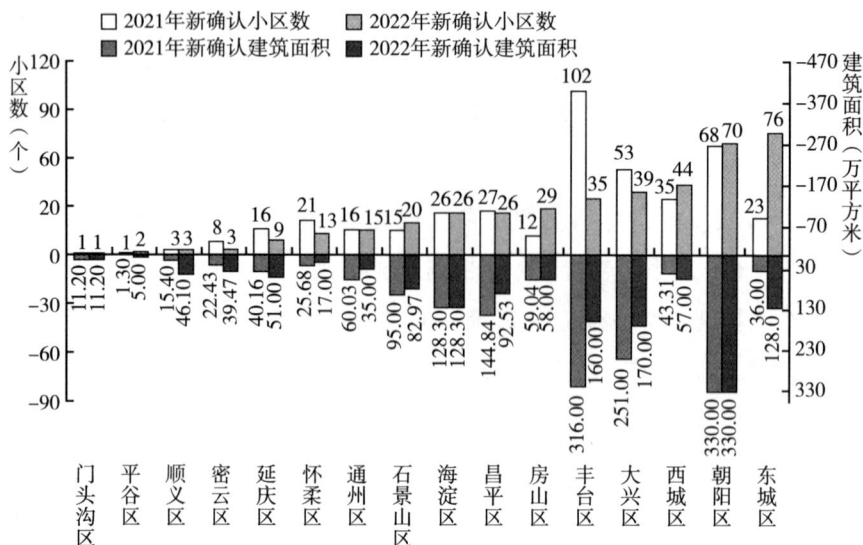

图1　2021~2022年北京市老旧小区综合整治新确认任务单

资料来源：笔者根据北京市住建委数据绘制。

老旧小区改造任务，包括东城区、西城区、朝阳区、丰台区、昌平区，成为2022年新完工任务占比最多的5个区。其中，东城区、西城区改造建筑面积共计52.8万平方米，只占2022年全市新完工总面积的约8%；而其他3个区昌平区、丰台区、朝阳区新完工面积总计311万平方米，占比约46%。此外，对比这两年的数据可以看出，随着政策力度的加大和对改造工作的重视，各区新完工任务较2021年都有大幅增加，密云区和怀柔区也有了零的突破。除个别区域如通州区、房山区、朝阳区，特别是通州区在北京加速建设城市副中心进程中，2021年也加快完成了16个老旧小区的综合整治。

综上所述，北京市老旧小区多数集中在中心城区，为解决小区面临的复杂问题，近两年改造工作也主要集中在主城六区开展。各区改造成效无法仅仅从数量、面积的物质环境更新来衡量。而对于北京市各区典型经验的研究，不仅是对北京市当前改造工作实现路径的提炼及反思，也能为全国其他区域开展老旧小区改造工作提供参考。因此，下文基于案例研究和深度访谈等对北京市典型改造模式进行对比总结。

图例：□ 2021年新完工小区数　▨ 2022年新完工小区数　▩ 2021年新完工建筑面积　■ 2022年新完工建筑面积

小区数（个）：30　20　10　0　−10　−20　−30
建筑面积（万平方米）：−160　−110　−60　−10　40　90　140

怀柔区：0　0　0.00　0.00
门头沟区：1　1　0.78　0.68
平谷区：3　2　7.00　3.10
通州区：16　5　48.86　12.00
顺义区：6　5　63.00　38.20
大兴区：4　6　21.00　60.00
密云区：8　0　0.00　22.43
房山区：16　9　26.00　22.70
石景山区：10　10　4　26.70　56.87
海淀区：14　29.00　57.30
延庆区：18　3　10.00　41.00
东城区：20　8　14.00　27.80
西城区：20　14　35.00　25.00
朝阳区：23　20　130.00　100.00
丰台区：20　4　100.00　40.00
昌平区：20　12　56.00　111.0

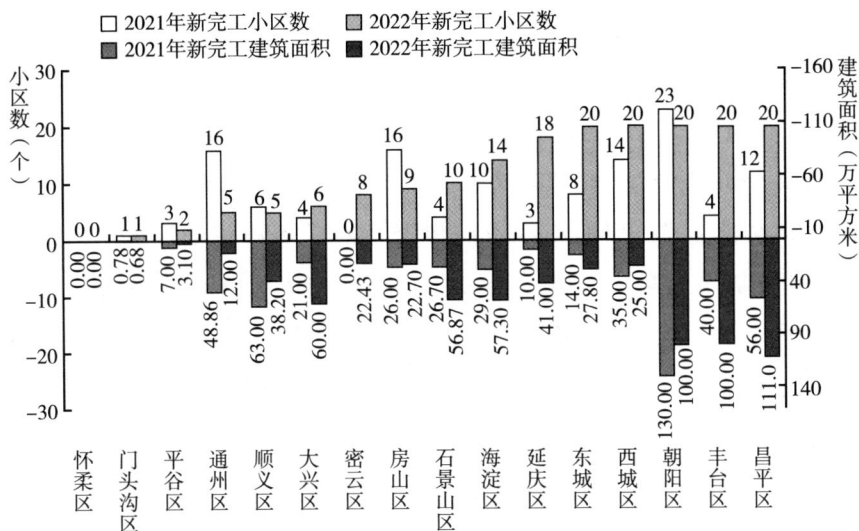

图2　2021~2022年北京市老旧小区综合整治新完工任务单

资料来源：笔者根据北京市住建委数据绘制。

三　北京市老旧小区典型改造模式

关于老旧小区改造模式，本文结合各区改造实践，根据改造资金来源和推进主体的不同，把当前典型的改造模式分为三类，即政府出资模式、国企牵头模式和社会资本参与模式。从发展历程来看，北京逐步由"政府主导"向"政府引导、社会参与"的改造局面转变，在该项民生工程中，政府担任发起者及领导者的角色，发挥引导作用；而在不同改造阶段，各参与主体所处位置和角色随着各阶段的目标和任务变化而变化。此外，北京市老旧小区还存在多样的产权类型和复杂的产权主体，新旧产权界限模糊导致难以厘清改造前后责权。因此，在不同改造模式下针对产权问题也有不同方式和做法。本文总结了"十三五"以来北京市老旧小区改造的实践案例，分析比较不同改造模式在改造主体、资金来源、推进策略和改造成效等方面的差异及优劣。

（一）政府出资模式

政府出资模式是指由政府直接发起、组织并以政府力量自上而下主导改造相关事务的模式。早期的老旧小区改造以及基础类改造内容大多采取政府主导模式，而海淀区政府出资还对适老居住环境、出行环境、健康环境、服务环境、敬老社会文化环境营造五大方面进行设计提升。以海淀区南二社区为例，其试点了北京市首个老旧小区适老化改造。该社区不仅建筑老旧，大多已建成40年；而且老龄化特征明显，60岁以上老人占社区总人口的15%；此外产权复杂，回迁房、公房混合；又一直没有正规物业，是典型的社会型无标准化物业老旧小区。社区为80岁以上老人和重度失能老人家庭配置居家适老化设备，包括帮助老人自理的设备如防滑垫、感应夜灯、扶手、洗澡椅等；以及智能设备，用于就寝、如厕、洗浴等数据实时监测。社区内还设立了24小时监控管理中心，提供实时监测、长期跟踪、健康指导。老人在家中发生意外时，可一键呼叫，工作人员将在第一时间赶到老人家中。小区公共场所还设置了12个室外报警桩。在优化健康环境和生活环境方面，社区卫生服务站新增了日间照料、呼叫服务、健康指导、心理慰藉、助老、助餐、助浴等老年服务项目。该模式的主要问题，一是改造资金来源单一，政府财政压力较大；二是居民对政府出资项目有更高收益期待，使改造交易成本增高，造成部分项目进展受阻。

（二）国企牵头模式

国企牵头模式是指政府主导、鼓励市属区属功能性国有企业参与改造相关事务的模式。"首开经验"是采取市属国企牵头北京市老旧小区综合治理的典型代表，最早在石景山区进行试点，首开集团①与北京市石景

---

① 市属大型国企，2019年与房地集团合并为新首开集团，业务范围覆盖房地产开发、施工建设、物业管理。

山区人民政府合作，推进石景山区近 500 万平方米的老旧小区"有机更新"和物业服务长效管理。以石景山区老山东里北社区改造为例，小区由首钢集团开发建设及日常管理。改造前社区按照非经营性资产移交的要求，移交至首开集团，由下属物业公司进行物业管理。改造初期成立了工作专班小组，由政府部门、物业公司、设计规划师、社区居委会、居民五方代表组成，采用"先尝后买"和"持续更新"的思路推进改造工作。在小区更新与管理中遵循"一区一议""一院一景""一楼一策"原则，将"硬设施"与"软服务"有机结合。该模式通过打通城市空间建设、改造、修缮与运营服务的全生命周期，建立集城市开发、更新和保护于一体的业务模式，并开发建设全国领先的非经营性资产管理处置平台。该模式的主要问题是在改造前期和中后期维护，存在诸多支出无法纳入改造成本或支出形式欠缺合规性但又对项目推进有极大作用的工作，如关系协调、前期协商、居民福利、社区活动的举办等。考虑到国企的决策程序、资金、技术调配自由度，较难推动且客观上较大地影响改造项目前期推进速度。

（三）社会资本参与模式

社会资本参与模式是指政府通过立项招标，由房地产开发企业等通过市场化方式获得改造主体资格，具体负责相关改造和后续管养事务。北京近几年鼓励社会资本参与改造，制定了支持性政策，各区实践出不同做法。其中，朝阳区的"劲松模式"是全市首个社会资本开展老旧小区改造的代表。以劲松北社区老旧小区改造为例，属地政府和社会资本共同出资，前期实地测量、入户调研、了解社区居民的改造意愿，通过与居民共商共建的形式确定改造方案。围绕公共空间、服务业态、社区文化等 30 余项专项作业实施改造，如建设社区食堂、会客厅、智能自行车棚等。"用空间换服务"，引入物业公司，并通过收取服务费或物业费等形式进行后续的运营。探索出由区级部门领导、区委办局、街道办事处、居委会、社会单位和企业代表"五方联动"的模式。此后，该模式被复制到朝阳区有关小区，但因为该小区之前是央企单位①的职工宿舍，改造没有政府补贴，势必提高了对社会资本运营能力的要求。于是，街道引入社会资本的同时，央企单位将配套用房和沿街底商，以零租金的形式移交给社会资本经营，通过微利可持续的形式盘活社区内和社区周边的资源，如闲置车棚、停车管理、运营底商等，探索出"政府+央企+社会资本"的央地合作方式，即央产和市属公房在区分央企主体责任和属地责任的基础上，由政府、央企和民营企业合作改造。

此外，西城区还针对改造后的住房探索出全市首例"租赁置换"方式。以西城区真武庙五里为例，通过为老旧小区原住居民寻找置换房源，企业给付租金外，辅助以免费找房、搬家、保洁增值服务，形成定制化置换方案，满足其"有环境好的房子居住"的外迁意愿，同时将老旧小区翻新后再用于驻辖区单位的人才公寓出租，满足其租房需求。而老旧小区改造则是和置换联动的，当签约套数达到一定比例，才由社会资本出资改造老旧小区。该模式以房屋市场化租金为基础，将置换方案与老旧小区改造有机融合，在满足原住居民改善居住条件的同时，还兼顾了金融街周边高端人才就近居住的需求，最终实现提升环境、优化功能、职住平衡等目标。此外，还有类似"空间互换"模式在社区适老化改造领域的探索，通过业委会与专业养老机构合作，开展"集中养老、租赁补贴"活动，小区老年人集中搬入养老公寓，将自己的房屋改成长租公寓投入市场。

石景山区的"鲁谷项目"通过引入社会资本，用"小支点"撬动大资源，在实践中形成了"一体化招标、一揽子改造、一本账统筹、一盘棋治理"的老旧小区改造模式。该社区从2004年开始，就是北京市街道管理体制改革创新的试点，是全国首家在街道层面建立的"大社区"。借助老旧小区改造试点成立了物管会，成为北京市首个完成物管会备案的街道，开展了物业选聘，所聘公司参与改造的全过程，完成征集老旧小区综合整治意见等

---

① 据统计，全市老旧小区共有6000多万平方米，其中约有一半属于央企（《北京日报》2021年8月）。按照相关规定，这些小区不能使用市、区两级的老旧小区综合改造资金，且产权关系转化复杂。在此情况下，北京专门建立机构承接市属国企、央企的老旧小区管理移交工作，并多次跟国家有关部门沟通，提出问题清单及改进管理服务的政策建议。

工作，实现了社区党组织、居委会、物管会和物业公司"四位一体"共商共建、共治共享的社区管理模式。

此外，北京还有大量老旧小区的资源极为有限，比如商品房性质的老旧小区，根据目前北京市的资金政策，只有楼本体等改造有财政支持，公共区域的改造费用并不被市、区两级财政所覆盖，因此其改造资金的缺口问题尤为明显，也不具备让社会资本参与的条件。面对这一普遍现象，"大兴模式"践行"片区统筹、街区更新"，即社会资本与多个街道深度合作，对街区内可利用资源进行整体规划，用部分社区优质资源带动其他资源有限社区，强弱搭配，跨"区"改造。同时，改造后社区公共服务也能扩大辐射范围，从而实现"资源互补、统筹平衡、组团联动"的街区更新。以枣园小区为例，其内部空间及可利用资源相对丰富，设计修建了900余平方米便民服务中心，补足公共服务和便民配套，不仅满足了小区内部需求，还带动了周边区域协同发展，形成资源互补的社区间联动。此外，朝阳区三里屯街道也通过提升"片区"居住环境打造以有机更新为目标的"三里屯样板"，实现老旧小区与潮流商圈的有机链接，为商品房老旧小区以及空间资源欠缺的老旧小区改造工作提供了借鉴。

四 北京市老旧小区改造建议

（一）把握核心价值，不断细化、完善相关政策

北京市城市更新行动主要有以下目标：一是以人民为中心，实现社会公平与共同富裕；二是实现经济、社会和环境效益的综合提升；三是对既有社会关系的调整，实现更高水平的社会治理。因此，只有把握改造更新的核心价值，才能准确推进老旧小区改造政策的优化，促进利益协调机制建立、多元共治格局形成，促进城市社区高质量发展。

当前北京市老旧小区改造政策整体上多为原则性、普遍性内容，如《北京市"十四五"时期老旧小区改造规划》为近五年改造指明了方向，每

年《北京市老旧小区综合整治工作方案》对具体工作开展作出了指导。且近几年改造已由任务制转变为申报制，采取基层组织、居民申请、社会参与、政府支持的方式，由街道办事处、乡镇政府组织申报，根据小区实际情况（符合改造范围，完成业委会、物管会组建），在征求小区居民意见（有改造意愿、愿意配合改造、愿意承担物业服务费用）后上报。但普遍出现了基层部门对改造工作缺乏深入理解、政策把握不准或者不会用、工作流程不清、居民参与方式不清楚等情况，针对这些问题，建议政策制定一是要从应用场景出发，出台易懂能用的政策内容，便于公众对各项政策的理解和快速查阅，为真正有需要的人提供便利。二是要多关注程序性、操作性内容，如实施程序、操作指南、审核规范等。目前北京市老旧小区相关政策对于项目准入规则与流程并未明确，项目纳入条件与程序也不详细，导致各方诉求得不到有效解决，建议围绕改造项目全过程开展政策指引。三是要在运营方面提供评估标准并加强监管，为实现改造后预期效益提供政策支持。

此外，还应推进政策的宣传推广，建议加强改造项目跟踪指导，推出北京市老旧小区改造案例汇编，并与全市统一的老旧小区改造数据库建设工作相结合，建立案例数据库。此外，北京社区的异质性较强，因而出现多样的改造模式，建议基于典型的改造模式，征集发布老旧小区改造案例集，有助于促进经验推广和发挥示范效应。

（二）拓展资金渠道，探索可持续改造

当前相关政策已为各地制定改造资金支持政策提供指导性意见，"政府注重协调各类存量资源，加大财政支持力度，吸引社会专业企业参与运营，以长期运营收入平衡改造投入，鼓励现有资源所有者、居民出资参与微改造"。由此可见，仅靠财政资金和市区固定资产投资难以支撑大体量的改造资金需求，于是如何撬动社会投资成为关键。一系列鼓励社会资本投入的政策试行之后，不难发现社会资本的进入意愿受到存量发展的"长周期、强运营"模式的极大遏制。建议引导社会资本一是要转变老旧小区改造更新的投融资逻辑，它与新建开发的"短周期、高销售"模式不同，不要片面

追求短期效益和经济利益，鼓励推动老旧小区改造向经营模式转变。二是要认识到改造更新项目的资金平衡难度，因此需要更细致的规划、设计、建设和运营管理。同时，也要知道改造更新往往需要更长时间，因为多元的诉求叠加在有限的空间中，需要多方式的反复沟通和协商调整，才能达成改造实施方案的共识。通过这些方式引导社会投资服务实体经济，培育其自我造血与盈利能力，探索出政府引导、市场运作、公众参与改造的可持续模式。

此外，居民可以获得改造后资产价值提升、使用品质改善的利益，往往是老旧小区改造的最大受益者，但是政府从改造初期长期维持较高的财政补贴水平，导致居民出资意愿低，改造自有住房的责任意识薄弱。这也间接导致老旧小区改造后市场化物业收费困难、收缴率低，难以建立小区改造运营维护的长效机制。建议一是要界定各利益相关者的权责关系，当然这也涉及对存量物业权能的确认、细分和转移，从而对改造全过程中各主体权利与义务进行约定；二是要建立权责匹配的资金共担、利益共享机制，调动居民的自主更新意识，鼓励其参与到改造中提出需求，才会有意愿为需求买单。

（三）推动居民深度参与老旧小区改造

当前，北京市的政策导向逐渐强调社会公众、社会组织参与的重要作用。这意味着改造工作不仅仅是建设工程，更多的是基层社会治理和基层组织动员。北京市在实践中，通过成立业主委员会、小区议事协调委员会、物管会等自管组织，建立多方参与机制如议事平台等方式构建居民参与改造全过程的渠道。但仍然存在社区动员能力不足、公众参与意识不强、议事协商能力弱等问题，导致居民诉求无法得到有效解决。

建议推动居民参与改造应在尊重社区居民意愿的基础上，增强居民充分参与性，加强解决社区实际问题的能力，从而增强社区居民的认同感与凝聚力。首先，借助居民更了解所在社区存在的现实问题，以及他们对生活环境改善的切实愿望和诉求，推动居民深度参与到改造的全过程中，如需求评估、可行性方案制定、改造设计、实施及监评、后续管养等，以空间议题为显示场景，推动社区治理。其次，加强居民参与改造的经验积累，提升其社区参与能力和责任意识。通过家园的共同建设，培养邻里感情，建立居民与社区的密切联系，同时在交流中化解各参与主体间的利益矛盾。最后，还可以借助专业社会组织优势和资源，带动居民、志愿者和慈善机构等参与老旧小区改造，从而加强各利益主体间的互信和沟通，建立政府公共部门与非公共机构之间的紧密合作伙伴关系，实现经济效益和社会效益相协调。

B.20
深化疏解整治促提升背景下街区综合服务功能路径完善研究*

朱兴龙　王云云　苏立强**

摘　要： 城市让市民生活更美好,街区是市民生活工作学习、感受城市温度的重要空间载体。北京市连续开展两轮"疏解整治促提升"专项行动,在优化首都功能、提升城市品质、增强市民生活便利性方面取得了积极成效。在深化推进新一轮专项行动的背景下,完善街区综合服务功能提升工作质效具有重要意义。通过实地调研、问卷调查、专家座谈、文献资料梳理等方式,综合分析全市不同圈层街区功能、服务配置现状及市民需求情况,评估街区功能与市民生活的适配度,针对部分街区存在缺乏活力、服务配置单一等问题,坚持政府引导和市场机制相结合,强化数字技术赋能便民商业智慧化建设、健全居民参与评价机制,实施公共服务设施功能融合供给、营造高品质公共空间载体,推动街区综合服务功能优化提升,不断增强人民群众的获得感、幸福感、安全感。

关键词： 疏解整治促提升　街区功能　综合服务

---

* 本报告是北京市"疏解整治促提升"专项行动工作办公室研究项目"深化疏解整治促提升专项行动,完善街区综合服务功能路径研究"的成果之一。

** 朱兴龙,北京市"疏解整治促提升"专项行动工作办公室综合处副处长;王云云,北京市"疏解整治促提升"专项行动工作办公室综合处干部;苏立强,中咨海外咨询有限公司社会事业发展中心副主任。

一 研究概述

（一）研究背景

自 2017 年"疏解整治促提升"专项行动开展以来，坚定不移疏解非首都功能，对促进新时代首都高质量发展发挥了重要作用。一是坚持控增量、疏存量双向发力。截至 2022 年底，累计疏解提质一般制造业企业 2093 家，疏解提升区域性专业市场和物流中心 640 个，动物园、大红门等区域性专业市场集中地区服装业态实现"清零"，动物园批发市场已成功转型为金科新区，已新引入头部或重点金融科技企业和专业服务机构 166 家；大红门地区彻底告别服装商贸业态，规划建设南中轴国际文化科技园，一期已正式开园。二是城市综合整治进一步深化。大力推进基本无违法建设区创建，海淀、丰台等 8 个区和经济技术开发区建成"基本无违法建设区"。拆违腾退土地因地制宜实施"留白增绿" 8845.8 公顷，相当于 13 个奥林匹克森林公园。三是推动公共服务水平不断提升。累计建设提升便民商业网点 6285 家，发展老年餐桌 1168 个，社区基本便民服务功能实现全覆盖，养老助餐服务覆盖 4639 个小区，市民对疏整促工作满意度连续三年维持在 96% 以上。

2021 年以来，新一轮疏整促专项行动突出了四个特点：一是突出提升导向，强化以提促疏、以提促治。疏解整治是手段，提升是目标，新一轮专项行动更加强化了提升首都功能、提升人居环境、提升城市品质、提升群众获得感的目标导向。二是突出民生优先，着力增强市民获得感。新一轮专项任务安排，把主动治理与接诉即办相结合，聚焦百姓身边事儿，努力提升"七有""五性"保障水平，把群众满意作为检验工作的唯一标尺。三是突出难题破解，提升城市治理能力。一方面继续巩固街面秩序，坚持"防反弹控新生"；另一方面聚焦历史遗留和发展薄弱问题，系统推进、重点攻坚。四是突出分区施策，建设功能优化的高品质城市。落实城市总体规划和分区规划，以中心城区为重点、核心区为重中之重，立足区域功能定位，将全面整体推进与分区施策并重，完善城市功能，提升城市品质。

本报告全面梳理了街区便民服务功能现状和建设成效，通过需求调研、标准对比和经验梳理，结合区域需求、区位特点和规划用途，探索疏解整治促提升专项行动中完善街区服务功能的实施路径。

（二）基本概念界定

本报告采用行政管理层面的街区概念，即街道（乡镇）和社区（小区）的统称。依据为《北京市居住公共服务设施配置指标》（京政发〔2015〕7号）等政策文件、理论基础以及本轮"疏解整治促提升"的重点任务。

本报告将街区综合服务功能界定为满足街区居民生活相关需求的服务，包括饮食、购物、生活服务、休闲、健康、社交、娱乐七大服务功能。其中，既包含具有公益特色的养老助餐服务（养老机构等），医疗、文化（文化室、书店等）、体育（健身、活动等）等服务设施，也包含便民商业服务。

二 街区综合服务现状与需求调研情况

结合街区综合服务配置标准，与北京市规划和自然资源委员会、北京市文化和旅游局、北京市商务局、街道办事处、居委会、责任规划师、商户、居民等职能部门和相关人员开展了座谈和实地调研，并在首都功能核心区、中心城区、平原新城、生态涵养发展区分别选取东华门、和平里、景山、望京等十余个街道，通过网络问卷调查梳理现状，收集当前北京市居民对街区综合服务的需求。截至 2023 年 7 月 6 日，共回收问卷 615 份。参与问卷调查的人员均较了解周边设施情况，能够较全面客观地反映真实需求。

（一）北京市居民人口的结构、需求与消费

1. 居民人口结构

近五年来，北京人口呈现人口总数不断下降、人口老龄化显著、户籍人口比常住人口增长快、外来人口占比较大、新建区年轻化等特点，不同街区

居民生活消费活力和需求与人口结构存在较强关联性。

2022 年末，北京市常住人口规模 2184.3 万人，连续六年降低，年均降幅约 1.86%，60 岁及以上常住人口 465.1 万人，占总常住人口的 21.3%（见图 1），是近五年增量最多、增幅最大的一年。从户籍人口看老龄化更为显著，60 岁及以上户籍人口占总户籍人口的 29.0%。按 15~59 岁劳动年龄户籍人口抚养 60 岁及以上户籍人口计算，北京市老年抚养系数为 51.1%，较 2021 年增长 3.8 个百分点，相当于每 2 名户籍劳动力抚养 1 名老年人。2017~2021 年，北京市总人口数逐年减少，但户籍人口年平均增长约 13 万人，显示大量常住外来人口离京。由于外来人口平均年龄低，常住外来人口比例越小，北京人口平均年龄就越高。户籍人口比常住人口增长快，容易造成部分街道乡镇老龄化程度加深。

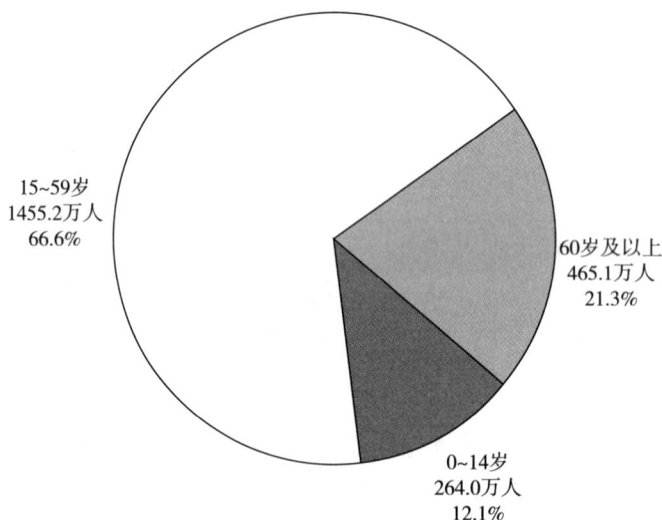

图 1　2022 年末北京市常住人口年龄结构

数据来源：《北京市 2022 年国民经济和社会发展统计公报》。

2. 各街区规模现状：街区规模差异大，街区自身特征差异也较大

北京市是全国一线城市中街道乡镇、居民区最多的城市，最大街道辖区面积达 81 平方公里，最小的街道辖区面积仅为 0.8 平方公里。在中心城区，集中多个辖区面积仅 1 平方公里左右的小街道，居民区包括居委会和行政村管理的小区，以及机关企事业单位所属的居民大院、平房区和自然村等"类小区"。此外，管理机构所管辖的居民社区和生活小区数量与质量也有很大差异。

3. 职住特征现状：人口密度内高外低，二环与五环之间人口分布较集中

2022 年末，西城区和东城区人口密度分别为 2.17 万人/公里^2 和 1.68 万人/公里^2，北京市全市常住人口密度为 0.13 万人/公里^2，西城区人口密度约是全市平均的 16 倍。城市功能拓展区（朝阳区、海淀区、丰台区、石景山区）人口密度为 0.71 万人/公里^2。生态涵养发展区人口密度最低，延庆区是全市最低，低于 0.02 万人/公里^2。首都功能核心区常住人口密度最高，说明其社会经济和文化资源更丰富。老年人密集居住区域（东城、西城）也是年轻人聚集的工作区域，职住分离现象严重。近年来，五环与六环之间居民人数增加，商圈变化与"人口圈"变化相关性较大。

4. 北京市居民消费水平现状

人均可支配收入逐年增长，居民消费支出不断增长，居民对美好生活的需求逐步上升。

2022 年北京人均 GDP 为 19 万元（折合约 2.8 万美元），已属于高收入经济体的范畴。按照世界银行不同阶段的收入标准，人均 GDP 达到 1 万美元，标志着一国或地区的经济社会发展开始进入"发达状态"，表明居民日常消费已得到较充分满足，发展型、享受型消费比重上升，对教育培训、健康保健、住房改善、消费品升级、文化娱乐等消费欲望更加强烈。2010～2022 年，北京城镇居民人均可支配收入持续稳定增长，从 2010 年的 29073 元增长到 2022 年的 77415 元，13 年间累计名义增长 166%，年均增幅为 13.86%（见图 2）。

2010 年以来，北京城镇居民恩格尔系数水平保持在 33% 以下，根据联合国粮食及农业组织（FAO）提出的恩格尔系数标准，富裕阶段为 30%～40%，步入 30% 以下为最富裕。近十年，北京市恩格尔系数总体呈下降态势，已步入"最富裕"的阶段（见表 1）。同时居民消费支出表现出不断增

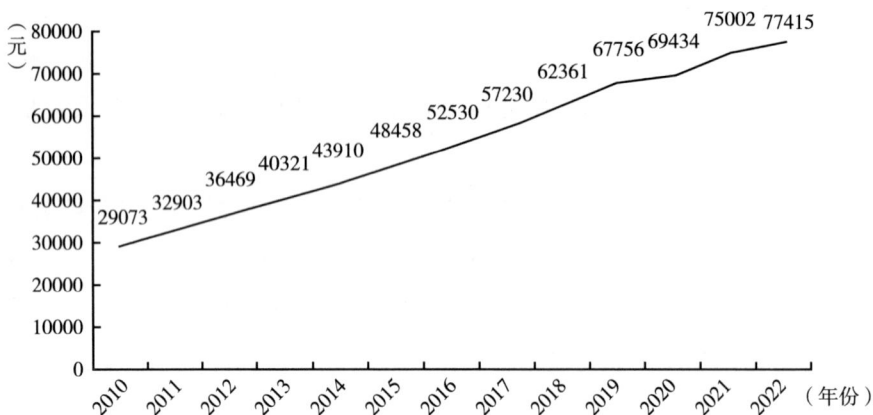

图2 2010~2022年北京市居民可支配收入走势

数据来源:《北京统计年鉴2022》。

长的势头。北京市人均消费支出由2010年的19544元增长到2019年的43038元①，增长120%，年均增幅超过10%。2022年北京市居民人均消费支出及构成如图3所示。

表1 2015~2022年北京市恩格尔系数变动情况

单位：%

2015年	2016年	2017年	2018年	2019年	2021年	2021年	2022年
22.4	21.5	20.2	20.2	19.7	21.5	21.3	21.6

（二）基于区域定位及政策标准的情况②

1.基于主体功能区划的调研情况

首都核心功能区包括东城区和西城区。居民对生活的便利性、宜居性、多样性、安全性和公正性满意度较高，希望便民服务业态全覆盖，满足多样

---

① 考虑到新冠疫情对经济社会的影响，数据选取时间截至2019年底。
② 功能区划分依据《北京市人民政府关于印发北京市主体功能区规划的通知》（京政发〔2012〕21号）。

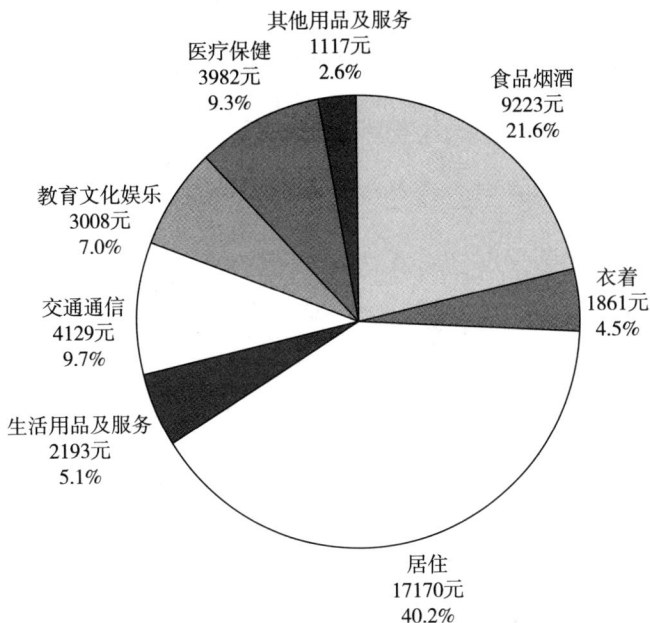

图 3   2022 年北京市居民人均消费支出及构成

数据来源:《北京市 2022 年国民经济和社会发展统计公报》。

化需求,提升便利性和宜居性。希望增加儿童活动设施、照相洗印馆、打印复印店、末端配送、书店等文化休闲场所以及早餐店等基础业态。

城市功能拓展区包括朝阳区、海淀区、丰台区、石景山区。居民对生活的便利性、宜居性、多样性、安全性和公正性满意度较高,希望便民服务业态全覆盖,满足便利化和多样化需求。期待增加公园、健身设施、公共活动场所、连锁品牌店以及早餐店等基础业态。

城市发展新区包括通州区、顺义区、大兴区(北京经济技术开发区)、昌平区和房山区的平原地区①。居民对生活的便利性、宜居性、多样性、安全性和公正性基本满意。期待更多的健身设施和便民商业服务业态,如蔬菜零售、早餐店、家政服务等,希望形成不同层次和功能的社区生活圈。

―――――――――

① 为方便计算,昌平区和房山区街道、常住人口、土地面积三项指标均计算在城市发展新区中。

299

生态涵养发展区包括门头沟区、平谷区、怀柔区、密云区、延庆区以及昌平区和房山区的山区部分。居民对便民商业服务的需求主要集中在便利化和规范化运营方面，希望社区周边配置基本便民服务业态，店铺能简单装修并引入特色小店和连锁化店铺（见图4）。

首都功能核心区
开发程度：开发强度最高的完全城市化地区
调查结果：
1.居民对生活的便利性（68%）、多样性（63%）、公正性（68%）、安全性（74%）、宜居性（66%）满意度较高。
2.希望增加的服务设施：儿童活动设施、照相洗印馆和打印复印店、末端配送（快递柜）。

标注区域：
东城区、
西城区

城市发展新区
开发程度：本市开发潜力最大、城市化水平有待提高的地区
调查结果：
1.居民对生活的便利性（82%）、多样性（76%）、公正性（79%）、安全性（89%）、宜居性（76%）满意度较高。
2.希望增设的设施：健身活动设施、健全业态。

标注区域：
通州区、
顺义区、
大兴区以及昌平区和房山区的平原地区

城市功能拓展区
开发程度：开发强度相对较高，但未完全城市化的地区
调查结果：
1.居民对生活的便利性（84%）、多样性（79%）、公正性（72%）、安全性（83%）、宜居性（85%）满意度较高。
2.希望提升的服务：业态及功能全覆盖、增加更多连锁化品牌，尤其是提供国内外知名连锁品牌的便民商业服务、文创新潮店等多种选择。

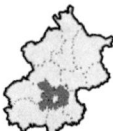

标注区域：
朝阳区、
海淀区、
丰台区、
石景山区

生态涵养发展区
开发程度：保障本市生态安全和水资源涵养的重要区域
调查结果：
1.居民对生活的便利性（66%）、多样性（63%）、公正性（63%）、安全性（64%）、宜居性（64%）满意度较高。
2.希望增设的设施：健全基本便民服务业态、规范化便民商业主体的运营、增加亮点店铺。

标注区域：
门头沟区、
平谷区、
怀柔区、
密云县、
延庆区以及昌平区和房山区的山区部分

图4　基于主体功能区划的调研情况

2.基于标准比对街区设施配置情况

街区综合服务配置指标①达标情况较好，但网点布局不均。部分社区生活性服务不能得到有效满足，存在早餐店、超市、维修、打印、休闲设施、停车位、充电桩等网点分布不均衡的情况。

中心城区和新城区增添网点难度大，土地空间资源有限（见图5）。老

---

① 《实施北京市街区商业生态配置指标的指导意见》《北京市居住公共服务设施配置指标》等标准。

旧小区缺乏进一步发展生活性服务网点的空间资源，新建回迁房、限价房社区未预留商业用房，而商业用房缺少商业用电以及符合标准的管道线路设施等，也制约了生活性服务业发展。

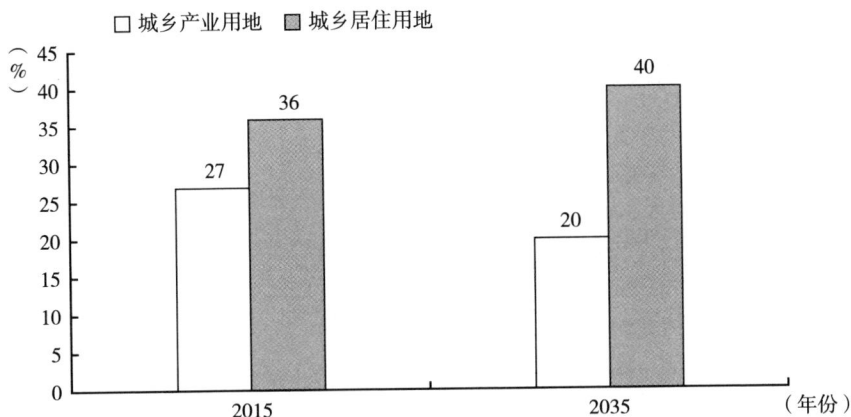

图5　《北京城市总体规划（2016年—2035年）》中对居住用地比例提升目标

生活性服务品质不断提升，但规范化管理方面还有很大提升空间。各区生活性服务业在连锁化、规范化经营，以及品牌建设方面还有很大提升空间，存在规模小、形态落后、经营不规范等问题。

（三）基于问卷调查的居民需求情况

多数居民认可当前的便民服务。问卷调查显示，居民便民服务配套相对较为完善，一半以上受访居民对便民服务的便利性、宜居性、多样性、安全性、公正性持正面评价（见表2）。

表2　基于主体功能区划的调研情况

单位：%

便利性满意情况	比例
满意	25.85
基本满意	52.20

便利性满意情况	比例
不满意	17.40
非常不满意	4.07
不太关心	0.49
宜居性满意情况	比例
满意	22.60
基本满意	52.52
不满意	18.37
非常不满意	5.53
不太关心	0.98
多样性满意情况	比例
满意	23.41
基本满意	49.27
不满意	20.81
非常不满意	4.07
不太关心	2.44
公正性满意情况	比例
满意	24.72
基本满意	47.32
不满意	20.98
非常不满意	4.39
不太关心	2.60
安全性满意情况	比例
满意	33.82
基本满意	46.18
不满意	15.45
非常不满意	3.58
不太关心	0.98

居民便民服务设施需求排序。调查显示，北京市居民街区综合服务设施需求排名依次为：公共活动场所、养老服务机构、公园、大型超市、儿童游戏设施、书店等文化设施、便民维修、健身设施、早餐店、家政服务、蔬菜零售、咖啡店、其他、便利店、打印复印店、药店、美容美发、照相洗印

馆、末端配送和洗染（见表3）。不同年龄段对使用公园和公共活动场地的需求较高；访谈中居民反映对集成式便民服务设施的需求度高；其次是对智能化和信息化的便民商业服务需求度高。

表3 18岁以上受调者认为居住区周边还需补充哪些便民服务设施

单位：%

便民服务设施类型	比例
蔬菜零售	16.59
便利店	13.17
早餐店	18.21
家政服务	17.07
美容美发	10.24
末端配送（快递柜）	10.08
洗染	9.27
便民维修	18.86
药店	10.89
打印复印店	11.54
照相洗印馆	10.24
大型超市	24.23
养老服务机构	24.88
书店等文化设施	20.16
健身设施	18.37
公共活动场所	26.18
咖啡店	14.80
儿童游戏设施	20.65
公园	24.72
其他	13.98

不同群体对街区的综合服务需求。上班类群体希望街区能增加公园、公共活动场所、文化设施、大型超市以及儿童娱乐设施。上学类群体多为18岁以下的学生，也包括部分在职学习者。根据访谈得知，该群体需求主要集中在增设更多适龄化服务设施，增设青少年活动设施，包括公共活动场地、学习交流中心、信息咨询服务等，要求的活动时间也主要集中在周末等空闲

时间。该类青年群体对街区服务品质化、便利化提出了更高的要求。居家类群体是社区活动的主要参与者，也是社区居民的主要组成部分，赋闲在家的人群包括退休的老人、失业、残疾人员等，主要需求集中在养老服务设施、公共活动场所、大型超市等（见表4）。

表4　不同年龄段受调者认为居住区周边还需补充哪些便民服务设施

单位：%

类别年龄	18~28岁	29~39岁	40~49岁	50~60岁	60岁以上
蔬菜零售	16.03	11.06	20.83	27.27	20.18
便利店	15.27	9.22	19.17	15.15	11.40
早餐店	17.56	15.67	15.00	24.24	25.44
家政服务	16.79	9.22	22.50	24.24	24.56
美容美发	12.98	8.76	13.33	6.06	7.89
末端配送（快递柜）	13.74	11.06	9.17	15.15	3.51
洗染	16.79	10.14	5.00	9.09	3.51
便民维修	16.03	13.36	20.00	27.27	28.95
药店	12.98	7.83	9.17	15.15	14.91
打印复印店	16.79	13.82	9.17	9.09	4.39
照相洗印馆	10.69	11.06	10.00	15.15	7.02
大型超市	16.03	20.28	25.00	36.36	36.84
养老服务机构	16.03	18.89	20.00	21.21	52.63
书店等文化设施	12.21	22.58	24.17	24.24	19.30
健身设施	16.03	16.13	22.50	27.27	18.42
公共活动场所	21.37	19.82	26.67	36.36	40.35
咖啡店	13.74	18.89	21.67	12.12	1.75
儿童游戏设施	17.56	25.35	21.67	21.21	14.04
公园	18.32	22.58	20.00	42.42	35.96
其他	11.45	15.21	16.67	12.12	12.28

（四）居民需求特征总结

户外休闲活动及社交空间需求明显。综合调查结果显示，居民希望在街区找到交流、互动的场所，但现实中城市户外休闲活动和社交空间设施数量不足且质量不佳。公共场所如公园、广场等面积有限且使用时间有限制，商业设施和娱乐场所缺乏真正的社交氛围和文化内涵。

对服务的可达性和多元化需求明显。居民步行阻碍主要集中在安全性和舒适性较差，人车矛盾突出。老年人更倾向于综合体模式，一次解决多种需求，中青年期望步行环境舒适安全，涵盖购物遛娃、休闲娱乐、健身活动、宠物友好等功能，期望沿街步行环境优美，生活服务功能多样。

居民对街区高品质服务的需求明显。居民反映街区综合服务存在的主要问题包括缺乏传统文化和地方特色、缺乏公园和休闲场所、缺少大型超市和购物中心、品质不高、设施陈旧等（见图6）。部分地区缺乏大型超市，无法满足购物需求，街区在商业规划、招商和土地开发等方面可能存在障碍。图6反映了居民对高端、多元和综合便民服务的需求。

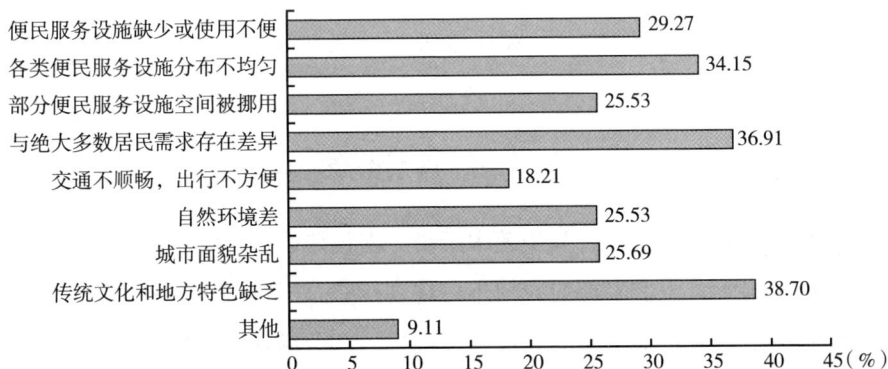

便民服务设施缺少或使用不便 29.27
各类便民服务设施分布不均匀 34.15
部分便民服务设施空间被挪用 25.53
与绝大多数居民需求存在差异 36.91
交通不顺畅，出行不方便 18.21
自然环境差 25.53
城市面貌杂乱 25.69
传统文化和地方特色缺乏 38.70
其他 9.11

图6　18岁以上受调者认为周边便民服务设施在发展中存在的问题

老人和儿童街区综合服务需求明显。调查显示，老人、儿童等居家类群体对街区综合服务需求高，使用时间集中在日间。老人和儿童对品质提升类设施如养老照料机构、儿童设施、公园、公共活动场所等需求高。上班族、上学族出于时间分配等原因，未积极参与到街区建设中，街区社交活动参与度低。

三　存在问题分析

综合访谈调研结果、对照国内外城市便民服务供给经验和相关标准对比等情况，发现存在以下问题。

（一）便民服务数字化水平低，差异化诉求应对不充分

一是存在数字鸿沟现象。部分老年人对数字化接受程度不高，而便民服务数字化缺乏对老年人等弱势群体的关照，数字服务操作难度大、信息获取困难。二是服务模式比较僵化。传统便民服务线上开发方式较简易，缺乏线上渠道的拓展和创新，存在技术限制和设计不足，信息传递方式缺乏与用户的互动。近年来首都居民生活标准不断提高，现有服务水平与精神层面提升型需求有差距，不同人群在康体健身、文化交往等方面需求不同，现有设施配置和服务模式无法满足消费者多样化、差异化的服务需求。

（二）资源配置亟待调整优化，规划型商业与需求不符

土地利用集约化程度、利用效率不高。在设施配置灵活性差，存量设施品质低的情况下，没有发挥混合使用的规划优势，不利于土地利用率和交通效率的提升。规划性商业布局和设计不合理。部分商业空间位置、规模不合理，设施配置缺乏整体性考虑，空间利用率不足，商业布局无序。老旧小区商业配套设施数量和结构不匹配，新建社区配套设施建设和交付缓慢，较为成熟社区的布局易出现同质化竞争和资源浪费。商业空间设计缺乏对周边居民需求的考虑，浪费商业资源。

（三）街区场所感缺失，城市治理人文关怀有待重视

城市标识导视系统不够完善，市民在出行过程中难以即时获得准确的指引和信息，不利于形成人性化、多元化的城市面貌，不利于营造街区场所

感。智慧交通仍有较大发展空间，慢行系统有待完善，机动车使用强度高造成的交通拥堵和停车难问题有待解决。智慧化便民服务缺乏人文关怀，老年人等弱势群体占比逐年升高，但相应的弱势群体服务设施有短板，存在质量不高、设计布局不合理、管理不规范等现象。

（四）居民社区建设参与度低，缺乏可持续的评价机制

居民参与度低。缺乏有效的参与机制和了解渠道，部分居民对社区建设不关注不参与，社区建设管理评价机制在及时反馈、社区营造层面尚未发挥效能，缺乏凝聚力。评价机制不完善、结果应用不强。缺乏科学、系统、全面、即时反馈、有针对性和可持续性的评价机制，无法动态反映社区建设和管理的实际情况和成效。评价机制缺乏透明度，信息和资源单向流动，不能为广泛的人群提供指导和支持，可利用性不高。公共服务质量评价运行的"效度和信度双低"，存在着"评价组织方的局限性、评价主体选择的倾向性、评价主体间互动不足和评价结果重排名轻整改"的问题。① 不同区域设施发展缺乏适合本地情况的规划指标和管理目标，街区综合服务设施情况在功能区定位层面的贴合度不高，社区建设管理的质量和效率受到影响。

（五）街区空间缺乏活力，未充分满足邻里交往需求

空间尺度方面，部分街区尺度过大，围墙边界消极，社区内部活力无发育空间。人车秩序混乱，设施可达性较差。部分服务设施存在短板，商业外部空间品质低下，难以营造良好步行氛围。职住空间布局方面，忽视居住和就业的适度平衡，极端通勤区域呈现"起早贪黑"现象。服务设施方面，缺少规范、安全、大范围、有吸引力的休闲运动和社交空间，邻里交往有限，不利于睦邻街区形成。

---

① 韩万渠：《公共服务质量评价机制及其路径创新》，《中国特色社会主义研究》2015年第5期。

四　国际及国内经验借鉴

国外发达地区的街区大多作为城市管理和支撑城市功能的基本单元，经过长期的发展已臻于成熟，是居民生活购物、社交、娱乐和休闲的重要区域。国内很多发达地区也开始探索街区在满足人民对美好生活向往方面的可行路径，取得了较好的社会效益和经济效益。国内外相关经验为北京市完善街区功能提供了多种思路和路径参考。

（一）国际经验借鉴

重视规划引领和政策引导。国际化大都市便民商业服务的发展整体上经历服务业自由发展和政府规划引导发展阶段，合理规划保障居民需求，避免过度竞争。美国纽约通过立法将苏荷区确定为文化艺术区，政府主导与企业参与协调合作，现已发展成集居住、商业和文化艺术功能于一体的社区。新加坡"邻里中心"是政府调控下的商业行为，提供教育、文化体育、生活福利等服务，同时对指定行业实施助力计划，街区综合服务的供给体系表现出高度协同性。

重视便民服务供给主体的培育。多元化的开发主体是促进便民商业发展的关键因素之一。"新加坡2030"中就提出"打造蓬勃经济体，持续培育中小企业"的口号，其街区商业地产开发管理呈现"全过程开发模式"，综合利用行政化和市场化手段鼓励更多有开发能力的主体参与便民商业的开发和运营，培育一批专门从事社区便民商业开发的房产开发商。国外房产开发商和商业经营商分离的开发方式可用于街区综合型购物中心建设，跨行业合作可发挥各自优势，有效降低开发、经营成本。

重视连锁商业主体发展便民商业。国外便民购物的重心向连锁经营的商业企业倾斜，如美国的便利零售商Costco、塔吉特、药妆零售商CVS等，因其统一的管理、良好的信誉，已对社区居民产生信赖感和吸引力。鼓励连锁企业进驻社区，有利于其自身的扩张发展，也有利于提升便民商业的组织化程度和商业层次。[①]

重视便民商业服务创新创业。西方发达国家重视新机制、新技术、新科技在便民商业服务方面的应用。美国有完善的风险投资机制，鼓励便民商业创新创业。在现有的便民商业服务模式中，注重与互联网、大数据、云计算等先进技术相结合，衍生出迎合人们时尚需求和满足人们多元化需要的商业服务新模式。新加坡的地产金融体系非常发达，以"国家信托基金"为主体，结合大量的房地产信托基金，构成了商业物业从投资到退出全过程资本体系。

重视便民商业服务的功能复合。发达国家和地区非常重视便民商业综合体建设，为社区居民提供一站式的消费服务。新加坡采用的"邻里中心"社区商业模式有效地结合了国情，建造出富有新加坡特色的社区商业模式，成为新加坡城市名片的成功写照。"邻里中心"把既有商业和服务设施集合起来，既缩短了这些设施与社区居民的距离，又满足了人们多样化的需求。

融合旧商业改造与新商业发展。国外很多便民商业服务起点比较高，现代化购物中心形成较早，而我国许多城市的社区商业处于传统模式与现代模式并存的状态。应借鉴国外经验，如新加坡 GRiD 老旧商业设施改造，将连接街道关键位置的老建筑改造成为具有艺术氛围的"打卡地"，并调整商铺铺面布局，增加室外用餐区，成功激活焕新。立足于既有情况，加快改造传统社区商业模式，鼓励发展现代化的社区购物中心。

（二）国内经验借鉴

引入专业运营商开展整体规划。上海市作为首个提出"15 分钟社区生活圈"概念的城市，通过引入专业运营商开展整体规划、统一招商运营，更易于规范管理，实现了政府搭台、企业唱戏的创新模式。例如，邻里巷商业管理（上海）有限公司负责华建一街坊商业街的整体规划及运营，专业机构在运营好商业部分的基础上，积极搭载老百姓日常所需的"小修小补"

---

① 刘伯雅：《国外社区商业的发展及启示》，《城市问题》2008 年第 9 期。

生活服务业态，满足居民消费需求。上海市东亚食品储运经营有限公司积极响应政府"一刻钟便民生活圈"的政策导向，对接便民商业服务主体，加大对便民商业服务主体的支持力度，实现了菜市场和便民服务的"引流"效应。

实施便民商业标准化智慧化建设。武汉市自2022年以来多措并举建设国际消费中心城市，以数字化综合服务平台助力社区商业管理系统建设。与支付宝等数字服务平台合作，整合更多的便民服务场景，形成贴近市民生活所需的"一刻钟便民生活圈"，助力武汉市打造成全国便民生活样板间，发挥数字服务平台技术优势，实现服务找人的精准推送，更快响应市民需求，并在生活圈区域内实现就业服务、零工驿站、商业消费、社区服务、政务服务就近办理等几十项便民事项，集数字供应链、数字支付、业态融合、社区服务于一体，提升便民生活圈服务智慧化水平。

注重便民生活圈的公益化特色化可持续化。成都市示范打造城市一刻钟便民生活圈。一是公益性服务和市场化运作结合。如西南社区整合清理闲置空间、低效空间和被侵占空间，打造运营杏园、幸福生活馆等项目，将项目收益按比例反哺成立社区基金，按照"居民认缴一部分、基金补贴一部分"的模式，组建成立社区"五小"服务队，为社区居民免费提供便民服务，撬动社区微利业态发展活力。二是坚持商旅文融合营造服务场景。打造有历史内涵、商业氛围、生活气息、文化故事的市井生活圈。和美社区以"和"文化为中心，打造文创特色街区，将"和"文化与服务性功能相融合，为社区居民提供便民服务场景。三是坚持以多元共建推动共治共享。充分调动居民、社区商户、社区志愿者等积极性，讲好社区文化故事、激发多元主体的社区建设责任感等。黉门街社区利用开放空间打造黉门里特色街区市集，通过组建商家联盟，制定管理公约，保证市集规范有序。

五 政策建议

针对街区综合服务功能完善提升，建议综合采用数字赋能、功能融合等方式，结合人民群众需求，考虑实用性，以公共空间为载体推动街区空间重塑和服务功能补足。

（一）打通网上服务与分类便民服务堵点，发挥数字经济优势

发展数字经济，整合便民办事服务场景。推动中小企业升级焕新，实现就业、零工驿站、商业消费、社区服务和政务服务就近办理等便民事项，推动线下服务业数字化升级。建立社区服务平台，提供在线预约、缴费、查询等服务，提升智能化管理能力，利用物联网、人工智能等技术实现对社区设施设备的远程监控和管理，数据化分析居民需求和反馈，社交化互动促进社区共建共享。创新商业模式，为居民和商家提供更加便捷高效的服务。发挥数字服务平台优势，为老幼等特殊群体创新服务机制和服务模式。关注设施需求差异，聚焦老人、儿童等弱势群体需求，推广智能化服务，提高居民的便利性和安全性。建立健康档案管理系统，加强居民健康教育，增强健康意识和自我保健能力。针对老年居民占比高的情况，重点考虑老年人口相关设施，整合区域餐饮资源，大力发展形式多样的养老助餐点，加快完善养老助餐服务体系，研究解决失能及外出不便老年人的助餐问题。运用互联网技术，建立社会化助餐平台，推进数字化养老助餐服务。

（二）实现公共服务设施的功能融合供给，优化整合网点资源

设置复合型设施。不拘于泥传统标准约束，在有限的可利用空间内，鼓励服务设施综合设置，丰富业态，发展社区商业便民服务综合体和便民服务点。促进复合利用，提供灵活共享设施的解决方案，规划设施全时段功能分配，弥补社区生活性服务功能短板，逐步缓解服务设施供给不均衡现象。优化整合现有网点资源。网点布局考虑交通便利性，兼顾空间利用率。跨行业、跨业态整合生活性服务功能，优先配齐基本保障类业态，充分利用养老驿站提供老年消费配供、理疗养生等服务，鼓励居家养老服务，鼓励开放公共绿地。推进商场商圈更新升级。加强大型商业设施与周边社区商业服务相结合，大型商业设施与社区商家合作开展活动、共享资源，提高整体商业竞

争力。探索餐饮零售化等社区便民服务新模式，导入社区文化元素，支持社区创业项目，推广绿色环保理念，满足市民多样化、多层次消费需求，增强社区凝聚力。

（三）以人民为中心，注重标识导视系统人性化升级，全面体现治理温度

精细化可视化服务标识的运用。加强收集和整理服务种类、服务时间、服务流程等公共服务设施信息，加强服务信息可视化处理。增强用户体验和包容性，交通标识导览体现人文关怀，解决色盲或色弱者的交通指示障碍，无障碍设计考虑残障人士的出行便利和心理健康状态。建立反馈机制，收集用户对可视化服务标识的意见和建议，及时改进和完善标识系统。城市标识导向系统融入智能化交通管理。城市标识导向系统辅助交通管理，减轻拥堵等交通状况。道路交通信息实时检测融入增强现实等技术，实现交通信息的实时反馈，为公众提供更加精准的交通信息服务。加强智能化区域停车诱导系统建设，利用多种数据传输方式实现停车管理智能化服务，缓解城市停车难题。不断扩大智能标识引导系统的范围，融入人工智能的城市大环境，提高城市管理智能化水平。智能化发挥"小修小补"服务点便民作用。扩容便民服务点，吸纳医疗卫生、文化服务等功能。利用智能化手段，通过物联网、大数据收集信息，以导视系统可视化呈现，实现公共服务设施的智能化管理和优化配置，提高资源利用效率，便于居民查找和使用。便民服务设施满足不同用户的需求和偏好，关怀公共利益，有利于保障民生，推动便利消费，拓展就业渠道，恢复和扩大消费，畅通城市经济微循环。

（四）建立居民参与的评价机制，提升服务质效

推进"一刻钟便民生活圈"建设评价体系建立。巩固全市社区基本便民商业服务功能全覆盖成果，结合"十四五"规划制定"一刻钟便民生活圈"建设计划，设计并完善"一刻钟便民生活圈"建设评价体系，鼓励居民参与，逐步建立以居民满意度为主的评价机制，化解公共政策实施过程中

的利益冲突和矛盾。制定差异化的设施配置标准。围绕公园绿地、体育健身、文化教育和生活服务，结合不同街区人口密度和服务设施使用率，综合考虑功能和服务水平，丰富服务设施。利用好城市更新、社区营造等手段，制定差异化设施配置标准，提升街区综合服务设施在功能区定位层面的贴合度。加强社区管理和服务，提高社区居民参与度。通过建立社区服务中心、招募社区公益活动家庭志愿者等，提高社区管理效率和服务水平。开展社区主题活动和日常宣传，提升居民的参与度和归属感。

（五）依托街区公共空间载体，系统提升街区功能品质

营造设施可达性高的街区环境。减少断头路，疏通微循环，形成连续街道网络，增加居民活动空间，打造步行友好环境。街区内建设自行车道，注重人车分流，提供社区共享设施，升级无障碍设施。沿街建筑布置多元业态，出台政策支持多层、高层住宅底层用作公共开放空间等。增活力、促繁荣，提升居住环境品质，形成街道消费活力空间。营造全龄友好的街区环境。老年人口比重高的社区服务考虑医疗养护、日常托管、家庭护理等需求，按标准配置综合为老服务中心、日间照料中心和老年活动室。针对婴幼儿比例偏高的情况，加强福利设施中儿童养育功能的基础保障，增加婴幼儿教养与托管设施。毗邻公立教学资源的街区，打造少年儿童"微空间"，提供美育和自然教育场所，规划独立学径，串联住宅、托育服务设施、儿童游乐和运动场地，形成儿童步行系统，增设看护人休憩设施。营造便于邻里交往的公共空间和街区环境。利用街区闲置建筑物内部空间改造成公共空间，如图书阅览室、咖啡馆或茶室、小型艺术展览厅等。通过开发建筑屋顶、地下空间建造"社区共建"花园或休闲运动区，为居民提供集聚场所，促进邻里之间的交流和互动。建立完善的物业管理机制，加强管理和服务。鼓励社会资本参与街区环境建设，共同推动以居民为主体、保留自身特色文化的街区环境的建设和发展。

B.21
从"工程思维"到"治理思维"：街道大片区更新的三里屯模式

北京工业大学北京城市更新研究课题组*

摘　要： 社区更新是城市更新的重要组成部分，也是城市更新的难点所在。传统的社区更新是一种"工程思维"，存在只见"物"不见"人"的局限，而"治理思维"则将社区更新视为一个围绕居民诉求展开的治理过程。三里屯街道的大片区更新模式是"治理思维"的生动展现，以街道党委政府为核心，以街道辖区为单元，从空间、主体、资金和软硬件建设等多方面总体统筹，有效激发社区经济活力、增强社区社会关联、提升社区文化内涵、密切社区干群关系，形成了系统化思维、动员式协商、针灸式疗法、多元化整合和一体化运营等多方面的经验启示，对于推进北京市社区更新具有重要借鉴意义。

关键词： 社区更新　基层治理　大片区更新　三里屯街道

随着我国城市发展由增量为主的时代进入存量为主的时代，城市更新在城市发展中的地位越来越重要。党的二十大报告提出"实施城市更新行动，加强城市基础设施建设，打造宜居、韧性、智慧城市"，《北京市国民经济

---

* 本研究系北京工业大学北京城市更新研究课题组的阶段性成果，执笔人：安永军，北京工业大学文法学部讲师、硕士生导师，北京社会管理研究基地研究人员，主要研究方向为城乡基层治理；陈锋，北京工业大学文法学部副主任、教授、博士生导师，北京社会管理研究基地研究员、秘书长，主要研究方向为城乡基层治理。

和社会发展第十四个五年规划和二〇三五年远景目标纲要》提出"推动城市建设发展由增量开发向城市更新转变"。实施城市更新行动，既是推动城市发展方式转型的必然要求，也是改善民生提升人民群众幸福感获得感安全感的重大举措，具有十分重大的意义。

以老旧小区改造为核心的社区更新是城市更新的重要组成部分，也是城市更新的难点所在。传统的社区更新是一种"工程思维"，即以工程建设为中心进行项目化的闭环管理。但是工程思维存在只见"物"不见"人"的局限，单纯强调工程施工，而忽视了居民之间的利益协商；单纯强调项目进度，而忽视了工程建设与居民需求的匹配性；单纯强调项目管理，而忽视了硬件设施的长效管理。上述局限不仅导致社区更新常常因为遭遇居民反对等意外因素的阻碍而进度缓慢，而且项目建成以后可能因为脱离群众需求而降低群众获得感。因此，必须走出"工程思维"，走向"治理思维"，将其放在基层治理的视野下重新审视，这既是提升社区更新实效的必然要求，也是提升基层治理水平的有效路径。

《国务院办公厅关于全面推进城镇老旧小区改造工作的指导意见》指出"坚持建管并重，加强长效管理"；《北京市"十四五"时期老旧小区改造规划》强调要"坚持以人为本，注重群众工作"；《北京市老旧小区改造工作改革方案》又进一步强调"先治理，后改造"，"健全老旧小区改造多方参与机制"。可以看到，从中央到北京市在推动老旧小区改造中越来越强调基层治理的重要性。

目前，北京市共有 2000 年以前建成的老旧小区近 4000 个，而全国同类小区数量据估计有 20 余万个[①]，北京约占全国的 2%，老旧小区总量较大。《北京市"十四五"时期老旧小区改造规划》提出到"十四五"末，力争完成 2000 年以前建成的老旧小区改造任务，任务十分艰巨。老旧小区改造面临着利益协商难、资金筹集难、居民参与难、长效管理难等挑战，为

---

① 董国群、姜涌、朱宁等：《城市更新中老旧小区改造的政策途径与案例研究——以北京地区为例》，《城市发展研究》2023 年第 5 期。

了应对这些挑战，北京市积极探索创新，形成了"劲松模式"和"首开经验"等典型经验。既有的经验探索主要集中在吸引社会资本参与上，在强调基层治理重要性的背景下，三里屯街道积极探索出街道大片区更新模式，实现了从"工程思维"向"治理思维"的思维迭代，具有重要的启示借鉴意义。

一　三里屯街道概况与社区更新的三重挑战

三里屯街道位于朝阳区西部，北起亮马河南路，南至工人体育场南路，西起春秀路沿线，东至东三环北路，辖区面积2.98平方公里，下辖幸福一村等7个社区。三里屯是北京更新迭代速度最快、最显著的地区之一，从京郊农村到服装汽配一条街，从服装汽配一条街到酒吧街，从酒吧街到国际时尚街区，其历史进程也是整个北京城市快速发展的缩影。近些年来，三里屯街道形成"一横两纵·双核联动"的发展结构，"一横"为工体北路，"两纵"为新东路和三里屯路，工体北路东、西两侧分布"太古里"和"新工体"两大商圈，沿线通盈中心、三里屯SOHO、世茂工三、永利国际等商业体与太古里、新工体呈现多点连片的空间格局，使街道辖区发展成为首都城市商圈地标、城市消费引擎、顶级文体名片和国际活力地带的典型示范区。在高品质首都建设的重要使命中，朝阳区将三里屯作为重点发展区域，提出打造"文化三里屯"的新命题，以文化创意改造升级城市空间，推动空间资源与文化资源相叠加，将三里屯打造成为国家文化产业创新实验区建设的重要文化地标和国家公共文化服务体系示范区后继建设的创新试验田。

三里屯街道还有大量的老旧小区错落分布在商圈周边，社区更新面临着三重挑战。一是老旧楼房总量大、楼龄长且产权复杂。三里屯街道有2000年以前的老旧楼房共计168栋，街道下辖的7个社区中，绝大多数都是老旧小区；其中20世纪60年代以前的楼房共计31栋、60年代的楼房7栋、七八十年代的楼房共计108栋、90年代以后的楼房22栋，仅90年代以前的楼房就占到老旧楼房总数的87%，楼龄普遍偏长；而老旧楼房的产权又非常复杂,其中央产楼房 60 栋、混产楼房 5 栋、市区属房屋 103 栋,最复杂的一栋楼房甚至包括 10 多个产权单位。

二是人口老龄化严重。第七次全国人口普查显示,三里屯街道常住人口为 32347 人,其中 60 岁及以上人口 8908 人,占比 27.5%,同第六次全国人口普查相比,60 岁及以上人口的比重上升 23.84%,其中中三里和东三里社区的老年人口占比最多,均超过 40%,人口结构的变化对于民生设施和公共服务的配套提出了新的要求,需要根据人口结构和需求及时调整配套公共服务。

三是公共服务短板突出。辖区内大量居住建筑群建设较早,民生服务设施配套并不健全,且由于商圈辐射未能覆盖周边常住居民民生需求等,面向本地居民的公共服务短板较为突出。根据住建部对完整社区的定义,每个完整社区需要具备托幼、养老、便民商业、医疗健康、社区综合服务、停车及充电等设施,而调研统计显示三里屯街道针对一老一幼的服务设施缺失较多,社区层级的卫生服务设施不足,便民商业业态不全,缺少家政、便民理发、维修等业态,部分基础公共服务,如社区图书馆等供给水平有待提升。

面对三重挑战,三里屯街道走出传统的"工程思维",转向"治理思维",充分发挥街道统筹作用,以街道为单元对社区更新进行总体统筹,探索出街道大片区更新模式,坚持以人民为中心,直面群众最关心、最直接、最现实的问题,实现法治、精治、共治"三治融合",努力把三里屯街道管辖区域打造成居住舒适、生活便利、整洁有序、环境优美、邻里和谐、守望相助的美丽家园,不断增强居民的获得感、幸福感和安全感。

二 三里屯街道大片区更新模式的实践探索

三里屯街道大片区更新模式超出单个项目、单个小区乃至单个社区的范围,以街道辖区为单元进行空间、主体、资金和软硬件建设等多方面的统筹,同时在每个项目的实施过程中,通过社会动员提升居民在设计、验收、维护等各个环节的参与度。

（一）整体推进实现全域空间统筹

三里屯街道超出单个社区的范围，将社区与社区、社区与街区联动起来进行空间上的全域统筹，将大中小型改造相结合进行多样化改造，从全局出发规划设计单个更新项目并分步实施，实现社区更新整体成效的最大化。一是大规模的社区综合整治，对于楼体老化严重且产权市区属的太平庄南里小区和幸福三村小区，申请专项进行综合整治，改造内容包括抗震加固、节能改造、管道改造、养老设施改造、无障碍设施补建、多层住宅加装电梯、增加停车位等。二是中等规模的公区改造，针对老旧小区市政配套设施自然老化缺失、公共服务缺项等问题，利用党政群共商共治项目在幸福二村社区、东三里社区东小区、南三里社区林产院小区、幸福一村社区 2 号楼等开展老旧小区改造，改造内容包括增加小区绿化面积、整修路面、增加休闲设施、规划增设停车位等，显著改善了老旧小区环境品质。三是零散点位的微改造，通过问卷调查、居民议事、上门走访等多种方式深入调研居民需求，在此基础上利用街道辖区内的闲置空间改造建设老年食堂、便民菜站、社区书吧等便民服务设施，补齐居民配套需求，目前已完成幸福一村和东三里两个社区的老年食堂建设工作，正在对中纺街站路北门面房 300 平方米、中纺东里甲 25 号楼 200 平方米、中纺里社区 35 号楼北侧平房 65 平方米等点位进行开发改造。

（二）以心换新完成多元主体统筹

政府、社区、居民、物业、企业是社区更新中的五个重要主体，居民由于人数众多且诉求分化，其公共参与水平较低，成为社区更新中的一个显著短板。三里屯街道坚持以人民为中心，在街道党委的领导下，把问计于民、问需于民、服务于民作为社区更新的出发点和落脚点，积极动员居民参与社区更新的全过程，打造政府、社区、居民、物业和企业共商、共谋、共建、共治、共享的"五方共治"社区治理共同体。一是街道统筹协调，由街道办事处处级领导亲自牵头成立了包含社区、社区办、诉求中心、城管办、执法队和实施企业在内的改造专班，统筹推动具体工作。二是社区群众动员，积极调动社区积极性，由其协调设计单位和物业企业等多个主体与居民对接，在改造前组织各方代表多次召开意见征询会，通过上门询问、发放问卷、张贴通知等途径，吸收居民意见形成初步设计方案，并通过网络直播形式进行宣讲。三是全过程追踪，在改造中期，社区干部每天坚持到施工现场调度，及时协调施工中出现的各类问题，根据居民意见对施工方案进行及时调整，最大限度减少项目施工对居民生活的干扰，在改造完成以后，及时收集居民意见反馈并进行迭代优化，通过前中后期全过程管理破解了小区居民意见不统一、利益不均衡、违建界定不清等难题。

（三）激活空间推进公共服务统筹

老旧小区由于建成时间较早、商圈辐射未能覆盖周边居民民生需求等，面向本地居民的公共服务短板较为突出，而"七有""五性"评估、一刻钟生活圈、完整社区和众享生活圈等上位政策，又明确提出了补齐公共服务短板的政策要求，社区更新因此成为补齐公共服务短板的重要路径。一是资源统筹，街道通过置换、调配等方式协调辖区内的低效和闲置空间2930多平方米，交由愿景集团进行统一改造和运营，规划建设老年食堂、社区便民菜站、社区书吧等便民业态，逐步补齐社区公共服务短板。二是智慧服务，开发设计"三里屯街道众享生活圈服务平台"移动应用小程序，包含设施展示、设施搜索、新增设施上报、活动展示、活动报名、小区画像"五性"评价和基础信息展示等功能模块，将公共服务基础信息数字化，大幅提升了公共服务的智慧化水平。三是为老服务，实施"里仁守望五社为老服务创新项目"，提高社区场地的运营效能，以"场地换服务"的模式，打造8个为老服务空间阵地，引入不少于40家外部专业为老服务组织，服务社区老人8000多人。

（四）多方筹措达成多渠道资金统筹

社区更新的资金投入较大，单纯依靠政府资金投入难以满足实际需求，为此三里屯街道积极扩展社区更新的资金来源，实现多渠道资金的有效统筹，具体包括以下四个资金来源渠道。一是市区综合改造专项资金，在全面摸底老旧小区情况的基础上，组织申报太平庄南里小区和幸福三村小区的综合改造项目并得到批准。二是区一级的党政群共商共治项目，该类项目重点在于统筹解决人民群众普遍关心的突出问题，而社区更新是群众关心的热点问题，因此也是该类项目的投入重点，项目资金来自街道和区两级政府，2023年共投入资金175万元。三是社会资金，三里屯街道将低效和闲置空间的运营权委托给愿景集团，换取后者在低效和闲置空间开发改造中的资金投入，目前，愿景集团共计已经投入自有资金350万元。四是居民缴纳资金，通过引进物业培养居民的缴费习惯，提升居民物业缴费率，减轻了政府的财政兜底负担。例如，在已经完成公区改造且改造效果得到居民认可的林产院小区，居民的物业缴费率已经达到了80%以上。

（五）片区接管做好软硬件建设统筹

社区更新不仅包括硬件空间建设，也包括有效运营和长效管理等软件建设，软硬件统筹才能实现改造效果的可持续和维护，而物业服务与基层社会治理紧密相连，是建立老旧小区长效管理机制的关键一环。一是鼓励居民成立自管会、物管会等自治组织，实现自我管理、自我教育和自我服务，幸福二村社区、南三里社区等社区党委借助小区改造的机会，在前期议事的基础上发现和培养积极分子，引导居民成立小区自管会，增强了居民参与小区管理的积极性。二是引入专业化物业企业进行片区接管，三里屯街道与愿景集团签订战略合作协议，由愿景集团正式接管北三里社区南楼西小区、南楼西北小区、幸福三村小区等22栋居民楼和幸福二村社区22栋居民楼，物业公司打破小区界限进行片区化管理，以片区为单元统一提供小区环境卫生清洁、绿化形象提升、安保等服务。通过引入专业物业公司实现更新与服务的有机结合：一方面，专业物业公司进驻能够与居民建立服务关系，在日常服务过程中提前摸底居民需求，协助街道和社区做好社区更新的硬件建设工作；另一方面，硬件建设为物业服务创造了良好的基础条件，显著提升了居民的获得感和幸福感，有利于拉近物业与居民的关系，提升居民物业缴费率。

三　三里屯街道的社区更新成效

（一）加速循环，激发社区经济活力

三里屯街道通过低效空间利用等方式为社区经济的发展提供空间支持，激发了便民生活服务、社区养老服务等社区经济业态的发展，加速了本地居民与本地企业和商户之间的经济微循环。老年食堂、便民菜站等便民业态的建设不仅提升了居民生活便利度，而且在运营上始终秉承"让利于民"的原则，价格更加亲民，在老年食堂老年人可以刷老年卡享受优惠，此外还为社区"两劳"人员等就业困难群体提供了就业途径。在为老服务方面，成立"颐老三里"养老服务联合体，依托养老机构专业运维团队，推行"平台+设备"的养老服务模式，使用"全过程居家养老服务平台系统"中的呼叫中心系统，以"易健呼"智能救助终端为依托，为老年人提供"紧急救援、日常照顾、家政服务、休闲娱乐、法律咨询、精神慰藉"等服务项目，实现地区养老、医疗及社区便民服务资源的深度整合。

（二）重建"附近"，增强社区社会关联

人类学家项飙指出现代社会有一种趋势就是消灭附近，人们"对于自己周边世界，没有那种要浸淫进去，形成一个叙述的那种愿望或能力"①。三里屯街道通过社区更新增设了多样化的便民服务点和公共空间，不仅能够为居民提供便利的生活服务和充裕的公共活动场地，而且还搭建了居民交往互动的社交触点，重建了居民与居民、居民与商户之间的"附近"，增强了社区社会关联。在对中纺街站路北 300 平方米门面房闲置空间的改造中，街道规划设计了中纺里美邻坊便民服务空间，包括社区书房、社区食堂、便民

---

① 《因疫情邻里关系重建而被"刷屏"引用的项飙和"附近的消失"到底说的是什么》，文汇网，https://baijiahao.baidu.com/s? id=1730450525073329241&wfr=spider&for=pc。

菜站等便民服务点，居民在阅读、就餐、买菜的过程中增加了和附近居民的互动机会，熟络了居民之间的感情，而商户则能够通过居民的口头反馈了解其需求，贴近居民需求提供有人情味的生活服务。小区改造建设的崭新的健身区和儿童娱乐区成为孩子们最喜欢的活动空间，为孩子们和家长们创造了社会互动机会，并且营造了欢乐和谐的小区环境氛围。

（三）植入艺术，提升社区文化内涵

三里屯街道在社区更新中，在补齐社区功能的同时，注重将艺术元素融入其中，对社区进行艺术化设计，让居民不用出门、不用花钱，在自家社区就能欣赏美丽的艺术品，增强社区美观的同时加强了社区美育，大幅提升了社区文化内涵，体现了三里屯"国际、时尚、创意街区"文化主基调。在艺术进社区的改造思路下，设计师在改造施工时运用了许多文化元素，对休息座椅、绿化花箱等进行艺术化设计；注重资源的循环利用，如对废弃的牛奶盒进行技术加工，将其应用于制作长椅，倡导环保和可循环利用；在长椅边设计扶手，方便老年人使用，体现出人文关怀；打造武安家苑中17楼等精品楼门，通过墙体手绘涂鸦等形式构建小区文化符号。小区改造过程中营造浓厚的艺术气息和人文气息，受到居民的普遍欢迎。

（四）贴近群众，密切社区干群关系

相信群众、依靠群众是群众路线的重要方面，三里屯街道在社区更新中始终贴近群众需求，组织居民共治共商达成有效共识，并在施工过程中根据居民意见进行动态调整，不仅提升了社区更新的改造成效，而且密切了社区干部与居民之间的干群关系。各个社区与愿景集团一道始终坚持三个100%，即宣传覆盖率100%、动员参与率100%、诉求反馈率100%，确保居民广泛知晓和广泛参与，尤其是针对居民存在疑惑或分歧的改造异议，社区给予居民充分表达意见的机会，在维护多数居民利益的前提下尽可能吸纳每个居民的个性化诉求，灵活调整改造方案并全面宣讲，争取得到大多数居民的认可。充分发挥党员先锋示范带头作用，为小区改造提供组织保障，如幸

福二村社区党委牵头建立 9 个老旧小区党支部，做到"一支部一阵地"，并以"居民活动中心"为阵地，吸纳 168 名党员志愿者参与各类文体、娱乐、互助活动，为小区增添新的活力。在深入开展群众工作的过程中，社区干部与居民的熟悉度不断提升，不仅让居民切实感受到社区环境品质的提升，而且还见证了社区干部深入一线热心为民的扎实作风，干群关系也变得日益亲密化。

四　三里屯街道大片区更新模式的经验启示

（一）系统化思维谋划街道全域更新一盘棋

街道是与居民距离最近的最基层政府，一方面，各个部门自上而下的政策要求在街道一级汇聚；另一方面，居民的需求自下而上地向街道表达和汇总，要实现政策要求与居民需求的有效对接，必须充分发挥街道的统筹作用，将二者有机统一起来。由于老旧小区的集中性，社区更新必然是一个长期的过程，为此必须具有系统思维，以街道为单元建立社区更新的总体规划和行动路径，将人居环境改善、公共服务配套、小区长效治理、区域活力释放等多重目标统合起来，将社区更新与街区更新联动起来，统一谋划街道全域更新一盘棋。

（二）动员式协商寻找居民意见最大公约数

在社区更新中，居民意见存在分化甚至对立，完全基于自发的居民协商可能因为少数居民的反对而陷入少数决定多数的僵局，在这种情况下，社区的作用不仅在于为居民参与提供平台，更在于对居民意见的有序引导，在充分发扬民主的基础上实现集中，通过群众动员引领居民找到最大公约数，从而提升居民协商的效率。动员式协商的关键是社区自上而下的群众动员，既要有民主更要有集中，充分发扬民主集中制优势才能达成有效的集体行动。而社区要实现有效的群众动员，必须坚持公平公正的原则，坚持"一把尺子量到底"，坚定地站到多数群众的利益方，才能得到多数居民发自内心的认可，并且对少数反对的居民也要深入开展思想动员，两方面着力才能够实现居民意见的统一。

（三）针灸式疗法扩展公共服务最大化范围

老旧小区的公共服务短板比较突出，但是补齐公共服务短板又面临着空间资源有限的约束。街道辖区内的闲置低效空间面积有限，而且布局分散，与居民的需求点位也不完全一致。在这种情况下，超出社区的范围，在街道范围内统一调配资源，统一配置公共服务，通过全面梳理街道辖区内的低效空间资源和对低效空间的微改造，见缝插针式地扩大公共服务供给，实现公共服务的跨社区共享，扩展了公共服务最大化范围。

（四）多元化整合汇聚体制内外碎片化资金

政府财政资金是社区更新的主要资金来源，但财政资金投入与社区更新的需求相比仍然存在很大缺口，资金问题因此也成为社区更新所面临的一个难点问题。三里屯街道通过多元化整合的方式整合财政资金和社会资金，使各个渠道的碎片化资金发挥出最大化合力。一是大中小项目同步进行减轻资金压力，涉及建筑本体改造的综合整治项目资金需求大，主要依靠政府专项财政资金，而公共空间及配套设施改造所需资金低于建筑本体改造，主要依靠党政群共商共治项目资金，低效空间的改造则是散点式的微改造，主要依靠社会资金，通过大中小结合并优先改造周期短、见效快、耗费少的空间要素，缓解财政压力。二是积极动员社会力量，将低效空间运营权委托给愿景集团进行长效运营，换取愿景集团对低效空间改造的资金投入，引进物业公司从物业费入手逐步培养居民的缴费意识，逐步落实"谁受益、谁出资"原则，引导居民自主出资参与社区更新。

（五）一体化运营引入社会力量全流程服务

三里屯街道与愿景集团签订战略合作协议，愿景集团除了物业片区接管服务以外，还提供项目咨询、投资、设计、建设、运营等方面的服务，其服务范围覆盖了社区更新的整个流程，实现社区更新的一体化运营。一方面，一体化运营实现了各个环节的有效衔接，提升了整体运营效率，由于社区更新的专业性，政府需要一个既懂工程设计又懂运营管理的全能型服务团队，这样才能够在前期策划阶段就为后续的工程实施、空间运营、社区治理打下坚实的基础；另一方面，一体化运营也能有效避免多个企业同时参与所产生的企业间协同问题，政府与一家全能型企业对接，大大节约了统筹成本，能够提升政企间的合作效率。

五　完善街道大片区更新模式的对策建议

（一）推动文化艺术与社区更新有机融合，全力提升街区文化内涵

一是打造"全域美术馆"。与专业艺术机构合作，在符合城市规划的前提下，在街道全域范围内选取可利用的市政闲置空间，通过艺术装置陈列、艺术展览、艺术活动等形式，打造公共艺术空间，串点成线成为精品观光休闲路线，营造丰富多元的艺术环境。二是打造活态公共空间。利用楼道、停车棚等公共空间，与社区历史相结合引入或设计文化展览活动，将艺术元素植入居民日常生活，提升社区文化内涵与居民美育水平。

（二）推动老旧小区与周边商圈共生共荣，实现全域高质量发展

一是发动企业募捐建立社区更新公益基金。为了拓展社区更新的资金来源，在街道层面建立社区更新公益基金，通过企业募捐等形式筹集资金，用于商圈周边老旧小区更新，拓展企业履行社会责任的途径，同时加强社区更新的资金保障。二是加强商圈与社区间的统筹协调。在保持和彰显三里屯商圈特色的前提下，积极推动老旧小区改造，综合提升常住居民的居住和生活品质，加强商圈党委与社区党委的有效协同，通过组织共建、资源共享、发展共谋，推动商居一体化发展。

（三）坚持党建引领多方共治与居民协商，破解社区更新共性难题

一是协调央产房产权单位资金推动混合产权小区整体改造。三里屯街道的混产楼房和小区数量较多，由于老旧小区改造财政资金无法覆盖央产房楼栋，混合产权小区的改造无法整体推进，造成居民不满，为此应积极协调央产房产权单位出资，结合财政资金整体推进混合产权小区的改造更新。二是加强与上级主管部门的协调提升国企物业企业服务质量。对于部分国企物业企业进驻但只提供兜底服务的老旧小区，由于物业企业享受财政补贴而不愿退出，服务质量更优的物业企业也难以进入，应通过"吹哨报到"机制加强与物业企业上级主管部门的协调，督促其提高物业服务质量或退出物业服务。

Abstract

This book is the research result of the 2022 – 2023 research group of Beijing University of Technology. It is divided into six parts, including the general report, special reports, people's well-being reports, social governance reports, social structure reports and urban renewal reports. Based on the statistical data released by the Beijing Municipal Committee of CPC and the Beijing Municipal government and relevant departments and the research and observations of the members of the research group, the reports analyzes the main achievements and problems in Beijing's society-building in 2022, and puts forward policy suggestions for the next step of Beijing's society-building.

In 2022, Beijing will adhere to the general tone of seek improvement while maintainingstability, take the development of the capital in the new era as the guide, coordinate economic and social development, effectively promote the improvement of people's livelihood, continue to promote the "Qi you" and "Wu xing", and continuously improve the quality and increase of public services. It adhere to party building leading innovation in social governance, digital platforms enable the construction of smart cities, and voluntary services highlight the vitality of urban development. There are still some challenges in Beijing's society-building, public services need to be further improved, and social governance reform needs to be further deepened. In the future, Beijing need to put the people first, focus on the public demands of the citizens, continue to promote the construction of the public service system, and actively promote the modernization of the capital's governance system and governance capacity.

Keywords: Social Construction; People's Livelihood; Social Governance; Social Services; Urban Renewal

Contents

I　General Report

B.1　Report on Beijing's Social Construction in the Process of
　　　Chinese-style Modernization

Chen Feng, Gui Qiming and Xu Yuexin / 001

Abstract: In the process of Chinese-style modernization, Beijing adheres to the general tone of seeking progress while maintaining stability, takes the development of the capital in the new era as the command, continues to efficiently coordinate epidemic prevention and control and economic and social development, adheres to the "five children" linkage service and integrates into the new development pattern, and strives to stabilize the macro economic market. In 2022, Beijing's economy has risen steadily, effectively promoting the improvement of social and people's livelihood, continuously improving the quality and increment of public services in the fields of education, employment, medical care, urban renewal for the elderly, protection for vulnerable groups, and cultural construction, leading social governance innovation by party building, empowering smart city construction with digital platforms, and highlighting the vitality of urban development through volunteer services. At present, there are still some problems and challenges in Beijing's social construction, and it is still necessary to further improve the supply capacity of public services in key areas such as education, pension and urban renewal, and the reform of social governance in mega-cities needs to be further deepened. In the new era, Beijing's social construction still needs to attach importance to the public demands of citizens, continuously promote the modernization of the public service system, adhere to the people-centered approach, and actively promote the modernization of the capital's governance system and governance capabilities.

Keywords: Social Construction; Public Service; Social Governance; Chinese-style Modernization

II Special Reports

B.2 Thoroughly Study and Implement Guiding Principlesof the

Party's 20th Congress, Promoted the High⁻Quality

Development of Society⁻Building and Civil Affairs in

Beijing With the the Best Standard   *Xu Zhijun* / 021

Abstract: The year 2022 is an extremely important year in the history of the Party and the country. Over the past year, Beijing social construction and civil affairsdepartment always adhere to Xi Jinping thought of the new era of socialism with Chinese characteristics as guidance, to meet the service the party's "20" victory and publicity and implement the party of the spirit of "20th congress" as the main line, in-depth implement the city of the 13th party congress spirit, according to the municipal party committee work deployment, around the center, service, adhere to the "civil affairs for the people, civil affairs love people" concept, to protect the people's livelihood, hold the bottom line, Relief emergency and poverty, promote stability, speed up the sound social assistance system, strengthen the construction of pension service system, and innovate grassroots governance. all task were accomplished. Next year, Beijing society-building and civil affair administration system to further study the implementation of the party's "20th congress" spirit, focus on strengthening the overall leadership of the party, actively cope with population aging national strategy, promoting common prosperity, development process of people's democracy and other major strategy, Overall planning , hard to implement them. comprehensively promote vivid practice in the capital field of society-building and civil affairs form. of Xi Jinping thoughts of socialism with Chinese characteristics in new era.

Keywords: Social Construction; High-Quality Development; Beijing

B.3 ComparativeStudy on Society-building of Beijing and Overseas Developed Cities

Yang Baoshan, Qiu Weiwei, Liang Yan, Liu Jun and Zhang Zehua / 030

Abstract: Society-building is an important part of the overall layout of promoting economic building, political building, cultural building, social building and ecological civilization building. Since the 18th National Congress of the Communist Party of China, General Secretary Xi Jinping has attached great importance to social construction and made a series of important statements on Society-building, providing fundamental guidance for us to do a good job in Society-building in the new era. In order to accelerate the new era of Beijing Society-building of high quality development, this paper from the analysis of the concept and connotation of Society-building, in-depth comparative study of Beijing and Europe and the United States and other developed cities social construction index data, focusing on the gap and the insufficiency, summarize experience, put forward the idea of strengthening the construction of Beijing society and countermeasures.

Keywords: Society-building; People's Livelihood and Wellbing; Beijing; Oversea Developed Cities

III Social Well-being

B . 4   Analysis of "Double Reduction" Policy Practice And Parents'

Dilemma Colliding In Beijing

Li Sheng , Nan Hantong and Zhang Yangyang / 054

Abstract: In the process of promoting Chinese-style modernization, it is very important to develop fair and qualified education. The "Double Reduction" policy and subsequent policy practice introduced in 2021 are aimed at ensuring fair and qualified basic education, and guaranteeing that education better serves students' knowledge learning, quality-oriented cultivation and healthy growth. After studying the practice of the "Double Reduction" policy in Beijing, it is found that the current "Double Reduction" policy has been promoted in an orderly manner, and has achieved obvious results in the governance work carried out by various market-oriented off-campus education and training institutions. However, the "shadow education" of off-campus education and training is still flowing under the surface and turning to a more hidden development mode. The report pointed out that the negative feedback of parents to the practice of the "Double Reduction" policy, the anxiety of group education in the parent social network and the ongoing investment in hidden after-school tutoring have become the practical difficulties in the implementation of the " Double Reduction" policy. To this end, the report suggests that the society is required to introduce continuous practical exploration in alleviating parents' anxiety about group-oriented education , establishing a benign educational atmosphere and enhancing the fair sharing of high quality educational resources.

Keywords: "Double Reduction" Policy; Shadow Education; Educational Anxiety; Family Education; Fair Sharing

B.5 Research Report on the Progress and Countermeasures of

Affordable Rental Housing in Beijing   *Li Junfu , Li Jing* / 067

Abstract: Accelerating the development of affordable rental housing and expanding the effective supply can strengthen the structural weak links in the housing rental market and promote the solution of prominent housing problems. As a megacity, Beijing has a large demand for rental housing, and the development of affordable rental housing is of great significance in solving the housing difficulties in the capital. This paper uses literature research and field research to analyze the progress of affordable rental housing in Beijing. The research has found that the construction of affordable rental housing in Beijing is raised in large quantities, with good management and operation in the later period, and the supporting facilities are relatively perfect, but at the same time, there are some deficiencies. Based on the new development stage, the development of affordable rental housing in Beijing should pay attention to promoting a more balanced and reasonable supply structure, reasonable regulation of location construction, guide the multi-subject supply and multi-channel guarantee, and speed up the introduction of corresponding detailed rules.

Keywords: Affordable Rental Housing; New Citizens; Youth

B.6 Study on Slow Traffic Situation in Beijing

Li Chenyu , Li Jiajun and Shi Chao / 087

Abstract: With the rapid growth in the number of motor vehicles in Beijing, the city's traffic has become seriously congested. Relying on public transport alone to ease the pressure on urban transport is no longer suitable for Beijing. The Beijing Municipal Government has put forward the development concept of "giving priority to slow-moving transportation and greening" to build a pedestrian-friendly and bicycle-friendly city. This report finds through the questionnaire method and observation method that public transport combined with slow-moving transportation travelling has become the most important travelling choice for Beijing residents. The conflict with the right of way of motor vehicles has become the core problem affecting residents' slow-moving traffic travel. Therefore, Beijing should develop slow-moving transportation in four aspects: guaranteeing the right of way for slow-moving traffic, improving the space for slow-moving traffic, creating a cultural atmosphere for slow-moving traffic, and co-operation among various government departments.

Keywords: Urban Transport; Slow Traffic; Beijing

B.7　Investigation on Community Volunteer Service of the

　　　　Elderly in Beijing

　　　　—*Analysis from the perspective of active aging*

Yang Guihong, Liang Yingrong / 104

Abstract: With the deepening of population aging in Beijing, the positive view of aging has become the main value to cope with population aging. The participation of elderly people in volunteer services is not only a development strategy of positive aging, but also a response to the innovation of social elderly services, which makes the elderly population a new social human resource and promotes the realization of social benefits for the elderly themselves, their families and society. Through interviews with senior volunteer service teams and community workers in several communities in Beijing, this study looked into the current situation and existing problems of community volunteer service for senior citizens in Beijing, and put forward feasible opinions and suggestions on community volunteer service for senior citizens.

Keywords: Positive Aging; Elderly Volunteer Service; Community Elderly Care

B.8 Research on the Influence of Outpatient Mutual aid
Reform of Employee Basic Medical Insurance on
Residents' Sense of gain in Beijing

Wang Min, Fang Chen / 117

Abstract: Since March 2022, Beijing has launched outpatient mutual aid and the reform of medical insurance personal accounts for employees, and began to implement new policies. In order to take the pulse of the sense of gain of Beijing employee health insurance participants on the reform of outpatient mutual aid and personal accounts, and clarify the underlying logic of the reform, this study is based on the basic situation of Beijing, collects micro data through questionnaire survey, and analyzes the subjective satisfaction and sense of gain between generations (retired and working population) and different groups (groups with different health level). The results showed that the subjective evaluation of policy parameter changes, such as the abolition of the cap line, family solidarity, the decrease in the amount of personal account transfer, and the targeted use of personal account funds, varied greatly among different groups, and were significantly affected by factors such as on-the-job/retirement and whether the main economic source was salary/pension. Through macro data and theoretical reflection, the study believes that the structural defects of personal accounts force the reform process, and the systematic integration of medical insurance, medical care and pharmaceutical reform policies through stock reform is the underlying logic of the medical care reform. The paper proposes policy reflections: Firstly, medical insurance involves complex groups, and the impact of reform on the sense of gain of different groups should be viewed objectively; Secondly, the government needs to effectively undertake its regulatory responsibilities and beware of "moral hazard" after the reform plan is implemented; and finally, strengthen the effectiveness of the reform of supporting measures, and further explore the implementation of family mutual aid for insured employees.

Keywords: Basic Medical Insurance for Employees; Outpatient Mutual Aid; Personal Account of Medical Insurance; Beijing

B.9 Report on the Support and Cultivation of Disability
Assistance Social Organizations by Beijing
Disabled Persons' Federation

Tang Mingying, Cheng Yaowu, Wu Ting and Li Jun / 136

Abstract: Disability assistance social organizations are an important force in expanding the supply of public services and serving people with disabilities, and are the main carriers for improving the service system for caring for people with disabilities. This article systematically summarizes the efforts of the Beijing Disabled Persons' Federation to implement the deployment of the central and municipal party committees and governments to strengthen the construction and management of social organizations, and to support and cultivate Disability assistance social organizations in areas such as political guidance, policy support, project support, talent cultivation, and brand creation. In response to the current problems in the management of disability assistance social organizations, such as the need to improve service capabilities, difficulties in organizational development, and insufficient support and supervision methods, this paper proposes countermeasures and suggestions to promote the healthy and orderly development of disability assistance social organizations in the city from the perspectives of strengthening party building guidance, cultivating support, and self construction.

Keywords: Disabled Persons; Social Organizations; Support and Cultivation; Beijing

社会建设蓝皮书

Ⅳ   Social Governance

B . 10   The Practical Enlightenment of "Submission of Group
Evaluation" in the Reform of "Handling Complaints
Immediately" and Combining Rural Autonomy,
Rule of Law and Rule by Ethics
—*Taking Pinggu District in Beiging as an Example*

Chen Feng / 149

Abstract: At present, the people-centered development ideas have become increasingly becoming the logic of leading grassroots governance. Public complaints have been processed without delay in Beijing is to continuously promote the transformation from inverted governance to autonomy governance. This study takes the work of "Submission of group evaluation" in the reform of "handling complaints immediately" in Pinggu District, Beijing as an example to explore the mechanism for party building to lead diversified subjects to participate in social governance. Studies have found that through the organizational embedding of the subject, the socialization of acquaintances of the governance units, the privileged privatization of governance rules, and interactive interaction of governance mechanisms have shaped the practical mechanism of the rural governance system in the new era . And the source governance provides important guarantees. The practical mechanism provides important guarantees for systematic governance and source governance. "Submission of group evaluation" has important policy enlightenment significance for the deepening of the reform of "handling complaints immediately", Its core lies in emphasizing the subjectivity of people's participation, the autonomy of grassroots governance, and the systematization of combining rural autonomy, rule of law and rule by ethics.

Keywords: Handling Complaints Immediately; Submission of Group Evaluation; Integration of Autonomy, Rule of law and Rule by Ethics

B.11 Research on the Participation of Owners Committee in the Old Communities Governance in Beijing

Cao Feilian, Zhang Chenyi / 164

Abstract: The owners committee is the main organizational form of owners autonomy. Studying the path of the participation of owners committee in community governance can promote the realization of owners autonomy. The article focused on the key problem of the difficulty to reach consensus and take joint actions in the governance of old communities in Beijing, proposed solutions from the theoretical perspective of social capital, and analyzed the current operating status and role of owners committees participating in community governance. The article discussed how to use internal and external social capital to promote the joint action of all owners and other community governance subjects in solving community problems. At present, owners committees still have difficulties in participating in community governance, such as loose organizational structure, lack of norms in the operation process, and insufficient bridging social capital. In the aspect of organizational construction, the improvement measures of cultivating internal operation norms, strengthening supervision of owners committees and cultivating owners public spirit are put forward. In terms of the construction of the external environment, the authors put forward suggestions to promote the cooperative relationship between the owners committee and the neighborhood committee, cultivate the cooperative relationship between the owners committee and the property, and deepen the communication and trust between the owners committee and the owners.

Keywords: Owners Committee; Social Capital; Community Governance; Property Management

B . 12 Study of Common Property Rights Housing Community
Governance Effectiveness *Li Qi* / 177

Abstract: After 15 years of development, common property rights housing
has been identified by the State Council as one of the three pillars of the affordable
housing system. However, the regional divergence and security or developmental
debates of the policy objectives remain high. Policy pilots' experience which can be
promoted is urgently needed with research support. Beijing has been the national
pilot of Common property rights housing policy since 2014, accumulating plenty
of experience on community governance of common property rights housing. This
study investigates the community governance as the common property rights policy
effects in Beijing. Through the documentary method and field Investigation, this
study finds out there is a loss of welfare in field of community governance. In other
words, the limitation of community governance ability damages the residents'
satisfaction. The common property rights housing policy in Beijing is the
development type affordable housing policy, forming the structure of community
neighborhood and responsibility, which makes the community governance more
difficult. The unified policy learning and anticipation are lack during the policy
debugging period. The construction of a jointly governed, shared and jointly built
governance platform could reduce the welfare loss, to further enhance the common
property rights housing residents' sense of contentment and happiness.

Keywords: Common Property Rights Housing; Affordable Housing Policy;
Community Governance; Social Integration

B . 13 Residents' Preferences and Optimization Recommendations for
Policy Instruments in Beijing's Municipal Solid Waste
Classification Policy *Guo Shihong , Yang Nana and Li Yang* / 190

Abstract: The selection of policy instruments considering residents' preferences holds significant practical importance in effectively implementing urban municipal solid waste classification policies and realizing the implementation of two key "small matters" in Beijing. This study combines questionnaire surveys and in-depth interviews to analyze Beijing residents' preferences for four categories of waste classification policy instruments from an intergenerational perspective. The policy types primarily include authoritative instruments, incentive instruments, informational instruments, and capacity-building instruments. Among them, residents exhibit relatively higher acceptance of capacity-building instruments and relatively lower acceptance of informational instruments. Support for incentive instruments is relatively high, while support for capacity-building instruments is relatively low. Intergenerational groups, including young, middle-aged, and elderly groups, demonstrate differentiated preferences for the four types of policy instruments, with varying degrees of inconsistency between knowledge and behavior, particularly regarding informational instruments and capacity-building instruments. Further analysis reveals that authoritative instruments have not effectively exerted their constraining role, incentive instruments have not been adequately aligned with policy attributes, informational instruments have not clearly conveyed policy signals, and capacity-building instruments have not effectively promoted voluntary action. Based on these findings, the government's selection of policy instruments for municipal solid waste classification needs to fully consider the preferences of each generational group, clearly convey policy signals regarding waste classification, leverage the constraining role of negative incentive instruments, and enhance residents' capacity for voluntary action.

Keywords: Ecological Governance; Zero-waste City; Policy Implementation; Policy Compliance; Behavioral Science

B.14　Report on the Progress of Social Workstations

　　Construction in Beijing　　　*Ju Chunyan*, *Bao Zhihui* / 209

Abstract: The construction of social workstations is one of the important tasks in current grassroots social governance in China. Beijing attaches great importance to the improvement of the modernization level of grassroots governance. After more than two years of development, the construction of social workstations in various street communities (townships) in 16 districts of Beijing has achieved initial results. The characteristics of institutionalized and systematic construction are obvious, and there is still room for improvement with experience and achievements. Only by balancing the long-term development of social work talents and streamlining and improving the operational mechanism can we better support the future development of social work stations.

Keywords: Social Workstations; Grassroots Governance; Serving the People; the Last Meter

B.15　An Empirical Study on Community Charity Promoting

　　Grassroots Governance in Beijing　　*Yang Rong*, *Wang Yue* / 220

Abstract: In the process of modernizing Beijing's grassroots governance system, the development of community charity is conducive topromoting the construction of "Charity Beijing". In the process of community charity development, problems such as insufficient charitable resources, residents' indifference to charity awareness, and inadequate charitable services will be encountered. Community foundations are an important form of community charity, which can effectively integrate social forces, improve service quality, meet the needs of residents, and help grassroots governance by cultivating service projects, developing community resources, introducing professional talents, and enhancing social mobilization

Keywords: Community Charity; Community Foundations; Grassroots Governance

B. 16   Discussion on the Experience and Countermeasures of

Beijing Social Organizations Participating in

Community WasteSorting

Xing Yuzhou, *Li Tao and Yang Daimao* / 234

Abstract: Discussion on experience and countermeasures of Beijing social organizations participating in community Waste sorting Empowering social organizations to grow and promoting social innovation plays an important role. This report is based on the Green Edge Program funding project jointly launched by Vanke Public Welfare Foundation and Beijing Collaborator Social Work Development Center, and its practice. From the perspective of social organization empowerment funding and supportive social organization development, it analyzes the operating experience of the project and proposes corresponding policy recommendations.

Keywords: Social Organization; Community Sustainable Environment; Funding; Empowerment

V   Social Structure

B. 17   Analysis on Household Consumption of Beijing in 2022

Zhao Weihua, *Wang Zihao* / 245

Abstract: Based on data from the Beijing Municipal Bureau of Statistics and other sources, this article analyzes the households consumption situation in Beijing in recent years, especially in 2022. The study found that the consumption level of

Beijing residents has fluctuated and declined in recent years, and the consumption tendency of residents has continued to decline. The trend of consumption recovery has not been as expected since 2023. In 2022, there have been new changes in the consumption structure due to the impact of the epidemic and policies, such as an increase in the Engel coefficient and a decrease in the proportion of education consumption. Residents' consumption is affected by Consumer confidence, income, employment, social security and other factors. The epidemic has led to fluctuations in residents' Consumer confidence, and more rational consumption; Slow income growth and widening disparities affect the improvement of residents' consumption ability, while employment difficulties affect residents' consumption expectations and enhance consumer risk awareness; Insufficient social security and significant consumer pressure have hindered residents' consumption. Finally, it is pointed out that both stimulation and cultivation are important to expand the consumption. Four policy recommendations are proposed to promote residents' consumption, namely, focusing on expanding employment and paying attention to the employment issues of key groups; Take multiple measures to effectively increase the income of middle and low-income groups; Strengthen social security and public services to promote the upgrading of residents' consumption reasonably; Taking the construction of an international consumption center city as an opportunity to release greater consumption vitality.

Keywords: Household Consumpiton; Expand Consumption; Beijing

B.18 Report on the Employment Changes of Landless

Peasants in the Process of Urbanization

Song Guokai, Chen Yilin / 261

Abstract: The most arduous and heaviest task still lies in rural areas, and the most prominent weakness is still the modernization of agriculture and rural areas, if Beijing should take the lead in achieving socialist modernization basically and be at the forefront of the country. The findings are: ①the connotation of rural area has changed a lot; ②the employment of landless peasants has changed greatly; ③The overall employment of landless peasants is mainly focused on the service industry. ④employment channels are uneven and insufficient yet, by the survey of 5 villages in 3 districts such as Chaoyang district etc. and analysis of urbanization perspective. It reflects the uneven and insufficient development of spatial urbanization in Beijing. It will last a considerable period of time that landless peasants work in the field of the service industry, such as cleaner, security guards and so on. The new problems appear after the peasants lost their land as time goes on and the report provides the suggestions.

Keywords: Urbanization; Rural Area in Beijing; Landless Peasants; Occupational Differentiation

Ⅵ   Urban Renewal

B.19   China's Urban Renewal: Researching Beijing's
Renovation of Old Residential Communities

Ge Ling, Ma Wanting / 275

Abstract: China's "14th Five-Year Plan" will implement the urban renewal actions for better quality of cities and living. Then Beijing issued the "Beijing Urban Renewal Regulations", which include renewing and refining the functions of old residential areas through the reconstruction and rebuilding of the old residential communities and buildings. Beijing has seen progress and developments after years' exploration, therefore this report analyses secondary data collected by the National Housing and Urban-Rural Development Department, conducts case studies and interviews, explores how Beijing has accomplished the the renovation of old residential communities since the "12th Five-Year Plan" and what are their experiences and challenges. It finds out that Beijing has sorted out a comprehensive renovation and innovation strategy in old residential communities through improving renovation laws and regulations, encouraging multi-stakeholders' participation, and changing renovation concepts, participants, approaches, and models. However, this report also recommends three aspects to be improved: first, it is core to study the values behind the changing renewal policies so as to promote value-based and operational policies effectively. Second, it is necessary to expand funding sources and encourage sustainable ways of social participation. Third, it is important to take further steps to include residents into the whole-process participation, so as to achieve higher quality urban development.

Keywords: Renovation of Old Residential Community; Urban Renewal; Beijing

B. 20 Research on Ways to Improve Comprehensive Service Function at Neighborhood Level under the Background of Deepening "Relocation, Regulation and Betterment"

Zhu Xinglong, Wang Yunyun and Su Liqiang / 293

Abstract: Better city makes better life, and neighborhoods provide important spaces for citizens to live, work, study, and feel the temperature of the city. Beijing has carried out two consecutive rounds of the special campaign of "Relocation, Regulation and Betterment", which has achieved positive results in optimizing the functions of the capital, improving the quality of the city, and making citizens' lives more convenient. In the context of deepening a new round of the special campaign, it is of great significance to improve the comprehensive service functions at neighborhood level and improve the quality and efficiency of the campaign. Through on-the-spot research, questionnaire surveys, expert forums and literature review etc., this paper comprehensively analyzes the functions of different circles of the city, the status quo of service allocation and the needs of citizens, with an eye on evaluating how the functions of the neighborhoods are adapted based on citizens' needs, and addresses the lack of vitality and varieties in some neighborhoods, as well as some other problems. As a way to improve convenience in the community and enhance comprehensive service functions, and continuously enhance the people's sense of gain, happiness and security, this paper suggests that we should adhere to the combination of government guidance and market mechanism, apply digital technology to empower the construction of smart convenient business service, improve the evaluation system of residents' participation, integrate the supply of public service facilities, and create high-quality public spaces.

Keywords: Relocation, Regulation and Betterment; Neighborhood Function; Convenient Service

B.21 From "Engineering Thinking" to "Governance Thinking": The Sanlitun Model for Street Large Area Renewal

Research Group of City Renewal of Beijing University of Technology / 314

Abstract: Community renewal is an important component of urban renewal and also the difficulty of urban renewal. Traditional community renewal is an "engineering thinking" that has the limitation of seeing only "things" but not "people", while "governance thinking" sees community renewal as a governance process centered around residents' demands. The large area renewal model of Sanlitun Street is a vivid manifestation of "governance thinking", with the street party committee and government as the core, and the street jurisdiction as the unit, overall coordination is carried out from multiple aspects such as space, subject, funds, and software and hardware construction, effectively stimulating community economic vitality, enhancing community social connections, enhancing community cultural connotation, and strengthening community cadres and masses relations. It has formed the experience enlightenment of systematic thinking, mobilization consultation, acupuncture and moxibustion therapy, diversified integration and integrated operation, which has important reference significance for promoting community renewal in Beijing.

Keywords: Community Renewal; Grassroots Governance; Large Area Renewal; Sanlitun Street

皮书

智库成果出版与传播平台

❖ 皮书定义 ❖

皮书是对中国与世界发展状况和热点问题进行年度监测，以专业的角度、专家的视野和实证研究方法，针对某一领域或区域现状与发展态势展开分析和预测，具备前沿性、原创性、实证性、连续性、时效性等特点的公开出版物，由一系列权威研究报告组成。

❖ 皮书作者 ❖

皮书系列报告作者以国内外一流研究机构、知名高校等重点智库的研究人员为主，多为相关领域一流专家学者，他们的观点代表了当下学界对中国与世界的现实和未来最高水平的解读与分析。截至 2022 年底，皮书研创机构逾千家，报告作者累计超过 10 万人。

❖ 皮书荣誉 ❖

皮书作为中国社会科学院基础理论研究与应用对策研究融合发展的代表性成果，不仅是哲学社会科学工作者服务中国特色社会主义现代化建设的重要成果，更是助力中国特色新型智库建设、构建中国特色哲学社会科学"三大体系"的重要平台。皮书系列先后被列入"十二五""十三五""十四五"时期国家重点出版物出版专项规划项目；2013~2023 年，重点皮书列入中国社会科学院国家哲学社会科学创新工程项目。

权威报告·连续出版·独家资源

皮书数据库
ANNUAL REPORT(YEARBOOK) DATABASE

分析解读当下中国发展变迁的高端智库平台

所获荣誉

- 2020年，入选全国新闻出版深度融合发展创新案例
- 2019年，入选国家新闻出版署数字出版精品遴选推荐计划
- 2016年，入选"十三五"国家重点电子出版物出版规划骨干工程
- 2013年，荣获"中国出版政府奖·网络出版物奖"提名奖
- 连续多年荣获中国数字出版博览会"数字出版·优秀品牌"奖

皮书数据库

"社科数托邦"
微信公众号

成为用户

登录网址www.pishu.com.cn访问皮书数据库网站或下载皮书数据库APP，通过手机号码验证或邮箱验证即可成为皮书数据库用户。

用户福利

- 已注册用户购书后可免费获赠100元皮书数据库充值卡。刮开充值卡涂层获取充值密码，登录并进入"会员中心"—"在线充值"—"充值卡充值"，充值成功即可购买和查看数据库内容。
- 用户福利最终解释权归社会科学文献出版社所有。

数据库服务热线：400-008-6695
数据库服务QQ：2475522410
数据库服务邮箱：database@ssap.cn
图书销售热线：010-59367070/7028
图书服务QQ：1265056568
图书服务邮箱：duzhe@ssap.cn

社会科学文献出版社 皮书系列
SOCIAL SCIENCES ACADEMIC PRESS (CHINA)

卡号：447655754628
密码：

S 基本子库
SUB DATABASE

中国社会发展数据库（下设 12 个专题子库）

紧扣人口、政治、外交、法律、教育、医疗卫生、资源环境等 12 个社会发展领域的前沿和热点，全面整合专业著作、智库报告、学术资讯、调研数据等类型资源，帮助用户追踪中国社会发展动态、研究社会发展战略与政策、了解社会热点问题、分析社会发展趋势。

中国经济发展数据库（下设 12 专题子库）

内容涵盖宏观经济、产业经济、工业经济、农业经济、财政金融、房地产经济、城市经济、商业贸易等 12 个重点经济领域，为把握经济运行态势、洞察经济发展规律、研判经济发展趋势、进行经济调控决策提供参考和依据。

中国行业发展数据库（下设 17 个专题子库）

以中国国民经济行业分类为依据，覆盖金融业、旅游业、交通运输业、能源矿产业、制造业等 100 多个行业，跟踪分析国民经济相关行业市场运行状况和政策导向，汇集行业发展前沿资讯，为投资、从业及各种经济决策提供理论支撑和实践指导。

中国区域发展数据库（下设 4 个专题子库）

对中国特定区域内的经济、社会、文化等领域现状与发展情况进行深度分析和预测，涉及省级行政区、城市群、城市、农村等不同维度，研究层级至县及县以下行政区，为学者研究地方经济社会宏观态势、经验模式、发展案例提供支撑，为地方政府决策提供参考。

中国文化传媒数据库（下设 18 个专题子库）

内容覆盖文化产业、新闻传播、电影娱乐、文学艺术、群众文化、图书情报等 18 个重点研究领域，聚焦文化传媒领域发展前沿、热点话题、行业实践，服务用户的教学科研、文化投资、企业规划等需要。

世界经济与国际关系数据库（下设 6 个专题子库）

整合世界经济、国际政治、世界文化与科技、全球性问题、国际组织与国际法、区域研究 6 大领域研究成果，对世界经济形势、国际形势进行连续性深度分析，对年度热点问题进行专题解读，为研判全球发展趋势提供事实和数据支持。

法律声明

"皮书系列"（含蓝皮书、绿皮书、黄皮书）之品牌由社会科学文献出版社最早使用并持续至今，现已被中国图书行业所熟知。"皮书系列"的相关商标已在国家商标管理部门商标局注册，包括但不限于LOGO（🖋）、皮书、Pishu、经济蓝皮书、社会蓝皮书等。"皮书系列"图书的注册商标专用权及封面设计、版式设计的著作权均为社会科学文献出版社所有。未经社会科学文献出版社书面授权许可，任何使用与"皮书系列"图书注册商标、封面设计、版式设计相同或者近似的文字、图形或其组合的行为均系侵权行为。

经作者授权，本书的专有出版权及信息网络传播权等为社会科学文献出版社享有。未经社会科学文献出版社书面授权许可，任何就本书内容的复制、发行或以数字形式进行网络传播的行为均系侵权行为。

社会科学文献出版社将通过法律途径追究上述侵权行为的法律责任，维护自身合法权益。

欢迎社会各界人士对侵犯社会科学文献出版社上述权利的侵权行为进行举报。电话：010-59367121，电子邮箱：fawubu@ssap.cn。

社会科学文献出版社